本书由教育部人文社会科学研究青年基金项目"保护民企产权视角下没收犯罪所得规定与民事立法的衔接问题研究"(课题号:20YJC820015)资助出版。
本书系浙江树人学院学术专著系列,由浙江树人学院专著出版基金资助出版。
本书由浙江省现代服务业研究中心资助出版。

民事债权优先受偿制度构建研究

郜名扬　著

ZHEJIANG UNIVERSITY PRESS
浙江大学出版社
·杭州·

图书在版编目（CIP）数据

民事债权优先受偿制度构建研究 / 郜名扬著. --杭
州：浙江大学出版社，2023.10
ISBN 978-7-308-23262-3

Ⅰ.①民…　Ⅱ.①郜…　Ⅲ.①债权法－研究－中国
Ⅳ.①D923.34

中国版本图书馆 CIP 数据核字(2022)第 226531 号

民事债权优先受偿制度构建研究
郜名扬　著

责任编辑	傅百荣	
责任校对	徐素君　金　蕾	
封面设计	周　灵	
出版发行	浙江大学出版社	
	（杭州市天目山路 148 号　邮政编码 310007）	
	（网址：http://www.zjupress.com）	
排　　版	杭州隆盛图文制作有限公司	
印　　刷	广东虎彩云印刷有限公司绍兴分公司	
开　　本	710mm×1000mm　1/16	
印　　张	13	
字　　数	236 千	
版 印 次	2023 年 10 月第 1 版　2023 年 10 月第 1 次印刷	
书　　号	ISBN 978-7-308-23262-3	
定　　价	68.00 元	

作者简介

郜名扬 民商法学博士,浙江树人学院现代服务业研究院讲师,浙江省现代服务业研究中心研究人员。主要研究领域:民法、劳动与社会保障法、公法与私法交叉法律问题。主持教育部人文社会科学研究项目1项,厅级课题4项,获厅级科研成果奖2项,参与国家社科基金项目、省部级、厅级等各类科研课题10余项,在CSSCI、北大核心等各类学术期刊公开发表论文10余篇。

前　言

　　民事债权优先受偿制度是指债务人承担财产性公法责任将导致其债权人的民事债权不能或者不能全部受偿,依照法律规定的条件和程序使民事债权优先于财产性公法责任获得清偿的法律制度。在民商法和经济法领域,该制度主要体现为以《民法典》第 187 条为代表,并被《公司法》《证券法》等一系列法律所确立的民事责任优先原则(含民事赔偿责任优先原则)。相关规定大多比较原则,缺乏可操作性,仅有证监会、财政部于 2022 年出台的《关于证券违法行为人财产优先用于承担民事赔偿责任有关事项的规定》通过创立申请退库制度,实现了证券领域民事赔偿责任优先原则的具体化。而 2018 年最高人民法院发布的《全国法院破产审判工作会议纪要》所规定的劣后债权制度,虽属民事债权优先受偿原则在破产法领域的重要突破,但其规定不够合理,并欠缺与刑事、行政法领域的有效衔接机制。在刑事领域,《最高人民法院关于刑事裁判涉财产部分执行的若干规定》等司法解释将《刑法》中多个民事债权优先受偿的相关规定具体化为刑事执行参与分配制度,但其规定也存在缺陷,且效力范围比较有限。而在行政法领域,则没有民事债权优先受偿的规定。面对民事债权优先受偿制度的上述现状,本书将从价值论的视角,抽丝剥茧地分析该制度产生的原因和存在的问题,并有针对性地提出制度构建的具体建议。为行文简洁,我国法律名称的"中华人民共和国"字样均做省略处理,法条也以阿拉伯数字表述。

　　本书系教育部人文社会科学研究青年基金项目"保护民企产权视角下没收犯罪所得规定与民事立法的衔接问题研究"(课题号:20YJC820015)的研究成果。本书纳入浙江树人学院学术专著系列,由浙江树人学院专著出版基金资助出版。本书由浙江省现代服务业研究中心资助出版。

　　感谢浙江大学出版社编辑傅百荣老师对本书出版的辛勤付出。

郜名扬
2023 年 1 月 1 日

目　录

绪　论

一、研究背景与意义

（一）研究背景

在中国，"自古至今，主流思想都是崇公而贬私"①。"'私'意味着排他性的'一己之私'，'公'既意味着对所有人的公平对待即一视同仁，又表征着包括所有人的'整体'利益。"②在崇公贬私思想的价值评判中，公益重于私益，公权优于私权。

这种崇公贬私的思想影响着中国社会的方方面面。道德上，要求"大公无私""重义轻利"③；政治上，倡导"天下为公"④；体现在立法上，就是重刑轻民、刑民不分的中国古代法律传统。在中国古代，"刑事及行政之类的'公法'体系十分

---

① 张曙光."天下为公"：在理想与现实之间[J].北京师范大学学报（社会科学版），2016(2)：90.
② 张曙光."天下为公"：在理想与现实之间[J].北京师范大学学报（社会科学版），2016(2)：91.
③ "中国古人眼中的义利，主要是讲公与私的关系，或公利与私利的关系。"而"'重义轻利'论的核心是公利重于私利。"参见刘立夫，龙璞.现代市场经济视域下的中国传统义利观[J].伦理学研究，2013(5)：114-118.重义轻利思想本身有很强的正价值，尤其是用其约束统治者更是如此。但在特定的政治历史环境中，也容易被扭曲异化成愚昧人民的统治手段。
④ "天下为公"观念由孔子提出，见《礼记·礼运》。"天下为公"有两层含义：一是"尚贤"，二是天下不是一家一姓的私有物，而属天下人共有，即"天下乃天下人的天下"。参见陈乔见.公私辨：历史衍化与现代诠释[M].北京：生活·读书·新知三联书店，2013：55.

1

发达,而民事、商事之类的'私法'体系则相对比较滞后,基本停留在家法族规、乡规民约之类的民间法、习惯法的范畴"①。颇多学者甚至认为在我国古代根本不存在民法②。即便存在诸如户、婚、钱债及田宅之类的民事关系,却多使用刑法手段加以调整,其"根本目的是维护社会的公共秩序和人际间的伦常关系,而不是维护社会成员个人的基本权利"③。即公法调整民事关系的目的仍是为"公"而非为"私"。然而,在"家天下"的封建社会,"溥天之下,莫非王土。率土之滨,莫非王臣"④。"六合之内,皇帝之土。……人迹所至,无不臣者。"⑤固然有"水能载舟,亦能覆舟"⑥的警示,但"敬天保民"⑦的贤明圣君能有几人?"天下为公"的美好理想必然异化为"天下徇君"的残酷现实⑧,天下并非天下人的天下,而是帝王一人的囊中之物。一方面,帝王偷换概念般地"以我之大私为天下之大公"⑨,另一方面,道德礼教用"大公无私""重义轻利"绑架民众思想、否定个人权利,实际上以牺牲民众之私来满足帝王之私,而广大民众之私恰恰便是所谓公

---

① 张晋藩.中国法制史[M].北京:高等教育出版社,2007:9.

② 包括诸如康有为、梁启超、王伯琦、谢怀栻、梁慧星、房绍坤、梁治平、张中秋、陈华彬、俞江、滋贺秀三、寺田浩明等不同时期的中外学者。关于持传统民法存在否定论的部分学者及其观点的介绍,参见顾文斌.中国传统民法架构二元性问题研究[M].北京:社会科学文献出版社,2014:23-25;俞江.关于"古代中国有无民法"问题的再思考[J].现代法学,2001(6):35-45.梁慧星、张中秋及陈华彬的观点参见:梁慧星.民法总论[M].北京:法律出版社,2011:15;张中秋.中西法律文化比较研究[M].北京:法律出版社,2009:88-94;陈华彬.民法总论[M].北京:中国法制出版社,2011:53.

③ 甄自恒.从公权社会到私权社会:法权、法制结构转型的社会哲学探讨[M].北京:人民日报出版社,2004:引言7.

④ 出自《诗经·小雅·北山》。

⑤ 公元前219年,秦始皇在琅邪立石,撰文宣誓皇权。参见白寿彝,廖德清,施丁.中国通史6第4卷 中古时代 秦汉时期 下[M].上海:上海人民出版社,2015:797.

⑥ "君舟民水"思想由荀子提出,《荀子·王制》言:"传曰:'君者,舟也;庶人者,水也。水则载舟,水则覆舟。'"唐太宗及其臣魏征对这一观点非常认同。

⑦ "敬天保民"思想始于周公,影响后世。参见李玉洁.儒学与中国政治[M].北京:科学出版社,2010:15-17.

⑧ 王四达.从"天下为公"到"天下徇君"——中国古代公私观念的演变及其社会后果[J].人文杂志,2003(6):28-32.

⑨ 出自黄宗羲《明夷待访录》之《原君》篇。参见李伟.明夷待访录译注[M].长沙:岳麓书社,2008:6.

益,所以,最终公、私尽皆"徇君"①。政治形态必然体现在立法上,在中国传统法律文化中,私人财产被抑制,不但缺乏保护私人财产的实体法和程序法的直接设计,而且罚金、罚锾、以金赎刑以及籍没被滥用,成为统治者掠取私人财产、控制民间力量、确保权力安全的有力手段。② 在这样的法制背景下,在财产刑面前,私人财产本身尚且朝不保夕,更遑论什么保护私人之债权人的利益了,想从皇帝的"盘中餐"里"分一杯羹"简直就是痴人说梦。

及至新中国建立,受意识形态的影响,崇公贬私思想不但没有消亡,在某些特定历史阶段还甚嚣尘上,但其内涵已悄然发生变化。帝王之私就是天下大公的封建论调早已不合时宜,取而代之的是"公有制"的"公","公家"的"公"。改革开放之前,社会生活全面政治化,经济生活彻底公有化,私权、私有财产、私人契约乃至私法的正当性都被竭力否认。③ 由于物质生活匮乏,公民的私有财产往往数量有限;由于订立私人契约的行为被高度抑制,私人之间的债权关系稀少;由于以阶级斗争为纲,即使刑法本身都难以正常适用;由于主流思想是国家利益、集体利益高于个人利益,要求人们"狠斗私字一闪念","文革"时被无端抄家亦是常事,所以保护私人财产权根本无从谈起。在这样的时代背景下,谈民事债权优先受偿,可谓冒天下之大不韪。

改革开放以后,伴随社会主义市场经济的建立和经济、政治体制改革的深化,私人契约、私有财产、私权以及私法愈发受到重视,但公私利益之间、公私权利(力)之间、公法私法秩序之间的冲突现象也越发凸显。民众的私权意识已经觉醒,立法者尊重私权的观念也正在形成,这些都促使公私冲突时先公后私、舍私保公的单一处理方式发生改变。然而,崇公贬私的文化传统仍在,公优于私的思维惯性仍在,立法的完善也并非一朝一夕可以完成,这就导致公权"合法"侵犯私权、国家利益"合法"挤占私人利益的现象屡屡发生。当犯罪人、行政处罚相对人的财产不足以同时承担财产刑、财产罚和民事债务时,这种在封建社会以及改革开放之前的中国被高度抑制的公私矛盾在当前的中国却显得格外尖锐。虽然现有立法对民事债权优先制度已经有了比较粗糙的规定,但如何进一步完善立法,在平衡公益私益、公权私权、公法秩序与私法秩序的前提下,真正实现民事债权优先受偿便成为一项重要的法学研究课题。

① 王四达.从"天下为公"到"天下徇君"——中国古代公私观念的演变及其社会后果[J].人文杂志,2003(6):31.
② 邓建鹏.私人财产之抑制与中国传统法文化[J].中西法律传统,2003,3(00):150-165.
③ 邱雪梅.社会转型视野下民事责任之变迁[M].广州:暨南大学出版社,2015:18-20.

(二)研究意义

1.理论意义

在我国,虽然在理论界和司法实务中很少使用"民事债权优先受偿制度"或"民事债权优先受偿原则"的用语,但仍有少数学者使用"民事优先原则"或"民事责任优先原则"等概念来讨论与本书所称"民事债权优先受偿原则"相同内容的问题。① 与之相较而言,数量稍多的文章集中于对民事债权优先受偿原则下属的民事责任优先原则的讨论。② 但长期以来,不论对于民事债权优先受偿原则还是其下属的民事责任优先原则,相关论述大多浮于表面、零散孤立且不成体系。更需要引起注意的是,这两个不同层次的原则在相关论述中都几乎被当作公理来看待,很少对其正当性、合理性以及可行性加以深刻反思与深入探讨。本书试图从价值论的视角,整体、系统地对民事债权优先受偿制度加以反思和探讨,以此来丰富研究成果、拓展理论深度。此为本书之理论意义。

2.现实意义

理论的匮乏对应立法的简陋,立法的简陋导致司法、执法的无所适从。虽然民事债权优先受偿制度的立法初衷很好,但在实践中往往被束之高阁。对于民事债权人而言,民事债权优先受偿制度多数情况下更像一道风景,虽然美丽却遥不可及。本书将花费大量篇幅对民事债权优先受偿制度的构建展开论述,以期通过具体制度的设计来实现该制度的可操作化。此为本书之现实意义。因执行财产刑、财产罚,导致犯罪人或被处罚人的民事债权人的债权落空的情形并不鲜见。稍早些的典型案例是 2008 年的"三鹿毒奶粉案"。该案中,③罚金刑执行完毕之后,④三鹿公司才破产清偿,包括受害人在内的众多普通债权人清偿率为

---

① 以"民事优先原则"之名讨论"民事债权优先受偿原则"的如:1.马济林.从刑事优先到民事优先[J].法学评论,2008(5):16-20;2.叶彬琪.刑法民事优先原则的适用[J].人民司法,1997(9):24-26.以"民事责任优先原则"之名讨论"民事债权优先受偿原则"的如:1.叶反修.论民事责任优先原则[J].池州师专学报,2002(1):37-38,40;2.唐启光.浅议民事责任优先原则及其适用[J].中央政法管理干部学院学报,1998(4):53-54.

② 本书认为民事责任优先原则只是民事债权优先受偿原则的下位原则,即后者涵盖了前者的内容。本书中使用"民事责任优先原则"一词时专指其本身,使用"民事债权优先受偿原则"一词时,则包含民事责任优先原则的情形。

③ 《最高人民检察院公报》2009 年第 4 号(总第 111 号)。

④ 石家庄三鹿集团股份有限公司因犯生产、销售伪劣产品罪,被判处罚金人民币 49374822 元。

零。较近的典型案例是"快播案"。① 由于该案案情很符合本书所论述的内容，后文会时常提及，故而将案情详述如下：

　　早在 2012 年 8 月，深圳市快播科技有限公司（以下简称"快播公司"）就因"未建立安全保护管理制度、未落实安全保护技术措施等问题"，被深圳市公安局公共信息网络安全监察分局给予行政警告处罚，并责令整改。2013 年 10 月，因网站上存在淫秽视频内容，快播公司又被深圳市南山区广播电视局予以行政处罚。② 2013 年 12 月 27 日，快播公司因侵犯著作权被国家版权局处以 25 万元罚款。2014 年 4 月，北京市公安局海淀分局对快播公司网上传播淫秽色情信息行为进行立案调查（以下将该案简称"快播涉黄案"），并冻结快播公司 1 亿多元的资金账户。③ 从讨论民事债权优先受偿问题的角度观之，资金冻结是整个事件的转折点。

　　2014 年 6 月 26 日，因盗版侵权，快播公司被深圳市市场监督管理局处以2.6 亿元"天价"罚款，在经快播公司以"无力缴纳"为由申请将罚款缴纳期限延长至 2014 年 12 月 25 日但届期仍未缴纳后，该局于 2015 年 3 月 19 日向法院申请强制执行。快播公司对该行政处罚曾提起行政复议但被广东省版权局驳回，后提起行政诉讼请求撤销行政处罚，2014 年 12 月 31 日，深圳市中级人民法院对该案进行审理，并已于 2015 年 12 月 3 日结案，但裁判文书并未公开。④ 2014年 10 月底、11 月初，快播公司 300 余名遣散员工因总额达 1300 余万元的劳动仲裁裁决得不到法院强制执行而请愿讨薪的新闻被广泛报道。

　　2015 年 2 月 6 日，北京市海淀区人民检察院以快播公司及其主管人员构成传播淫秽物品牟利罪，向北京市海淀区人民法院提起公诉，2016 年 1 月 7 日至 8日，该案庭审全程直播，控辩双方的唇枪舌剑引起万众瞩目。2016 年 9 月 9 日，该案进行第二次庭审，"剧情逆转"，快播公司及王某等被告人当庭认罪。2016

　　① 本书以"快播案"指称以深圳市快播科技有限公司作为刑事被告、民事被告或上诉人或被上诉人、行政处罚相对人、行政诉讼原告或上诉人、劳动仲裁被申请人，被执行人的一系列案件。

　　② 9 月 13 日 9：30，海淀法院公开宣判"'快播'传播淫秽物品牟利 公司主管同被诉"案[EB/OL].(2016-09-13)[2016-09-13]. http://old. chinacourt. org/zhibo/member/index. php？ member_id = 1000&zhibo_id=44892&domain=bjfyzb. chinacourt. org.

　　③ 被罚 2.6 亿 快播员工是否有权讨薪？[EB/OL]. (2014-11-09)[2015-12-20]. http://news. xinhuanet. com/info/2014-11/09/c_133775717. htm；闫鹏飞. 快播创始人妻子：没人为快播说话我才站出来[EB/OL]. (2015-06-23)[2015-12-28]. http://tech. qq. com/a/20150623/007879. htm.

　　④ 通过深圳法院网上诉讼服务平台查询到该案（案号：(2014)深中法知行初字第 00002 号）已经结案。但通过该网站查询不到其裁判文书，结案方式不得而知。从 2018 年底在"中国裁判文书网"公布的该案二审维持一审判决的结果推测，该案一审法院应当支持了行政机关 2.6 亿元的行政处罚。

年 9 月 13 日,北京市海淀区人民法院公开宣判此案,判决快播公司犯传播淫秽物品牟利罪,判处罚金人民币 1000 万元,其他被告人也一一获刑。① 2016 年 12 月 15 日,该案二审维持原判。②

与被铺天盖地报道的行政处罚和刑事诉讼相比,一系列以快播公司为被告的民事案件很少进入大众视野。在公权机关轮番追究快播公司公法责任的同时甚至更早,快播公司侵犯知识产权行为的众多受害人如乐视、爱奇艺等陆续提起民事诉讼,主张快播公司承担包括赔偿损失在内的侵权责任,并获得胜诉。但由于快播公司资金已因快播涉黄案被警方冻结而无其他可供执行的财产,上述民事案件同快播公司员工的劳动仲裁案件一样,在快播公司及其主管人员获刑时仍未获执行。③

快播涉黄案刑事判决生效以后,深圳市市场监督管理局向广东省高级人民法院申请财产保全,冻结之前因刑事案件被海淀区人民法院冻结,由于刑事判决生效而被被执行人申请解冻的银行账户。2017 年 1 月 5 日,广东省高级人民法院作出行政裁定,冻结快播公司银行账户 5 个,"冻结数额以 2.60148 亿元为限,期限一年"。④ 2017 年 12 月 19 日,该院在深圳市市场监督管理局提出申请后裁定继续按上述金额冻结上述账户一年。⑤ 快播涉黄案二审裁判生效以后,陆陆续续有一些以快播公司为被执行人的劳动仲裁案件因快播公司部分资产的解除查封、冻结而获执行,⑥但通过查询截至 2019 年 1 月 2 日已经在"中国裁判文书

---

① 参见"吴某等制作、复制、出版、贩卖、传播淫秽物品牟利罪一审刑事判决书",北京市海淀区人民法院刑事判决书(2015)海刑初字第 512 号。

② 参见"吴铭等制作、复制、出版、贩卖、传播淫秽物品牟利罪二审刑事裁定书",北京市第一中级人民法院刑事裁定书(2016)京 01 刑终 592 号。

③ 进入"中国裁判文书网"(http://www.court.gov.cn/zgcpwsw/),在执行案件中搜索以"快播"为被执行人的案件,命中的从 2014 年 10 月至 2015 年 8 月的全部 26 个执行裁定书,均因被执行人无可供执行的财产而终结执行。以上是 2016 年 1 月 22 日访问该网站的搜索结果。

④ 参见"深圳市市场监督管理局、深圳市快播科技有限公司二审行政裁定书",广东省高级人民法院行政裁定书(2016)粤行终 492 号。

⑤ 参见"深圳市市场监督管理局、深圳市快播科技有限公司二审行政裁定书",广东省高级人民法院行政裁定书(2016)粤行终 492 号之二。

⑥ 通过分析"中国裁判文书网"公布的案例得知,这些劳动仲裁执行裁定书大部分是 2017 年 6 月 28 日统一作出的,其后仍有少量同类执行裁定书作出,最后一份同类裁定书是 2017 年 12 月 28 日的"李遥遥、深圳市快播科技有限公司执行实施类执行裁定书",参见广东省深圳市南山区人民法院执行裁定书(2017)粤 0305 执恢 1249-1265 号。另外,2018 年还有一份情况特别的同类裁定书,即下文提到的"付某某、深圳市快播科技有限公司劳动争议执行实施类执行裁定书"。快播民事官司缠身,却单单劳动仲裁类案件获得执行,这恰恰反映了人民法院为了维护社会稳定,故而以"破产清偿顺序"的思维方式实施选择性的强制执行。

网"上公布的以快播公司为被执行人的执行裁定书可以发现,①进入 2018 年以后,除一起疑似之前遗留的、以快播公司为被执行人的劳动仲裁执行案件因为申请执行人下落不明且执行的债权金额较小而获得执行外,②其他的劳动仲裁执行案件均于 2018 年 5 月份被其申请执行人申请撤销执行。在 2018 年 4 月 8 日作出以快播公司为被执行人的借贷纠纷执行裁定书中就已写明"查明被执行人名下银行账户已被另案冻结,且余额不足,本案无其他财产可供执行"③。2018 年 8 月 23 日,深圳市中级人民法院裁定:"受理申请人深圳金亚太科技有限公司对被申请人深圳市快播科技有限公司提出的破产清算申请。"④至此,快播公司正式走上了破产的"不归路"。2018 年 12 月 29 日,对快播公司诉深圳市市场监督管理局著作权行政处罚纠纷案,广东省高级人民法院作出终审判决,判决深圳市市场监管局有权对快播公司进行行政处罚,处以 2.6 亿元罚款正当合理,驳回上诉、维持原判。这个判决看似"姗姗来迟",却又如此"恰逢其时"。2018 年 12 月 25 日,在快播公司提出解除财产保全之后,广东省高级人民法院依据《企业破产法》第 19 条、⑤2015 年《民诉法解释》第 166 条第 1 款第 4 项的规定,⑥解除了之前根据深圳市市场监督管理局申请所作的财产保全措施,解冻了相关银行账户。⑦ 随之而来的,是这些曾被冻结的巨款名正言顺地归入破产财产之中,最终将按照破产债权的清偿顺序依次清偿各类债权。

快播案背后隐藏着两种性质截然不同的债权,即罚款、罚金之公法债权与以侵权损害赔偿之债和劳动之债为代表的民事债权之间的博弈,折射出我国现行

---

① 2017 年 6 月 28 日以后人民法院作出的与快播相关的法律文书都是直到 2018 年 12 月份才发布在"中国裁判文书网"上的。

② 参见"付某某、深圳市快播科技有限公司劳动争议执行实施类执行裁定书",广东省深圳市南山区人民法院执行裁定书(2018)粤 0305 执恢 380 号。

③ 参见"湖南云拍科技有限公司、深圳市快播科技有限公司企业借贷纠纷执行实施类执行裁定书",广东省深圳市南山区人民法院执行裁定书(2017)粤 0305 执 6066 号。裁定书显示申请人是于 2017 年 10 月 30 日申请强制执行的。

④ 广东省深圳市中级人民法院民事裁定书(2017)粤 03 破申 256 号。

⑤ 《企业破产法》第 19 条规定:"人民法院受理破产申请后,有关债务人财产的保全措施应当解除,执行程序应当中止。"

⑥ 本书将《最高人民法院关于适用〈中华人民共和国民事诉讼法〉的解释》(法释〔2015〕5 号)简称"2015 年《民诉法解释》",其第 166 条:"裁定采取保全措施后,有下列情形之一的,人民法院应当作出解除保全裁定:(一)保全错误的;(二)申请人撤回保全申请的;(三)申请人的起诉或者诉讼请求被生效裁判驳回的;(四)人民法院认为应当解除保全的其他情形。解除以登记方式实施的保全措施的,应当向登记机关发出协助执行通知书。"该司法解释于 2022 年修正。

⑦ 参见"深圳市快播科技有限公司诉深圳市市场监督管理局二审行政裁定书",广东省高级人民法院行政裁定书(2016)粤行终 492 号之三。

民事债权优先制度的致命缺陷,一路走来,"步步惊心"。此番若不是各级人民法院周密安排、缜密配合,既保全了行政罚款和刑罚之严肃性的"面子",又顾及了民事债权尤其是劳动债权获得清偿的"里子",稍有差池,就有可能"里、面全无",甚至造成极为不良的社会影响。然而,这种"神操作"在其他案件中不具有可复制性,试想若不是刑事案件侦查机关先下手为强,查封冻结了快播公司大笔资产,2.6亿元的巨额罚款恐怕也早已执行完毕,那么那些总是会取得执行依据"慢半拍"的民事债权又何处安放呢?民事债权不能总是"靠运气活着",正因如此,民事债权优先受偿制度的合理构建迫在眉睫。

二、研究综述

(一)国外研究

"以权利为基础"的理论,反对为了公共利益牺牲私人权利。[①]

"私权优先是西方宪法理论中已经基本解决了的问题"[②]。按照西方的法学理论,公法是限权法,公权建立于私权之上,并以保护和服务私权为目的,因此,公权从设定到行使均应尊重私权,不得侵犯正当私权。西方国家在刑事、行政以及诉讼立法中十分注重将公权限制在正当私权的边界之外,并通过不同的制度设计殊途同归地达到保护和救济受害人、保护私法主体财产权的效果,西方法学家们长期以来也孜孜不倦地在这方面开展研究。他们并没有将民事债权优先受偿作为一项专门的法律制度加以研究,但关于在刑事诉讼、行政处罚和破产程序中如何保护私人财产权、救济受害人合法权益和保障公平清偿债权的研究数不胜数。

西方国家的一些制度设计体现了与我国民事债权优先受偿制度相同的价值追求。"19世纪末期,部分刑法学者开始讨论刑事损害赔偿问题,一些学者还提出具体的建议,如赔偿金的来源、被害人对犯罪人的财产应有优先权等。与此同时,在国际有关刑事法律方面的会议决议中也涉及刑法上的损害赔偿。20世纪20年代开始,某些国家在刑事立法上开始了关于损害赔偿的规定。"[③]为了保护犯罪被害人的利益,很多国家立法上均有与我国立法上的民事责任优先制度相

---

① 黄文艺.权利本位论新解——以中西比较为视角[J].法律科学(西北政法大学学报),2014,32(05):14-24.

② 刘曙光.二论私权优先原则[EB/OL].(2005-03-21)[2014-04-03].http://www.aisixiang.com/data/6166.html.

③ 马登民,徐安住.财产刑研究[M].北京:中国检察出版社,2004:203.

类似的制度,如英国 1982 年的《刑事司法案》规定,赔偿令优先于罚金的执行。①
德国《刑事诉讼法典》、奥地利《行政罚法》、英格兰《刑事法庭权力法》等均规定罚
金、罚镪的强制执行以不影响对受害人的损害赔偿为限。这与我国的民事责任
优先原则大体相同,但国外立法往往在制度衔接方面做得更好,并未因为照顾了
私益而偏废了公益。而在普通民事债权的优先受偿方面,则一致表现出一种终
局性、整体性的处理思路,即通过对破产制度中的债权受偿顺位的安排实现民事
债权相对于惩罚性公法债权的优先受偿,德国、澳大利亚、英国、瑞典等国甚至纷
纷取消了破产法中的税收优先权。不仅如此,西方国家在保护和救济受害人方
面还采取了更为积极的措施,20 世纪 40 年代,成为一门独立学科的犯罪被害者
学为犯罪被害人补偿制度的诞生创造了理论基础。1963 年,新西兰制定了世界
首部刑事灾害补偿法,英国、美国的加利福尼亚州等 16 个州、澳大利亚、加拿大
等国也紧随其后建立起犯罪被害者补偿制度。② 除此之外,各国还纷纷建立了
刑事被害人社会救助制度。

(二)国内研究

与西方相比,我国不论是相对传统的民事债权优先受偿制度还是更为现代
的受害人国家补偿和社会救助制度均相形见绌。理论研究方面,我国学术界关
于刑事被害人国家补偿制度和社会救助制度的研究已经形成一定规模,反而更
为基础的民事债权优先受偿制度的研究相当迟缓,直至目前,相关论文著作的总
量都很少,整体质量也不高。这与我国立法上民事债权优先受偿制度简陋残缺、
实践中难以操作因而亟须理论支持的现状十分不相称。下面将从不同角度来具
体分析我国民事债权优先受偿制度已有研究的特点。

1.从时间上分析

从时间上分析,讨论民事债权优先受偿问题的论文著作成逐渐增多趋势。

(1)1994 年《公司法》实施至 1997 年《刑法》修订

从本书所收集的资料看,国内最早论及民事债权优先受偿问题的是 1990 年
宋英辉发表的文章,③该文在介绍外国受害人保护制度时简要介绍了联邦德国

①　李利.刑事损害赔偿制度适用研究[J].湖北社会科学,2017(4):141.
②　马登民,徐安住.财产刑研究[M].北京:中国检察出版社,2004:203.
③　宋英辉.英、美、法、联邦德国四国刑事被害人保护对策之比较[J].法律科学(西北政法学院学
报),1990(5):76-80.

1986 年《刑事法典》的"执行损害赔偿优先"规定。直到民事赔偿责任优先原则由 1994 年实施的《公司法》首次确立,方有学者专门撰文讨论该原则。①

（2）1997 年《刑法》实施至 1999 年《证券法》实施

1997 年《刑法》正式确立民事债权优先受偿原则后,有稍多一些但仍屈指可数的论著专门讨论或涉及该原则,但其中大多数论文探讨的仍是民事赔偿责任优先原则。② 这一阶段的论著中,唐启光(1998)和薛进展、叶彬琪(1998)的文章价值相对较高,其中唐启光文对于民事责任优先原则立法理由的解读已经比较全面,涵盖了其后学者所总结的大部分立法理由。

（3）1999 年《证券法》实施至 2010 年《侵权责任法》实施

步 1997 年《刑法》后尘,《证券法》(1999 年实施)、《个人独资企业法》(2000 年实施)、《产品质量法》(2000 年修订)、《证券投资基金法》(2004 年实施)、《合伙企业法》(2006 年修订)及《食品安全法》(2009 年实施)相继将民事赔偿责任优先原则写入法条,但这并没有刺激学术界对其开展大规模的研究,21 世纪的头十年里,相关论述仍不多见,不过较 20 世纪 90 年代,已有了细化和深化的趋势。③

（4）2010 年《侵权责任法》实施至 2017 年《民法总则》实施

2010 年实施的《侵权责任法》第 4 条规定了侵权责任优先原则,此后有关民事责任优先原则、侵权责任优先原则的讨论逐年增多,研究内容上不但有基础理论上的探讨,也有零星针对会计法、食品安全法等具体法律领域中民事责任优先问题的研究,以及刑事诉讼、行政处罚等具体程序中的民事赔偿优先问题的讨论。④ 研究者除了诉讼法学者、刑法学者和实务人员,越来越多的民法学者对此专门著文立说,其中不乏杨立新、李建华、李明发等知名民法学者。

---

① 张兆松. 公司犯罪适用中的民事赔偿优先原则[J]. 政治与法律,1995(5):45.

② 主要论文、著作有施文正(1997)、叶彬琪(1997)、唐启光(1998)、薛进展等(1998)、张开平(1999)以及张建(1999),具体见参考文献。

③ 主要论文、著作有彭书红(2001)、李秋莲(2001)、叶反修(2002)、兰耀军(2003)、李君冀(2003)、邵维国(2004)、马登民等(2004)、闫尔宝(2005)、陈凡(2006)、项益才(2006)、肖泽晟(2006)、刘志伟(2006)、肖建国(2007)、杨解君(2007)、马济林(2008)、劳力(2009)以及詹森林(2009),具体见参考文献。

④ 主要论文、著作有杨立新(2010)、宋志红(2010)、代正伟(2010)、兰跃军(2010)、徐艳茹(2010)、徐斌等(2010)、李建华等(2011)、王崇敏等(2011)、刘亚丽(2011)、席朝阳(2011)、肖泽晟(2011)、赵尧(2012)、李显冬等(2012)、余中根(2012)、张海棠(2012)、王志祥(2012)、许德风(2013)、张鑫彤(2013)、罗方方(2013)、刘少军(2012)、欧阳帅(2013)、李明发(2014)、袁义龙(2014)、宋英辉等(2015)、李明发等(2015)、李明发(2015)、梁展欣(2015)、许德风(2015)、王利明(2015)、范加庆(2016)、刘士国(2016)以及邓蕊(2016),具体见参考文献。

(5)2017 年《民法总则》实施至《民法典》颁布

2017 年《民法总则》颁布并实施,其 187 条正式确立了民事责任优先原则。在该法出台不久,直接针对其第 187 条的论文已经见诸期刊(徐国栋,2017),其他关于民事债权优先受偿原则的论文数量也明显高于历年,相关研究呈现细化趋势,如对于税法、证券法、食品安全法等领域的民事债权优先问题的讨论开始变多,尤其是对税收优先权在强制执行和破产程序中与民事债权冲突时何者优先的讨论有异军突起之势。①

(6)2020 年《民法典》颁布至今

《民法总则》属于《民法典》出台前的过渡性立法,在《民法总则》出台仅仅 3 年后,《民法典》于 2020 年 5 月 28 日颁布,并自 2021 年 1 月 1 日起实施。《民法典》颁布以来(检索截至 2022 年 9 月)的相关论著数量基本保持 2017 年《民法总则》实施至《民法典》颁布这一阶段的规模,同时有两个非常明显的特点:其一是研究进一步细化,专注于较细微领域的民事债权优先问题;其二是论文多集中于税法、证券法两大领域。

2.从研究内容分析

需要注意的是,绝大多数相关文献都是以民事赔偿责任优先原则为研究对象的,《侵权责任法》出台后,有相当一部分文献则是以更下位的侵权责任优先原则为研究对象,很少有文章将更上位的民事债权优先受偿原则作为一个整体加以研究。而局限于对下位原则的讨论,往往抓住一点不顾其他,缺少全局意识,难以兼顾其他制度价值,由此建构的实现机制可行性、合理性均大打折扣。相关论著主要涉及以下几个方面内容。

(1)立法介绍

专论或兼论民事债权优先受偿原则的论文均会或多或少地对我国相关立法加以介绍。甚至某些主要论述民刑交叉、刑事附带民事诉讼或民刑诉讼关系等问题的文章,论及民事债权优先受偿原则时仅简要介绍法条。

(2)理论基础或曰立法理由

从 20 世纪 90 年代开始到 2017 年的论著中,常用大量笔墨论证民事债权优先受偿原则的理论基础或立法理由。尤其早期的研究很多以阐述理论基础或立

---

① 主要论文、著作有李利(2017)、徐国栋(2017)、陈洁(2017)、顾晔(2017)、鄙名扬(2017)、曾文远(2017)、杨立新(2017)、张东昌(2017)、杨立新(2018)、国中兴(2018)、陆野(2019)、温俊鹏(2019)、舒瑞蝶(2019)、陈华龙(2019)、黄辉等(2019)以及肖宇等(2019),具体见参考文献。

法理由为主要内容。经过 20 多年的讨论,对于民事债权优先受偿原则的理论基础或者立法理由已经基本达成共识,各文论述大同小异。"私权优先""国不与民争利"的理论基础或曰立法理由被普遍认可。

(3)制度价值

对于民事债权优先受偿原则的制度价值,既有研究呈现"基本肯定,亦有反思"的特点。"基本肯定"即学者大多认为我国立法确立民事债权优先受偿原则是立法史上的重大进步,其价值值得肯定;"亦有反思"是指在肯定民事债权优先受偿原则的制度价值的同时,反对一味强调私权优先,主张也应兼顾公法价值,还有学者认为民事责任优先原则执行困难,是否值得维持值得考虑(詹森林,2009)。

(4)性质分析

这是《侵权责任法》出台后才出现的研究内容,普遍认为《侵权责任法》第 4 条规定的是责任承担顺序,但杨立新教授(2010)则认为该条确立了侵权请求权的一般优先权,属于法定担保物权。对此种一般优先权说,有支持采纳者(张鑫彤,2013),有明确反对者(刘亚丽,2011)。持责任顺序说的学者对于民事责任优先,究竟属于规则、原则有看法不同,有的认为其属于执行规则者(李建华、麻锐,2011),有的认为其属于民法具体原则但应上升为法律原则者(李明发、李欣,2015)。

(5)构成要件或适用条件

民事责任优先原则的构成要件或者适用条件也是已有研究经常讨论的问题。学者所总结的内容趋同,但在是否要求违法行为具有同一性以及责任是否具有同时性上分歧比较大。

(6)立法缺陷

从早期的论文开始,揭示立法缺陷就是相关论著的一项主要内容,但大多比较浅显。《侵权责任法》出台后,随着研究的深入,对于民事债权优先受偿原则的立法缺陷的揭示也越发深刻和细化,目前在某些方面基本达成共识,即相关立法相互冲突、规定粗糙以及缺乏可操作性。

(7)实现机制或适用程序

为了解决民事责任优先原则缺乏操作性的立法缺陷,学者们纷纷提出民事责任优先原则实现机制或曰适用程序的设计方案。其大体可以分为三类:第一种是诉讼制度改造说;第二种是综合制度建构说;第三种是破产劣后债权说。诉讼制度改造说主要是主张通过改造刑事、行政、民事诉讼制度,如审判、保全、执行制度,来实现民事责任优先。综合制度建构说除了在诉讼法中寻找实现机制外,还主张在实体法、破产法中建立配套制度,以及建立财政回拨、暂缓入库等创新制度;破产劣后债权说则主张在破产程序中将罚金、罚款等公法债权列为劣后债权,从而使民事债权得以优先实现。

3.从研究视角分析

到目前为止,全局性、整体性地研究民事债权优先受偿原则的文献几乎没有。这可能与研究成果多为论文形式而受篇幅所限有关,也一定程度反映了该领域研究还不够深入的现状。相关研究将目光几乎全部集中于民事责任优先原则之上,很少有人将民事责任优先原则作为民事债权优先受偿原则的一项下位原则来研究。单就民事责任优先原则而言,早期对其进行的研究虽然多是面面俱到,但也大部分浅尝辄止。如果把李明发教授2014、2015年发表的三篇论文看作一个研究系列的话,可以算作对民事责任优先原则的一项全局性、整体性研究。杨立新教授2010年的论文对《侵权责任法》第4条规定独树一帜的解读,以及李建华、麻锐二位学者2011年的论文对"财产性民事责任优先承担规则"的论述,相较而言,也属于全局性、整体性研究。大部分的文献是从某一研究视角展开的研究,这些视角是:

（1）诉讼法视角

对民事债权优先受偿原则的阐述最多是在刑事诉讼领域,尤其是财产刑执行与刑事附带民事诉讼审判、执行,有些学者已经将研究细化到了民刑交叉（宋英辉、曹文智,2015）、民刑执行竞合（范加庆,2016）以及刑事追缴和责令退赔（宋英辉、曹文智,2015;顾晔,2017;代正伟,2010）的领域。可以说将民事债权优先受偿原则引入细致入微的研究中的,恰恰是诉讼法学者,但弊端也显而易见,囿于专业所限,此类研究也往往缺乏全局意识,有陷入诉讼法之中"难以自拔"之感,并且将整个民事债权优先受偿原则的研究基调渲染成了单纯的程序法色彩,这无疑会误导那些不愿做过多思考的读者。

（2）刑法视角

有相当一部分文献是截取刑法中民事赔偿或民事债务优先承担问题加以研究的。这类研究常会比较刑事责任与民事赔偿责任的异同,通常会肯定民事责任优先的正当性,但对犯罪人正当民事债务的优先承担则持谨慎态度,对民事债权优先后刑罚的目的能否实现多有反思,如马登民、徐安住著作的相关论述（马登民、徐安住,2004）。刑法的研究很少拘泥于实体法,往往结合诉讼程序一并分析。只是没有诉讼法学者分析得深入。

（3）民法视角

民法学者对民事债权优先受偿问题的研究带有明显的民事实体法色彩。这类论文虽然也会论及程序法问题，但多数比较笼统，不够深入。这类论文常会着力于民事责任优先原则的理论基础（立法理由）、制度价值、性质分析、构成要件（适用条件），分析制度缺陷和实现机制时虽意识到程序法的重要性，但往往论述较为单薄，所谓"术业有专攻"，故情有可原。像杨立新教授 2010 年的论文，则完全从实体民事权利角度解读侵权责任优先原则，这是典型的民法思维。

（4）某一部商法或经济法视角

由于民事（赔偿）责任优先原则在商法、经济法上屡见不鲜，所以有一部分文献是从某一商法、经济法的视角出发论述该原则的。比如公司法、证券法、食品安全法乃至环境保护法。应当肯定，民事责任优先承担问题在这些领域往往跟大规模侵权责任承担问题相互纠缠，所以有其要解决的特殊问题，也应该有其特殊的解决方法，故而这些研究是非常有意义的。但也恰恰着眼于特定法律领域，所以其研究结论难免出现抓住一点、不顾其他的缺陷，可能缺少法益平衡、公私兼顾的考量。

商法视角中最值得关注的是从破产法视角寻求民事债权优先受偿原则实现途径的论文，这其中比较经典的是许德风教授的论文著作（许德风，2013；许德风，2015）。虽然主张将罚金、罚款规定为劣后债权的学者不少见，但很少有人明确地将其与实体法上规定的民事债权优先受偿原则联系起来，似乎并没有意识到存在这一联系，而许教授则明确指出通过在破产法中将罚金、罚款规定为劣后债权的方法，就可以实现民事债权的优先受偿，而《侵权责任法》第 4 条等法律规定民事赔偿责任优先原则"都无必要"。[①]

（5）行政法视角

从行政法视角研究民事债权优先受偿原则的论文非常少，这与我国行政立法中没有规定民事债权优先受偿原则的规定有直接关系。陈凡 2006 年的文章属于少有的比较详细阐述"民事赔偿优先于行政罚款"理论的论文。肖泽晟 2006 年的文章认为行政强制执行中被执行人的民法上的债权人可以第三人身份平等地参与到被执行人的财产分配中，其 2011 年的文章探讨了行政强制执行中债权优先受偿的顺序，并认为制裁性的行政法债权应当在先于其成立的普通

---

① 许德风.破产法论：解释与功能比较的视角［M］.北京：北京大学出版社，2015：180-181.

债权之后受偿。杨解君 2007 年的文章从利益权衡的角度对行政执行和民事执行的衔接展开了深入而有益的探讨，令人耳目一新。闫尔宝 2005 年的文章仅是提及民事债权优先受偿原则，并非专论，但亦有启发。民法学者的文章中很多提及民事赔偿责任应当优先于行政责任的理由，指出了行政法、行政诉讼法等法律的立法缺陷，也提出了一些完善立法的思路，但限于专业知识，也都浅尝辄止。

(6)法制史视角

徐国栋教授另辟蹊径，撰文(徐国栋，2017)探讨我国《民法总则》第187条所规定的民刑责任竞合的罗马法起源和比较法背景。虽然《民法总则》第187条第2款规定的是民事责任优先原则，但徐教授是将该条第1、2款作为一个调整不同性质的责任竞合问题的统一的规定看待的，指出民事、刑事责任竞合的本质应是民事、刑事诉权的竞合，解决之路应跳出执行程序的窠臼，从诉权行使与诉讼管辖寻求。

(7)比较法视角

除了徐国栋教授 2017 年的论文是从比较法的视角开展研究的以外，很多民事债权优先受偿原则的论文、著作也多多少少运用了比较法的研究方法，对其他国家的类似立法予以介绍和借鉴。

4.从研究形式分析

关于民事债权优先受偿制度的研究成果以期刊论文为主，学位论文较少。书籍方面，大多数为法条释义类书籍对《民法典》《刑法》《公司法》《侵权责任法》《民法总则》等某部法律中关于民事债权优先受偿原则的规定做简要阐释，相关学术专著较少，且至多是部分章节涉及民事债权优先受偿原则，全面系统研究民事债权优先受偿制度的专著阙如。另外，还有少数报刊文章、网络文章对此有所论及。

课题方面，李明发教授国家社科基金项目"民事赔偿责任优先原则的实现机制研究"(项目编号:11BFX029)开创了此方面课题的先河，并形成了一些新的研究成果。

三、研究视角、方法和思路

(一)研究视角

本书以价值论为研究视角。这里首先要澄清的是，本书的"价值论"不是"论价值"的意思,有相当多的法学论文虽然以"××制度的价值论"为题,但其表达的意思实际是"论××制度的价值"。而本书中的"价值论"则是指"价值哲学"。

价值论(axiology),又译价值学,"是对于最为广义的善或价值的哲学研究。"① "价值论(axiology)是继存在论(ontology)、意识论(gnosiology,包含epistemology)之后形成且与之在同等层次上并列的一大哲学基础理论分支。"② 在一般价值论产生以前,价值论研究大多是在法学、伦理学等具体学科名义下或至少结合这些具体学科进行的,③反过来,法学等社会科学"要发挥自己的现实作用,都必须经过'面对价值选择'或'提供价值取向'这一关,因此它们最终都不能是'价值无涉'的"。④ 作为一部法学著作,价值论之于本书仅具有工具价值,即价值论只是作为本书研究我国民事债权优先受偿制度如何构建这一法学问题的视角,也就是说,本书只是依据价值哲学的基本理论和思维模式去分析我国民事债权优先受偿制度现存的问题和构建思路。具体而言,是运用价值哲学的分析方法分析我国现有民事债权优先受偿立法中的价值评价与价值选择存在的不足,提出改进建议,进而依此提出我国民事债权优先受偿制度的具体构建方案。为此,本书将运用价值、价值评价、价值判断、价值选择、价值关系、价值主体、价值客体、评价标准、价值冲突、价值取向、价值平衡等价值论的概念和理论开展研究。

可以说,民事债权优先受偿制度在我国立法上得以确立,本身就是立法者进行价值判断和价值选择的结果。虽然学术界关于民事债权优先受偿制度的现有研究有相当一部分也运用了价值分析的方法,但基本上都是在分析该制度的理论基础或者立法理由时有所涉及,并没有专门从价值论视角对民事债权优先受偿制度的构建开展研究的先例。希望本书在这方面的研究能够抛砖引玉。

(二)研究方法

本书以价值论为研究视角,自然而然地,价值论分析方法就成为本书最重要的研究方法,但面对民事债权优先受偿制度这么复杂的研究对象,仅有这一种方

---

① 这是《简明不列颠百科全书》在'axiology'这一词条下的解释"。参见孙舒景.青海藏族传统价值观研究[M].北京:宗教文化出版社,2016:11.
② 李德顺.关于我们的价值哲学研究[J].吉首大学学报(社会科学版),2006(2):1;李德顺.价值论——一种主体性的研究[M].3版.北京:中国人民大学出版社,2013:4.
③ 孙伟平.价值哲学方法论[M].北京:中国社会科学出版社,2008:49.
④ 李德顺.价值论——一种主体性的研究[M].3版.北京:中国人民大学出版社,2013:21-22.

法显然是不够的。除了价值论分析的研究方法之外,本书还运用了下列研究方法。

1.跨学科研究法

以往相关研究基本执着于各自学科领域,不越雷池。然我国民事债权优先受偿制度虽发端于私法,却横跨民法、商法、经济法、刑法、行政法以及诉讼法等多个部门法,并需要运用法理学和哲学知识加以分析,非采多学科交叉研究方法不能得其解,故为之。

2.文献分析法

撰写本书查阅分析了大量的相关论文、书籍、案例。由于涉及的部门法很多,所以检索、梳理和分析了大量的相关法律、行政法规、部门规章、地方性法规、规章、司法解释以及政策性文件。

3.比较研究法

他山之石,可以攻玉。本书所提出的立法建议基本上都来自其他国家和地区的立法例。虽然从世界范围看,似乎只有我国明确在立法中规定了民事责任优先原则和民事债权优先受偿原则。但其实在其他国家和地区的立法中,体现民事责任优先和民事债权优先精神的规定非常常见。想要将这些容易被我国学者在民事债权优先受偿问题研究中忽略的立法发掘出来,并分析如何为我所用,必然离不开比较研究的方法。

4.历史分析法

本书在研究民事债权优先受偿制度立法沿革的时候,使用了历史分析的方法,对从最初的《公司法》关于民事赔偿责任优先原则的规定一直到《民法典》关于民事责任优先原则的规定的一系列法律、法规、司法解释按照历史脉络加以梳理和分析。

(三)研究思路

本书从研究我国民事债权优先受偿制度的内涵和制度演进入手,分析了我国民事债权优先受偿制度所体现的立法者的价值评价与价值选择,找出目前我国民事债权优先受偿制度价值选择存在的不足,进而研究如何在具体构建我国民事债权优先受偿制度的时候有针对性地弥补这些不足,使这一制度更接近其价值目标。

四、创新与不足

(一)创新

1.选题新

虽然近年来民事债权优先受偿问题逐渐受到学术界的关注,相关论文逐渐增多,但目前国内尚无全面综合论述民事债权优先受偿制度的专著,本书尚属首次。

2.视角新

民事债权优先受偿问题的核心是价值评价和价值选择,已有的论文虽对价值问题有所涉及,但没有以此为主线展开论述的。

3.观点新

(1)指出民事债权优先受偿制度的产生根源;(2)主张民事债权优先受偿原则具有相对性;(3)提出应分领域、分对象来设计民事债权优先受偿的具体制度;(4)提出执行程序解决与破产终局解决相结合的制度设计方案。

4.宏观研究与微观研究并重

以往相关研究出现两种极端:一种是宏观研究,常常泛泛而谈,止于称颂;另一种是微观研究,多如管中窥豹,只见一斑。然民事债权优先受偿制度非宏观上纵览乾坤并微观上细至毫厘不能得其解,故为之。

(二)不足

受语言所限,对非英语国家的相关制度和相关研究涉猎不深,参考的基本是译著或者国内学者的相关研究。另外,作者的程序法、行政法、刑法的理论基础比较薄弱,这需要在未来的研究中继续深入学习,同时本书抛砖引玉,也期待这些领域的学者继续研究。

第一章　我国民事债权优先受偿制度的内涵与现状

自 20 世纪 90 年代以来,我国法学界讨论得相对较多的是民事赔偿责任优先原则、侵权责任优先原则或民事责任优先原则,重点落在"责任"而非"债权"的优先问题之上,几乎无人使用"民事债权优先受偿原则"或"民事债权优先受偿制度"的用语,全面探讨民事债权优先受偿制度的学术论文著作未曾出现。但考察我国立法,能够得出我国已经建立民事债权优先受偿制度的结论,尽管该项法律制度还远远不够健全。也正是民事债权优先受偿制度在我国已经建立却仍不健全、又没有全面研究的现实,使得在当下对其开展制度构建研究具有重要的理论和现实意义。

一、我国民事债权优先受偿制度的内涵

民事债权优先受偿制度是指债务人承担财产性公法责任将导致其债权人的民事债权不能或者不能全部受偿,依照法律规定的条件和程序使民事债权优先于财产性公法责任获得清偿的法律制度。为了对该制度进行更深入的探讨,有必要逐一分解并阐释"民事债权"和"优先受偿"的内涵。

(一)民事债权的内涵

债权本身就是典型的民法概念,是民事主体依法享有的最重要的民事权利之一,通常并不需要加上"民事"这一定语,只是我们在研究民事债权优先受偿制度时为了与公法债权加以区分,才如此称之。由于厘清民事债权的范围也关涉民事责任优先制度与民事债权优先受偿制度的关系问题,还关涉学者提出的侵

权请求权优先权概念是否适当的问题。因此有必要阐明债及债权的含义,理清债权与债务、债务与责任、债权与请求权、责任与请求权的关系。

1. 债及债权的含义

(1)债的含义

何为债?《民法典》中未设债编,也并没有对债作出定义,而此前的《民法通则》对其下的定义是"债是按照合同的约定或者依照法律的规定,在当事人之间产生的特定的权利和义务关系"①。《民法通则》对债下的这一定义实际上难谓严谨,因为但凡称得上是权利与义务者,没有不特定的,与其说债是当事人之间特定的权利和义务关系,不如说是特定民事主体之间的权利义务关系。② 但这样表述仍然不周延,因为特定民事主体之间的权利义务关系也有可能是身份关系或者物权关系,莫非这种权利义务关系也是债吗?③ 显然不是,可见这样的定义仍然失之过泛。失之过泛的原因在于其未明确特定民事主体之间是怎样的权利义务才可称为债权、债务,即没有明确债这种法律关系的基本属性。所以,《民

---

① 《民法通则》第84条第1款。该条第2、3款进一步规定:"享有权利的人是债权人,负有义务的人是债务人。债权人有权要求债务人按照合同的约定或者依照法律的规定履行义务。"

② "当事人"一词属于诉讼法中的重要概念,在民事实体法中也时有出现,但民事立法及民法学几乎未曾对其进行过概念界定。在《民法通则》《民法总则》《物权法》《合同法》《侵权责任法》《婚姻法》《继承法》以及《收养法》等民事法律中,《合同法》中"当事人"一词出现的次数最多,达183处,《物权法》中出现40处,《民法通则》中出现28处,《民法总则》中出现26处,《婚姻法》中出现6处,《收养法》出现6处,《侵权责任法》中出现2处,《继承法》中没有出现。"当事人"一词主要见于上述民事法律中规定债的法律关系(主要是合同法律关系)和民事法律行为(主要仍是合同法律行为)的法律条文中。"当事人"在《婚姻法》及《收养法》中,基本是在涉及身份协议及婚姻民事法律行为效力的法律条文中使用。"当事人"在《物权法》中出现的时候基本涉及意定物权或者因民事法律行为发生物权变动的场合。《侵权责任法》中出现的两次"当事人",一次是在第20条规定侵权赔偿权利人与责任人双方可以协商赔偿费用的支付方式时出现,一次是在第50条规定机动车物权变动时的责任主体认定问题时出现。因此,"当事人"在我国民事法律中大部分情况应该是指特定民事主体,尤其是指民事协议的双方主体。然而,也应该看到,法律条文中也存在与债和协议无关的情况下使用"当事人"一词的情形,比如《民法总则》第31条关于指定监护规定中使用了"当事人"一词,《物权法》第11条在关于申请登记应提供的必要材料的规定中使用了"当事人"等,这些"当事人"都应该指代的是民事主体。尤其是关于平等原则的规定,《民法通则》第3条的"当事人"对应着《民法总则》第4条的"民事主体"。从这个表述的变化中可以推断,《民法通则》第3条所规定的"当事人"就是指民事主体,而民事主体包括权利主体和义务主体,但在绝对权法律关系中义务主体通常并不特定。所以,《民法通则》第84条第1款对债定义不够准确。事实上,很多民法教科书介绍债的法律关系时也是强调其存在于"特定当事人之间",如王利明,杨立新,王轶等.民法学[M].4版.北京:法律出版社,2014:393;徐海燕,梅夏英.民法学[M].北京:对外经济贸易大学出版社,2012:196-197;江平.民法总论[M].北京:中国法制出版社,2009:100.

③ 学者崔建远等也曾指出《民法通则》对债的定义不足以区分债权与物权等绝对权。参见崔建远,韩世远,于敏.债法[M].北京:清华大学出版社,2010:1.

法通则》对债的定义并不足取。

　　我们有必要从债的历史源头去寻求何为债的答案。按照彼德罗·彭梵得《罗马法教科书》的介绍，"债是这样一种法律关系：一方面，一个或数个主体有权根据它要求一定的给付即要求实施一个或一系列对其有利的行为或者给予应有的财产清偿，另一方面，一个或数个主体有义务履行这种给付或者以自己的财产对不履行情况负责"①。法学家保罗一针见血地指出："债的本质不在于我们取得某物的所有权或者获得役权，而在于其他人必须给我们某物或者做或者履行某事。"②《法学阶梯》将债定义为："债是一种迫使我们必须根据我们城邦的法律制度履行某种给付义务的法律约束。"③"一方依法负责履行给付的义务，他方依法有权接受债务人应履行的给付，从而获得一定的利益。"④从债的古老定义中，我们清晰地读到了债的两个基本法律属性，即相对性和给付性。⑤ 相对性，是指债存在于特定民事主体之间；给付性是指债的客体或者说债权债务共同指向的

---

　　① 彼德罗·彭梵得.罗马法教科书[M].黄风,译.北京:中国政法大学出版社,2005:215.
　　② 彼德罗·彭梵得.罗马法教科书[M].黄风,译.北京:中国政法大学出版社,2005:215.
　　③ 彼德罗·彭梵得.罗马法教科书[M].黄风,译.北京:中国政法大学出版社,2005:215-216.江平、米健将此翻译为："债是拘束我们根据国家的法律而为一定给付的法锁。"见江平,米健.罗马法基础(修订本第三版)[M].北京:中国政法大学出版社,2004:279.徐国栋将此译为："债为法锁,约束我们根据我们城邦的法偿付某物。"见优士丁尼.法学阶梯[M].2版.徐国栋,译.北京:中国政法大学出版社,2005:343.张企泰将其翻译为："债是法律关系,基于这种关系,我们受到约束而必须依照我们国家的法律给付某物的义务。"见查士丁尼.法学总论 法学阶梯[M].张企泰,译.北京:商务印书馆,1989:158.周枏先生将其译作:"债是依国法使他人为一定给付的法锁。"见周枏.罗马法原论:下册[M].北京:商务印书馆,2014:696.黄风、徐国栋、张企泰及江平和米健先生的翻译比较近似,意思基本相同。而周枏先生的翻译则容易引起歧义,首先,使他人为一定给付的到底是什么或者是谁? 是债还是债权人? 其次,如果是使他人为一定给付,那么谁又是主体"自己"呢? 没有自己,何来他人? 如果债是主体,那么就不必使用"他人"一词,而应使用"特定的人"即可,即债是依国法使特定的人为一定给付的法锁;如果是债权人作为主体,那就是债是债权人依国法使他人为一定给付的法锁,虽然勉强通顺,但理应把"债权人"放置于句子之中。事实上,"从词源上来分析,拉丁文'obligatio'这个词据说可以追溯到西塞罗,其字根'lig'表示被约束的人或物。就罗马的词源而言,无论从哪一方面来看,债指的是一种法律上的'联结'。按查士丁尼的解释:债(obligatio)就是一种法锁(juris vinculum),我们因受其约束,依据国法而使我们支付财物成为必要。"因此,不是债权人依国法使他人为一定给付,而是债这种法锁使(或者说是拘束)特定的人为一定给付。故,本书更倾向黄风先生及江平、米健先生的翻译。前述债的词源分析参见 The Institutes of Justinian[M]. Thomas Collett Sandars, translate. London, New York: Longmans, Green and Co.,1917:319.转引自王华胜.契约形成中的道德因素——以要物契约为线索[M].北京:法律出版社,2015:21.
　　④ 周枏.罗马法原论:下册[M].北京:商务印书馆,2014:696.
　　⑤ 潘运华,叶知年.从债的基本属性看我国侵权责任的承担方式[J].河北法学,2014,32(11):158-164.

对象为给付即债务人之特定行为,包括作为或不作为,① 债务人当为给付,债权人可以受领给付和请求给付。"债权人恒依债务人之给付为媒介,获得法律上利益。"② 虽然目前世界上只有少数国家和地区的民法典规定了债的概念,但从这些不同国家民法典中债的概念里,我们仍能清晰地读出相对性和给付性这两个债的基本属性。③ 除相对性和给付性之外,一般认为债还应具备财产性。罗马法上的债(obligatio)一开始的确具有鲜明的人身强制性,债务人须以其人身作为其履行债务的保证,如果不能清偿债务,将以身偿债,沦为债权人的债务奴隶(nexi)或者处于受役状态(in causa mancipii)。④ 但公元前 326 年以后债务奴隶制不复存在,⑤ 于是,除了有关侵害的诉讼外,债务口约被禁止,债关系的刑罚特色消失,债被解释为标的为给付而非人身,以债务人的财产作为担保的单纯的财产性关系。⑥ 而到共和国末期,随着财产拍卖(bonorum venditio)这种财产执行方式的引入,执行程序也具有了财产形式。⑦ 由此可见,债的财产性自罗马法时就已经具备了。而在财产权与人身权二元划分的现代民法中,债的财产性显然仍应被承认,即使是具"人身专属性"之债,也只是债的主体具有特定性和固定性,并不能否定其给付内容本身仍具有财产性,不能据此否认债的财产法律关系属性。⑧ "人们至今仍承认这样一条规则:债的标的应当给债权人带来利益;而

---

① 罗马法上尚未将债的标的用"给付"这一术语概括。根据周枏先生的研究,在罗马上,给付包含三种情形:"第一是'给'(dare),指移转物权;第二是'为'(facere),指移转物权以外的行为,即债务人的作为或不作为;第三是'供'(praestare),其含义后世学者的认识不一,通说是指标的复杂,不能将它列入第一或第二项的,如损害赔偿等。"参见周枏.罗马法原论:下册[M].北京:商务印书馆,2014:698.不过,彼德罗·彭梵得认为"债的标的"这一术语产生于罗马动词"prestare"的"给付(prestazione)",它含有类似于做、给、履行的意思,最初可能还有担保(praestare)的含义。参见彼德罗·彭梵得.罗马法教科书[M].黄风,译.北京:中国政法大学出版社,2005:216.现代民法一般认为给付是债务人之行为,包括作为或不作为,交付标的物也是一种行为。参见史尚宽.债法总论[M].北京:中国政法大学出版社,2000:1.

② 孙森焱.民法债编总论 上[M].新北:文太印刷企业有限公司,1979:6.

③ 如《葡萄牙民法典》第 397 条规定:"债为法律上之拘束,使一人须对他人作出一项给付。"《澳门地区民法典》第 391 条规定:"债是法律上之拘束,使一人须对他人作出一项给付。"《加拿大魁北克民法典》第 1371 条规定:"债本质上是存在于人与人之间以给付为客体的关系。"参见房绍坤,王洪平.债法要论[M].武汉:华中科技大学出版社,2013:2.

④ 黄风.罗马私法导论[M].北京:中国政法大学出版社,2003:252.

⑤ 公元前 326 年的《博埃得里亚法(Lex Poetelia)》解放了全部债务奴隶,同时废除该制度。

⑥ 彼德罗·彭梵得.罗马法教科书[M].黄风,译.北京:中国政法大学出版社,2005:271.

⑦ 彼德罗·彭梵得.罗马法教科书[M].黄风,译.北京:中国政法大学出版社,2005:216;丁玫.承担违约责任的方式:从罗马法到现代法[M]//杨振山,桑德罗·斯奇巴尼.罗马法·中国法与民法法典化物权和债权之研究.北京:中国政法大学出版社,2001:610;周枏.罗马法原论:下册[M].北京:商务印书馆,2014:991.

⑧ 房绍坤,王洪平.债法要论[M].武汉:华中科技大学出版社,2013:5.

且,根据占主导地位的观点,这种利益应当是可以用钱款计算的。标的本身的特性则是另一个问题,说它是财产性的,只意味着社会意识允许对未履行的给付实行钱款转换。"①

综上,本书认为,可将"债"定义为特定民事主体之间以给付为客体的财产法律关系。

(2)债权的含义

何为债权?《民法典》第118条第2款的规定②既囊括了债权的各类主要发生原因,也强调了债权的相对权及请求权法律特征,但没有把握债权的本质特征,自然也存在没有区分债权与请求权的弊端。

尽管给付性是债的基本属性无疑,但债权的本质内容究为给付请求权还是给付受领权却存在争议。虽然"就世界上有代表性的民法典看,没有正式对债权作定义式规定的",③但大多数对债权的传统定义都是侧重其给付请求权一面,只有少数学者主张债权的本质在于给付受领权,如李宜琛所下定义是"债权云者,其权利人有受领相对人所为之一定给付之权利也"④。魏振瀛先生对李宜琛先生对债的定义极为赞同,认为应将债权定义为"债权人受领债务人给付的权利"⑤。其他大陆学者也有赞同者。⑥ 本书亦认为债权的本质内容或称核心权能应为给付受领权,但同时承认给付请求权是民事债权的一项重要权能。

首先,债权的本质内容或曰核心权能应为给付受领权。"债之关系,由动的理论来分析,其重点并不在于债务人之给付行为,而系在于债权人之给付受领权(Bekommensollen),此为近代学说所确认。"⑦与请求给付相比,受领给付更能称得上是给付义务的对应行为。换句话讲,债权人请求抑或不请求,债务人该给付

---

① 彼德罗·彭梵得.罗马法教科书[M].黄风,译.北京:中国政法大学出版社,2005:218-219.

② 《民法典》第118条规定:"民事主体依法享有债权。债权是因合同、侵权行为、无因管理、不当得利以及法律的其他规定,权利人请求特定义务人为或者不为一定行为的权利。"

③ 魏振瀛.论请求权的性质与体系——未来我国民法典中的请求权[C]//法苑精萃编辑委员会.中国民法学精萃 2004年卷.北京:高等教育出版社,2004:57.

④ 李宜琛.民法总则[M].胡骏勘,校.北京:中国方正出版社,2004:40.

⑤ 魏振瀛.论请求权的性质与体系——未来我国民法典中的请求权[C]//法苑精萃编辑委员会.中国民法学精萃 2004年卷.北京:高等教育出版社,2004:56-57.

⑥ 如王佩玺.论债与责任——兼论侵权行为的本质属性[J].行政与法,2013(2):125-129;苑书涛.请求权基本理论研究[D].重庆:西南政法大学,2005;于志刚.网络空间中虚拟财产的刑法保护[M].北京:中国人民公安大学出版社,2009:165.

⑦ 冈松博士.债权の性质.新报,30卷11号:51;Binder,ZurLehre von Schuld und Haftung,Jherings J.Bd.78,1927,S.216.转引自林诚二.论债之本质与责任[M]//中国法制出版社.债法论文选萃.北京:中国法制出版社,2004:399.

的还是要给付,意欲给付的尽管去给付。债务人为给付,而债权人受领给付,债方得以履行。债权人的请求只是促使债务人给付的手段而已,若无债务人的自觉履行,则请求也是无用的,这时只能借由救济性的请求权,通过诉讼的方式借助公权力对民事责任的确认和执行,才能最终实现债务人的给付。① 上溯到罗马法时代,这种给付与受领给付的对应关系也有迹可循,"罗马语言中还有另外一个与'obligation'表达意思大致相同的词'debitum'。根据巴克兰(Buckland)的解释,'debitum'指的是一种馈欠的状态,强调的是两者之间的一种关系,即一个应给,一个接收;而'obligation'意为一种可强制执行的责任"②。不但如此,还应看到,给付受领权作为公法债权与私法债权的共性权能,是建立二者联系的关键点。

其次,给付请求权是民事债权的一项重要权能。强调债权以给付受领权能为本质内容或核心权能并不是否定民事债权具有请求权能,恰恰相反,必须承认请求权能对于民事债权的重要性。与物权的客体是物,物权是物权人对物直接支配的权利不同,债权不直接作用于物,债权的客体是给付,给付是债务人的行为,给付的客体才是物,而且民事债权又不能像公法债权那样由公权力去直接强制给付而无需请求,所以虽然债权人请求给付,债务人也不见得给付——因为债务人之所以给付,归根到底不是因为债权人请求,而是一则出于对自己从债权人处获得对价的期待,二则忌惮源于债是法锁,紧跟着具有强制性的责任——但如果此时不赋予民事债权人请求债务人给付的权利,无异于守株待兔。可见,债权的请求权能有其意义,但并非债权最本质的内容和最核心的权能。传统理论之所以强调债权是请求权主要是为了与物权的支配权属性相区分,毕竟债权和物权是最重要的权利分类。但承认债权的请求权能并不能以此否认债权的本质内容或核心权能是给付受领。有学者认为"给付受领属于债权的内容,但非核心内容,而是给付请求权的题中应有之义"③,其正面的论据就是既然存在例如债

① 李宜琛先生指出:"债权通常经由请求权之作用,实现给付内容,惟债务人任意给付者,虽未经由债权人发动请求权,债权人仍得合法受领其给付。债权人得享有给付利益之权限,实乃债权之本质内容,请求权仅为达成此目的之手段而已。债权人请求债务人履行债务,若债务人延不履行,即须藉助公权力,强制其履行,以实现债的内容。因此,债权具有强制实现力,以确保债权得获满足。"参见李宜琛.民法总则[M].胡骏勘,校.北京:中国方正出版社,2004:7.孙森焱先生也认为债权人享有给付利益的权限是债权的本质内容,请求权只是达成此目的的手段。参见孙森焱.民法债编总论 上[M].北京:法律出版社,2006:12.

② Buckland W W. A text-book of Roman Law from Augustus to Justinian[M]. Cambridge:Cambridge University Press,1921:403.转引自王华胜.契约形成中的道德因素——以要物契约为线索[M].北京:法律出版社,2015:22.

③ 宋旭明.论给付受领的性质和地位[J].华中科技大学学报(社会科学版),2007(06):36.

务人以不作为方式为给付这种无需给付受领的债权,那给付受领怎么能成为债权的核心内容呢? 但是,给付并不等于交付,给付虽包含交付财产情形,但不限于交付,而受领给付自然也不等于受领交付,债务人为不作为义务的情况下,所谓受领应理解为债权人对其所期待的债务人不作为状态所带来的法律利益的接受和享有。既然给付都可以是不作为,受领又为何只能是作为?

综上,本书认为,可以借鉴李宜琛、魏振瀛先生对债权的定义,将其定义为权利人受领特定义务人之给付的权利。这里需要说明的是,与上文所强调的债的财产性相呼应,作为债的标的的给付应该具有财产性,即给付应当具有经济价值或者可以用财产上的价值加以衡量,[①]那些存在于人身关系相对人之间为了实现人身利益的、属于人身性质的为或者不为,如夫妻同居行为,以及赔礼道歉、恢复名誉、消除影响等非财产性民事责任形式均不应也不必纳入给付的范畴。[②]

2.债权与债务的关系

与债权相对,债务是特定义务人向权利人为给付的义务。法律关系以权利义务为内容,从法律关系角度理解,债就是特定主体之间的债权债务关系,因此债权是与债务互为对称的法律概念。由于债是在特定主体之间形成的权利义务关系,所以债权人对债务人享有的债权,从内容上来看,也就是债务人对债权人承担的债务。

3.债务与责任的关系

大陆法系关于债(务)与责任关系的讨论由来已久。在我国民法典制定过程中,围绕民法典中侵权责任法要不要独立成编、要不要设立债编或者要不要设立债权总则这一系列重大体系结构问题,债(务)和责任的关系也不断被讨论。

学者们的讨论难免从历史源头开始。根据已有研究,罗马法上的债(obligatio)起源于对私犯(exdelicto)的罚金责任,契约责任在最开始也从属于这

---

①　参见房绍坤,王洪平.债法要论[M].武汉:华中科技大学出版社,2013:3.当然也有人认为给付不具财产性,如戴修瓒.民法债编总论1—2章[M].台北:三民书局,1978:8-10.本书认为,即便本身不具有经济价值,但不能用财产上的价值加以衡量的行为难谓债权标的,即便是为了满足债权人的精神利益,即便无偿、无对价,也不代表其不能用财产上的价值加以衡量。完全不能用财产上价值衡量的行为,要么存在于道德领域,要么存在于人身关系中。

②　有学者为了维护侵权责任与债的一体性,主张非财产性民事责任的全部或者部分也是属于债的范畴。如:潘运华,叶知年.从债的基本属性看我国侵权责任的承担方式[J].河北法学,2014,32(11):158-164;崔建远.债法总则与中国民法典的制定——兼论赔礼道歉、恢复名誉、消除影响的定位[J].清华大学学报(哲学社会科学版),2003(4):67-76;刘心稳.债权法总论[M].北京:中国政法大学出版社,2015:28.

个概念。① 罗马法并未区分债务与责任，债(obligatio)作为羁束意义的"法锁"，本身蕴含着强制性的责任，或者说债本身就具有责任的功能。到了日耳曼法才对债务(schuld)和责任(haftung)予以区分，②债务是"法的当为"，责任是"法的必为"。③ 与擅长抽象概括和具有良好体系性的罗马法相比，日耳曼法是具体的，是针对各类具体案件的具体解决办法的罗列汇总。作为落后经济和文化的产物，其逻辑思维简单，几乎没有抽象概念，缺少对概念和事实的分类，法条缺乏逻辑关联，更无成体系的理论。日耳曼法中债的制度极其简陋，并不存在"债"的抽象概念，没有合法之债和违法之债的明确分类，违法行为不被认为是债发生的原因，侵权行为和犯罪行为被混为一谈，均遭受类似的惩罚。而合法之债仅有买卖契约、借贷契约等很少几种。④ 而日耳曼法上的"责任"本质上是债的担保，具有担保性、代偿性和羁束性(可诉性、强制性)，⑤包括人上责任、物上责任和财产责任，⑥除了包含古代法特有的以人的身体(充当债奴、债仆等)承担责任、作为担保以外，大体相当于现代法中的一般担保和特别担保(主要是物的担保和保证)。所以，尽管日耳曼法区分了债务与责任，但必须认识到日耳曼法上的"责任"与我国现行民事立法和民法理论中所说的"责任"并非同义词，二者虽然存在一定的相通之处，但终究是存在于不同时代、不同法律制度体系中的两种完全不同的制度设计，不可奉日耳曼法债责分离的先例为讨论我国民法语境中债与责任关系的圭臬。而至于现代各国民法，尽管在理论上对债务和责任做了区分，然而在民法典体例上却均遵循了罗马法的传统，《法国民法典》《德国民法典》以及其他继受这两国民法典立法模式的他国民法典，均置侵权法于债之中，未区分债

---

① 费安玲教授考证后得出相同结论。参见魏振瀛. 债与民事责任的起源及其相互关系[J]. 法学家,2013(1):122.

② 林诚二. 论债之本质与责任[M]//中国法制出版社. 债法论文选萃. 北京:中国法制出版社,2004:390.

③ Otto von Gierke. Deutseches Privatrecht (Band 3: Schuldrecht), Verlag von Duncker & Humblot,1917.9.转引自柳经纬. 从"强制取得"到对债的依归——关于民事责任性质的思考[J]. 政法论坛,2008(2):22.

④ 曾尔恕. 外国法制史[M]. 2版. 北京:中国政法大学出版社,2013:88,84.

⑤ "所谓责任(Haftung)者,于日耳曼法上,为服从攻击权(unterwelfung unter die zugriftsmacht)之义。盖谓于债务不履行时,得诉之强制手段,要求债务之满足,损害之赔偿及复仇者也。是以责任为对于债务之羁束状态,得称之为羁束(Binding,Band,Verbindlichkeit,Verstrickung),亦即债务之担保。部族法之法源中,恒谓债务人对于自己之债务,自负责任者,为保证人(fideinssor)。即在中世源中,亦尝谓之为自己保证(Selber Bürge)。故在日耳曼中世法往往谓责任为保证或担保(gewahre)焉。"见李宜琛. 日耳曼法概说[M]. 北京:中国政法大学出版社,2003:105.

⑥ 李宜琛. 日耳曼法概说[M]. 北京:中国政法大学出版社,2003:109-116.

与责任，①债之关系为债务与责任相结合形成的单一关系，有责任者即负债务，负债务者即有责任。②

回到我国的民法语境之中，债务与责任的关系，实际上是债务与民事责任的关系。据学者总结，债（务）与责任的关系，有因果关系说和离合关系说两种，其下又有细分。③ 本书认为，从内涵上看，债务和责任可以作为不同概念加以区分，但从内容上看，债务和责任可能重合，并且债务和责任可以相互引起。

（1）债务和责任可以作为两个不同的概念

首先肯定的是，债务和责任可以作为不同的概念，并非同义语。罗马法以及继承了罗马法的大陆法系国家在制度上并未对债与责任刻意区分，但这不妨碍在理论上对二者加以区别。而我国不但在理论上区分了债务和责任，而且在立法上加以分别规定，所以在我国，不论是理论上还是立法上，债务和责任并非同一概念。

虽然债务和责任是不同概念，但二者的关系如何，很大程度上取决于如何界定二者。不夸张地说，有一万种债务和责任的定义，就有一万种债务和责任的关系。按照法理学的观点，民事责任是法律责任的下位概念。据学者总结，关于法律责任的概念存在三种学说，即义务说、制裁说以及后果说，④也有认为存在四种学说的，即在上述三说之外，还有责任说。⑤ 至于民事责任，魏振瀛先生认为总体上有两种定义，即担保说（实际上是义务说）和后果说，且后果说是通说，其本人亦持此说，除此之外，也有少数持制裁说者。⑥ 黄茂荣先生认为民法上责任通常是在两种含义上使用的，其一是财产担保与履行强制意义上的责任，指债务人以其全部财产为其债务担保并为此在最终以诉权和强制执行作为债权实现的后盾；其二是指由于（契约）债务不履行、个别或一般保护义务之违反所发生的损害赔偿义务，这是一种第二性的义务。⑦ 魏、黄二位学者的认识不同一定程度上跟所处的环境不同有极大关系。1986 年的《民法通则》创造了民事责任单独成

---

① 郭栋.论债（务）与责任的关系——兼谈我国债法总则的存废问题[J].山东社会科学,2012(8):72.

② 李宜琛.日耳曼法概说[M].北京:中国政法大学出版社,2003:107-108.

③ 左传卫.论债与责任的关系[J].法商研究,2003(5):40-45.

④ 魏振瀛.民事责任与债分离研究[M].北京:北京大学出版社,2013:95-97.

⑤ 张文显.法哲学范畴研究[M].北京:中国政法大学出版社,2001:119-120.

⑥ 魏振瀛.民事责任与债分离研究[M].北京:北京大学出版社,2013:101-106.

⑦ 黄茂荣.债法通则之一 债之概念与债务契约[M].厦门:厦门大学出版社,2014:71-73.

章的权利—义务—责任三位一体立法体例，①责任与义务的相互独立从学说变为立法现实，这种背景下，义务说显得不合时宜，制裁说又似乎偏离民事立法的私法属性，后果说成为通说也在情理之中。而我国台湾地区的法学研究与民事规范承袭以德国为代表的传统大陆法系，故而其对责任的分析有明显的大陆法系民法色彩。所谓后果说，是说责任是违反义务所应承担的（不利）法律后果，②这种定义方式虽然明确了责任与违反义务（法定或约定义务）之间的因果关系，但制裁说、义务说何尝未曾明确此种因果关系？而后果说除了明确了因果关系，对这种法律后果到底是什么性质以及有什么功能，实际上并没有说清楚。虽然后果说为学界通说，但黄茂荣先生对责任两种含义的解读却值得参考。也许结合二位学者的解读，才能真正找到我国债务与民事责任关系的答案。

我国 1986 年的《民法通则》打破了大陆法系民法典的立法传统，将侵权责任从债的体系中剥离了出来。其在第五章第二节"债权"的第 84 条规定了债的概念，第 85 条规定了合同，第 92 条规定了不当得利，第 93 条规定了无因管理，但独独没有规定侵权之债，而是在第六章"民事责任"第三节规定了"侵权的民事责任"。对《民法通则》此举，赞成者有之，批评者有之。及至 2017 年的《民法总则》，沿用《民法通则》将民事责任独立成章的做法，但囿于其总则身份，其中并未单独规定侵权责任，其第 179 条规定的民事责任承担方式，仍如《民法通则》第 134 条的规定一般，既包括侵权责任的承担方式，也包括违约责任的承担方式，而且还增加了"继续履行"这一违约责任的承担方式。而《民法典》第 179 条原封不动的沿用了《民法总则》第 179 条的规定。从这种对民事责任一以贯之的规定方式上可以看出，立法者对于民事责任的含义实际上是采取了后果说。《民法典》第 179 条规定的 11 种民事责任承担方式，均可以称为违反法定或约定义务的后果。不过，虽均为后果，但后果和后果的性质却难谓相同，我们运用黄茂荣先生关于责任含义的解读来观察这 11 种民事责任承担方式，就会发现继续履行和修理、重作、更换是属于履行强制意义上的责任，作用上看是作为债的一般担保而存在的、最终通过诉权和强制执行实现的、附着于债务之上的"保护外衣"，其内容上跟债务相比没有明显区别，可谓"换汤不换药"；而恢复原状、赔偿损失和支付违约金则可归入损害赔偿义务，具有第二性义务的属性，实际上就是一种法定债务，如不获清偿，最终还是要依赖债务人财产的一般担保和行使诉权、强

---

① 《民法通则》第 106 条规定："公民、法人违反合同或者不履行其他义务的，应当承担民事责任。"
② 一般民法学者对民事责任定义时并不强调这种法律后果的不利性，法理学者则比较强调这点。

制履行来实现;至于余下的民事责任承担方式在传统民法上被归入绝对权请求权范畴,而非被看作民事责任,实则它们也是第二性的义务,只不过并非债务。

(2)债务和责任在内容上可以重合

虽然从抽象的概念上看,债务和责任并不相同,但从具体的内容上看,债务和责任却可能重合。在合同领域,违反合同债务所产生的违约责任,其内容可能与合同债务本身一样,即继续履行。连修理、重作、更换,都可以看作继续履行的特殊形态。在侵权领域,侵害绝对权产生侵权责任,而侵权责任中的恢复原状、赔偿损失和支付违约金,却符合债这种法律关系的基本特征,即相对性、给付性和财产性,所以产生损害赔偿之债。

至于无因管理、不当得利以及缔约过失,债务与责任几乎浑然一体。一般都承认无因管理和不当得利能够产生债,无因管理之债和不当得利之债虽然并不具有违反义务的属性,却可不经向债务人请求得直接诉请债务人承担,这又符合责任的特征。而缔约过失责任虽然具有违反义务的属性,亦可不经向债务人请求得直接诉请债务人承担,但其具有相对性、给付性和财产性,又谈何不是债?

(3)债务和责任可以相互引起

首先,承担责任可以产生债务,这主要体现在承担侵权责任可以形成侵权之债上。

《民法典》沿袭了《民法通则》《民法总则》单独规定民事责任的成例,是否表明其将侵权责任脱离债的态度?事实上,《民法典》第五章"民事权利"第118条至122条的规定却可以被解读为释放了完全不同的信号。《民法典》第118条第2款对债权的定义中,明确将侵权行为与合同、无因管理、不当得利和其他法定原因共同列为债的发生原因,[①]第119条规定了合同之债的效力,第121条、122条分别规定了无因管理之债、不当得利之债的基本内容,第120条的规定则既有对"请求"的表达,又有"侵权责任"的表述,[②]有学者根据体系性解释,认为法律这么规定就说明立法者认为侵权责任本质是一种债,这是对责任不是或不完全是债的观点的彻底否定和颠覆。[③] 本书认为,首先毋庸置疑的是,根据《民法典》第118条第2款,侵权行为可以产生债权债务关系。其次,根据该法第120条,侵权行为可以产生侵权责任。但侵权责任是不是或者是不是全都是债,《民法

---

① 参见《民法典》第118条。
② 《民法典》第120条规定:"民事权益受到侵害的,被侵权人有权请求侵权人承担侵权责任。"
③ 柳经纬.民法典编纂的体系性困境及出路[J].甘肃社会科学,2018(2):155.

典》并没有给出答案。典型的侵权责任是因侵害他人绝对权而产生的民事责任。《民法典》第 179 条规定的侵权责任承担方式中，赔礼道歉和消除影响、恢复名誉不具有财产性，不符合债的特征，不应列入债的关系。停止侵害、返还财产、排除妨碍、消除危险这些民事责任承担方式，若从绝对权请求权的角度观之，虽然其可能保护的是物权等具有经济价值性与流通性的财产权，但这些请求权本身并无经济价值性与流通性，必须依随物权等财产权才能发挥作用。① 所以说这些民事责任虽然从权利的角度可以看作请求权，②具有相对性，但并不具有财产性，不属于债权。而恢复原状、赔偿损失，也就是传统的损害赔偿责任的内容，却具有相对性、给付性和财产性，是一种债权债务关系。所以，所谓的侵权之债，仅指侵权损害赔偿之债，而损害赔偿，是侵害绝对权所产生侵权责任，即有一种承担侵权责任的方式是在侵权人和被侵权人之间依法设立侵权之债，这个侵权之债就是侵权责任的一种承担方式。侵权损害赔偿之债属于原始的损害赔偿之债，即自始就以损害赔偿为标的的债，责任是因，债务是果。③

其次，违反债务可以产生责任，这主要体现在违反合同债务可以产生违约责任。

违约责任是违反合同约定义务产生的不利法律后果，根据《民法典》第 179 条的规定，违约责任的承担方式包括修理、重作、更换、继续履行、赔偿损失和支付违约金。修理、重作、更换和继续履行着重责任的可强制性，赔偿损失和支付违约金着重原债务无法履行时对原债务的代偿性，但赔偿损失也包含对固有利益损失的赔偿，所以严格地说，并不全然是对合同债务的代偿，也即并非全然是转变的损害赔偿之债。违约责任内容上可以不同于原债务，经济价值上可以不等于原债务，性质上是违反债务的不利法律后果，但仍符合相对性、给付性和财产性，所以仍不失为一种债的关系。按照民法理论，狭义的债是指个别的给付关系，包含一对债权与债务。广义的债是包括多数债权、债务的法律关系，如同一个有机体，可以产生各种权利、义务，而不失其同一性。④ 违约责任并不全然是合同债务的延续，只是从广义债的关系的角度，在观念上与债权相对而言，被视

---

① 苑书涛.请求权基本理论研究[D].重庆:西南政法大学,2005:11.

② 停止侵害、排除妨碍、消除危险、返还财产既可以作为绝对权请求权，又可以作为私法责任承担方式。参见李建华,王琳琳.我国未来民法典中私法责任承担方式的立法选择——兼论停止侵害、排除妨碍、消除危险、返还财产的二元定位[J].海南大学学报(人文社会科学版),2012,30(3):68-74.

③ 房绍坤,王洪平.债法要论[M].武汉:华中科技大学出版社,2013:65.

④ 王泽鉴.债法原理 1 债之发生基本理论 契约 代理权授予 无因管理[M].北京:中国政法大学出版社,2003:5-6.

为属于同一个债的整体。法律通过追究违约责任的方式保护合同债权,但并不要求承担违约责任的债务价值上等同于最初的债务,即等价于最初的债权,也不要求内容上等同于原来的债务,即对应于最初的债权,但在观念和立法上,也从来没有、也没必要刻意区分原债权与后来因违约而产生的新债权。因为二者存在保护与被保护,原生与衍生的关系,所以仍被视为同一个债的关系,所谓债之发展性。①《企业破产法》关于破产债权的规定如此,司法实践亦如此。

权利—义务—责任三位一体的法律关系逻辑之下,债务和民事责任似乎并不是一个逻辑层次上的概念,而权利、义务和责任才是。因为责任是违反义务应当承担的不利法律后果,而债务是义务的下位概念,只是债这种法律关系中的义务,是特定义务人向权利人为给付的义务。所以,按照逻辑,抽象地谈论债务和责任,当然是违反债务产生责任而非相反。但那也仅仅是违反债务产生债法上的责任这条逻辑脉络而已,事实上,承认债务和责任能够相互引起,并不违背我国立法所推崇的权利—义务—责任三位一体的法律关系逻辑。因为权利—义务—责任的逻辑规则是抽象的、静态的,没有考虑什么权利对应什么义务和违反什么义务产生什么责任,而债务和责任相互引起则发生在具体法律关系的发展变动过程中。法律关系本身就是生生不息、此起彼伏的,从具体的法律关系发展变化的角度来看,不但债务可以引起责任,责任可以引起债务,权利产生权利,义务产生义务也是完全可能的。例如合同本身都是能够引起民事法律关系产生、变更、消灭的协议。正如是鸡生蛋,还是蛋生鸡这种问题,形而上的思考似乎只能鸡生蛋或者蛋生鸡,但具体到某个母鸡,它既由蛋生,又能生蛋,并不矛盾。从抽象的逻辑上看,好像义务产生责任、责任又产生义务是不可思议的,是无限循环的,是不正确的,但是那只是从单一角度、从抽象概念而非具体法律关系,甚至可以说是从自然科学的物质转化角度思考社会关系。

而同一内容的一项负担可以即是义务也是责任,这不矛盾,一方面,要看其针对的对象,比如侵权之债针对被侵害的绝对权而言就是一种责任,针对请求损害赔偿的债权而言就是债务。这就好比一个人有多重身份,对于学生,他是老师,对于子女他是父亲。另一方面,是看其发挥的作用,比如继续履行,在没有违约前,就是义务,违约之后,就是责任。这就好比厨具与武器是两个不同概念,但具体到一把菜刀,用它来切菜它是厨具,用它来防身,它就是武器。是责任还是义务,不是看其具体内容,而是看其对象和作用。责任和义务的明确区分只存在

---

① 黄茂荣.债法通则之一 债之概念与债务契约[M].厦门:厦门大学出版社,2014:40-41.

于抽象的逻辑上,而不针对具体内容,就如抽象的逻辑上,教师和父亲肯定不是一个概念,厨具和武器也不是一回事。义务也好、责任也罢,都只不过是个角色或者身份而已,并不是某个行为本身,一个行为本身自然只能非此即彼,交付货物肯定不是赔偿损失。但性质上,交付货物和赔偿损失可能都是义务或者都是责任。

4.债权与请求权的关系

(1)债权与请求权关系问题的核心

实体法上的请求权概念由 19 世纪德国法学家温德沙伊德从罗马法和普通法中诉的概念提炼而来。① "在温德沙伊德看来,请求权一方面是内在于一切权利的强制因素,另一方面,其本身还构成了一种独立的权利类型,并且是权利的两种基本类型之一。"②1896 年《德国民法典》采纳了请求权的概念,其 194 条第1 款将该权利定义为"要求他人为或不为一定行为的权利"。《德国民法典》上的请求权概念贯穿于民法典各部分,不论是债法、物权法、亲属法还是继承法上均有请求权,且按照立法文件和一部分德国学者的理解,债法上的请求权就是债权。③ 但关于债权和请求权的关系,各国学者历来众说纷纭,据学者总结,主要有三种学说:债权说;作用说、效力说或者权能说;独立权利说或者救济权说。④这其实只是债权和请求权关系表现出来的一面,即债权请求权和债权之间的关系。要理清请求权和债权的关系,不仅要讨论债权请求权和债权之间的关系,还要讨论绝对权请求权和债权之间的关系,以物权请求权为例,关于其性质的学说有七种之多。⑤ 所以,要理清请求权和债权的关系,主要要回答两方面的问题,一是债权请求权是债权本身,是债权的权能,还是债权之外的权利?二是绝对权请求权是债权,是绝对权的权能,还是债权和基础性绝对权以外的权利?正如前文所言,对概念内涵的界定不同,就会在概念之间关系的问题上得出不同的结论:

其一,如果认为请求权和债权是同义语,也就意味着债权只有请求这一项权

---

① 迪特尔•梅迪库斯.德国民法总论[M].邵建东,译.北京:法律出版社,2000:67.
② 金可可.论温德沙伊德的请求权概念[J].比较法研究,2005(3):116.
③ 金可可.德国民法上的请求权概念[J].求索,2007(3):89-90.
④ 苑书涛.请求权基本理论研究[D].重庆:西南政法大学,2005:62-59.
⑤ 七种学说分别是:(1)物权作用说;(2)纯债权说;(3)准债权之特殊请求权说;(4)非纯粹债权说;(5)物权效力所生请求权说;(6)物权派生之请求权说;(7)所有权动的现象说。参见谢在全.民法物权论[M].北京:中国政法大学出版社,1999:38.

能,那么请求权就是债权,债权就是请求权,债权请求权就是债权本身,绝对权请求权也就是在绝对权存在受侵害之虞时派生出来的债权。

其二,如果认为请求只是债权多项权能中的一项,那么债权请求权就不是债权本身。而绝对权请求权则可能被看作是单独的权利(因为不符合定义者所做的债权定义,尽管具备请求权能),也可能被看作是债权(因为符合定义者所做的债权定义,这时于其说绝对权请求权性质是债权,毋宁说绝对权存在受侵害之虞时派生出来的是债权,而请求只是这个债权的权能),还可能被看作物权的权能(因为定义者承认物权本身具有请求效力或曰请求权能)。

其三,如果认为债权只是请求权的一种,那么所有的债权都是请求权,而有的请求权却不是债权,那么债权请求权就是债权本身,绝对权请求权就要么是独立的权利(如果定义者认为其不是物权的权能),要么是物权的权能(如果定义者承认物权本身具有请求效力或曰请求权能)。

其四,如果强调请求权是派生于基础权利的独立权利,那么债权请求权不是债权,绝对权请求权也不是绝对权,它们都是基础权利的救济权利。

(2)债权与请求权的关系的合理解读

法学是社会科学,法学概念的定义有很强的主观性,不像自然科学中的事物,如果指鹿为马肯定错误,法学概念的界定更侧重合理性。本书比较倾向接受王利明教授的看法,即"请求权大多表现为实体权利,例如物权请求权、人格权请求权等。但请求权也可以只是某项权利的内容,比较典型的是,债权的请求权只是债权的内容,或者说是债权的主要内容"[①]。

① 债权请求权应被限定为债权的一项权能。

其一,债权不应等同于或从属于请求权,正如前文所述,债权的核心是给付受领权而非请求权,所以,至多说债权具有请求权能,而不能将债权等同于请求权。仅从债权包含给付受领权能来看,就能看出债权并非请求权的子集,二者不是包含与被包含的关系,所以也不能说债权从属于请求权。通说所说的债权是请求权,其实是指债权有请求这方面的作用,但债权显然不只有这一方面的作用,就算把债权缩减到仅具有一项权能,那也不是请求权能,而是给付受领权能。

其二,将债权请求权从债权中剥离,认为其是独立权利而非债权的权能,不是不能,而是不妥,这种做法恐怕更多是理论上、思辨上的意义,很难谈得上有太

---

① 王利明.民法学[M].2 版.上海:复旦大学出版社,2015:28.

大的现实价值。权能是"权利的具体作用或实现方式而言,是权利的具体内容。"①"相对权含请求权能。"②债权是典型的相对权。债权请求权显然是债权的具体作用和实现方式,没有理由将其从债权的具体内容中硬拖出来。将其安放于债权权能之列,不但不会打破债权的相对性、给付性、财产性,恰恰体现着债权的相对性、给付性、财产性。不能为了跟绝对权请求权性质上整齐划一,就把债权请求权刻意从债权中提取出来。基础性请求权是为了实现给付受领权,即促使债务人履行债务的手段,不是被债权所派生,而是包含于债权之中。事实上,不但基础性的债权请求权(如契约之债履行期限届至以后、届满之前的请求权)是债权的权能,救济性的债权请求权(违反基础性请求权引发的请求权)也从来没有被刻意剥离出债权,甚至无论是基础性债权请求权还是救济性的债权请求权,都未曾过多地被作为债权的权能提起过,而是全然囊括在债权这个称呼之下。③ 这也正是大陆法系债的传统理论从未刻意泾渭分明地分割债务和责任的原因,因为不管把不把责任从债务中剥离出来,债这种权利人不能直接支配客体的法律关系最终实现只能诉诸强制力,也即债本身就蕴含着强制,这个强制就是责任。如果看无因管理和不当得利之债,所谓的基础性请求权和救济性请求权的划分以及债务与责任的划分更是有画蛇添足之嫌。如果单独把债权的请求权能提出来当作权利只会使理论研究复杂化,也会增加实务中的负担。从这点也能看出,说《侵权责任法》第 4 条规定的是侵权请求权优先,就等于其规定的是侵权债权优先。

② 将绝对权请求权定位为独立权利更为合适。

其一,绝对权请求权被定位为绝对权的权能不合适。诚然,请求权概念被温德沙伊德创设之初,是含有绝对权上对权利人之外的一切不特定人的不作为请求权的,但最终《德国民法典》的条文中却没有采纳这个意义上的请求权概念。④但不针对特定义务人的所谓"请求权"实际上是无需请求也无处请求的,这种请求权只适合存在于理论中,而非要运用于实践的法律中。绝对权、相对权的划分是以义务人是否特定为标准的,而绝对权请求权相对应的义务人(准确地说是责任人)却是特定的,如果将绝对权请求权看作是绝对权的权能的确会使绝对权的

---

① 龙卫球.民法总论[M].2 版.北京:中国法制出版社,2002:121.

② 李锡鹤.物权论稿[M].北京:中国政法大学出版社,2016:124.

③ 基础性请求权和救济性请求权的分类,参见宋旭明.论请求权二元体系的法理根据[J].北方法学,2013,7(5):84-90.

④ 金可可.论温德沙伊德的请求权概念[J].比较法研究,2005(3):118-119.

含义显示自相矛盾,容易引发误解。

其二,不把绝对权请求权归入债权,也不是说理论上绝对不能这么做,①而是因为按照对债权的通常理解,债权是财产权,除了相对性、给付性,其应具有财产性,对债权的这种通常理解对于理论研究尤其是实务操作显然是很重要的。而正如前文在分析债务与责任关系时所分析的那样,绝对权请求权不具经济价值性与流通性,很难称得上具有财产性。所以,将绝对权请求权隔绝于债权序列之外为妥。

5.请求权与责任的关系

在我国的民法语境中,救济性请求权与民事责任是一体两面的关系,从权利人角度看是救济性请求权,从义务人的角度看就是民事责任。不管是救济性请求权还是民事责任都是技术性的制度设计,其存在的价值最终都是为了救济基础性权利。

物权请求权、人格权请求权等绝对权请求权与停止侵害、排除妨害、消除危险、返还财产、消除影响、恢复名誉、赔礼道歉等民事责任,从权利人角度就是得请求为之,从原消极义务人即现责任人角度就是必为。但二者在具体内容上其实是一致的。这从民事立法中很容易找到答案。《民法典》一方面在"第八章　民事责任"第179条规定了停止侵害、排除妨害、返还财产的民事责任承担方式,另一方面,又在"第九章　诉讼时效"第196条规定"下列请求权不适用诉讼时效的规定"时,又使用请求停止侵害、排除妨害、消除危险和请求返还财产的"请求权"概念。② 实际上,在2018年9月面向社会公开征求意见的《民法典各分编(草案)》第778条中第1款和第2款分别规定了停止侵害等民事责任和对应的请求权,③反映出立法者认可这些民事责任与请求权的对应关系。

---

① 比如李锡鹤教授认为债的本质属性是相对性,债的关系等同于相对关系,债权等同于相对权,所以债分为财产之债和身份之债,债权一般情况下是财产权,特殊情况下是身份权。在这种债和债权的定义之下,物权请求权实为债权无疑。参见李锡鹤.物权论稿[M].北京:中国政法大学出版社,2016:128-129.

② 《民法典》第196条:"下列请求权不适用诉讼时效的规定:(一)请求停止侵害、排除妨碍、消除危险;(二)不动产物权和登记的动产物权的权利人请求返还财产;(三)请求支付抚养费、赡养费或者扶养费;(四)依法不适用诉讼时效的其他请求权。"

③ 《民法典各分编(草案)》第778条:"侵害民事主体人格权的,应当依照本法和其他法律的规定承担停止侵害、排除妨碍、消除危险、赔偿损失、消除影响、恢复名誉、赔礼道歉等民事责任。民事主体依照前款规定提出的停止侵害、排除妨碍、消除危险、消除影响、恢复名誉、赔礼道歉请求权不受诉讼时效的限制。"

而侵权之债本身就是救济性的,无论救济性是指派生性还是指可强制性。从义务方面看,侵权之债本身就是侵权责任的一种承担方式,而侵权责任存在的目的就是为了救济绝对权。从权利方面看,相对于被救济的绝对权而言,侵权之债中的请求权即侵权请求权必然具有救济性。当然,侵权之债虽身负救济绝对权的使命,但一旦成立,其本身就是个独立的法定之债,所以就这一债的关系本身而言,侵权请求权又是基础性请求权,其为了实现侵权债权之给付受领权能而存在,实现了侵权债权,也就救济了绝对权。侵权之债如其他法定之债一样,债的关系中就意味着可强制性,其债权不需先向债务人请求实现而得直接诉请法院实现。缔约过失之债的请求权也是同样的情况。

而合同之债基于约定设立,常常约定履行期限。若刻意精分,则履行期限届至而尚未届满时的请求权和履行期限届满后的请求权性质并不相同。履行期限届至而尚未届满时的请求权仅具有实现债权的性质,是基础性请求权,在这个阶段债务人有履行期限未届满的抗辩权,意味着债务不能被强制履行。也可以看作日耳曼法上所说的债务"当为"而非"必为"性。而履行期限届满之后的请求权,如果从内容上看,继续履行以及修理、重作、更换等特殊形态的继续履行,仍然是基础性请求权,但如果将救济性理解为可强制性,那么从这些责任的可强制性角度观察,它们也可以被界定为救济性的请求权,从义务人角度就是违约责任。而违约金、赔偿损失相对于原债权请求权而言具有派生性,是第二性的请求权,如果从为保护基础权利而被所派生的权利称之为救济权的角度来看,这两种债权请求权属于救济性请求权,当然它们也具有可强制性,如果从救济性即可强制性的角度来理解,仍是救济性请求权。从义务人角度,当然可成为违约责任。

无因管理之债、不当得利之债虽属法定之债,但并非因义务人违反义务而由基础权利所派生。如果将救济理解为派生性,那无因管理之债、不当得利之债的请求权仅属于基础性请求权,如果把救济理解为可强制性,则其无需先向债务人请求而径行诉讼请求,兼具救济性。

所以,如果把责任的救济性理解为可强制履行性,那么正常的债本身都蕴涵责任,不论法定之债还是契约之债,只不过契约之债有个履行期限届满前后的问题,但从终局意义上而言,契约之债同样本身蕴含着责任。

小结:债是特定民事主体之间以给付为客体的财产法律关系,具有相对性、给付性和财产性三个特征。债权是权利人受领特定义务人之给付的权利,给付应具财产性。债务是特定义务人向权利人为给付的义务。通说认为,责任是违反义务所应承担的(不利)法律后果,但民事责任有时指的是可强制性,有时则指的是作为第二性义务的派生性。债务和责任,从内涵上看,可以作为不同概念加以区分,但在内容上看,债务和责任可能重合,并且债务和责任可以相互引起。债权请求权应被限定为债权的一项权能,绝对权请求权宜被界定为独立的权利。在我国的民法语境中,救济性请求权与民事责任是一体两面的关系,从权利人角度看是救济性请求权,从义务人的角度看就是民事责任。于债的关系而言,责任也好,请求权也罢,最后都是为了实现债权服务的,只不过侵权债权一旦实现,也就能起到救济绝对权的作用。而我国立法中,不管是现行《民法典》规定的民事责任优先制度,还是曾经《侵权责任法》的侵权责任优先制度(或称侵权请求权优先制度),归根结底都是为了民事债权的优先受偿,所以都应被囊括进入民事债权优先制度之中,而反过来,民事债权优先制度还能囊括那些一般不被称作责任的法定之债和尚未违约的合同之债。① 因此,使用"民事债权优先受偿制度"一语涵盖更全面,优于"民事责任优先制度",后者可以作为前者的下位概念。而《侵权责任法》随着《民法典》的"一统天下"而失效,随之而来的,《侵权责任法》第4条确立的"侵权请求权优先"已成为过去时,而"民事请求权优先"显然在公法债权无需请求的背景之下,显得无可对照之概念,将更加突兀。②

(二)优先受偿的内涵

在这部分,要回答的问题是在什么情况下,针对什么财产,民事债权优先于什么权利受偿?

1.民事债权所优先的对象

公法责任主要包括刑事责任和行政责任,前者包括判处罚金、没收财产等财产刑,后者包括处以罚款、没收违法所得、没收非法财物等财产罚。除此之外,《刑法》第64条规定的追缴违法所得、没收犯罪物品虽不属于刑罚,但仍属犯罪人应当承担的公法责任,是国家对犯罪人所有或占有的财产的强制剥夺,在民法效果上与财产刑并无不同,执行二者与民事债权受偿孰优孰劣,这与犯罪人的债

---

① 但要注意,民事债权优先受偿并非任何民事债权在任何情况下均无条件的优先于惩罚性公法债权受偿。在民事债权优先受偿制度中,法定之债和尚未违约的合同之债的优先受偿并非无条件的,它们往往指向终局性的执行,如破产或者被执行人被没收全部财产或者被判处死刑的情况。在一般的强制执行中,这些民事债权不应赋予优先受偿性,可在参与分配中平等受偿。

② 实际上,创造"侵权责任请求权的优先权"概念的杨立新教授在其2018年的文章中已经将《民法总则》第187条规定的内容改称为"民事责任优先权"了。参见杨立新.《民法总则》民事责任规定之得失与调整[J].比较法研究,2018(5):35-36.

权人利益攸关。国家运用强制力追究上述公法责任,从权利的角度观察,就是国家对犯罪人或行政相对人享有的惩罚性公法债权和以依法剥夺方式从犯罪人或行政相对人处原始取得的财产权,这就是民事债权优先受偿的对象,在本书中将这些权利统称为"国家的公法财产权",特指国家的惩罚性公法债权以及国家以依法剥夺方式原始取得的财产权。

(1)国家的惩罚性公法债权

广义的债,包括公法之债和私法之债。私法之债是特定私法主体之间以给付为客体的财产法律关系,具有相对性、给付性和财产性。公法之债是国家(由特定国家机关代表)与特定公民、法人或非法人组织之间以给付为客体的财产法律关系,同样具有相对性、给付性和财产性。二者最大的差别是主体地位不同,私法之债当事人主体地位平等,而公法之债中主体地位是不平等的。公法之债中,可能国家是债权人,特定公民、法人或非法人组织是债务人,也可能特定公民、法人或非法人组织是债权人,国家是债务人,也可能双方互为债权债务人。国家的公法债权也即国家依据公法享有的受领特定公民或组织体之给付的权利。依据目的标准划分,可将国家的公法债权分为税收债权、费用性公法债权以及惩罚性公法债权。[①] 惩罚性公法债权,即国家因追究公法责任而对特定公民、法人或非法人组织享有的公法债权,主要包括罚款和罚金。

(2)国家以依法剥夺方式原始取得的财产权

学界往往笼统地将财产刑归入公法债权之列,[②]然而,从民法的角度审视,没收财产与罚金性质不同,前者是一种能够引起财产权变动的公法行为,属于民事法律事实,而后者仅产生债权效力,犯罪人的自愿缴纳罚金属于自愿履行债务,法院强制执行罚金则是公力救济债权,与民事债务的强制执行无明显差别。因此,公法债权不能囊括没收财产刑。同理,行政处罚中的没收违法所得、没收非法财物,刑法中的特别没收,也不是公法债权,而是能够引起财产权变动的公法行为,此间,国家根据行政处罚决定或生效的刑事判决,以依法剥夺方式原始取得的财产权。

2.民事债权优先受偿的客体

债务人的全部财产是其对外履行债务、承担财产责任的一般担保,债权人的

---

① 徐美菊.论公法债权的内部受偿顺位[N].江苏经济报,2013-07-03(B03);徐艳茹.公法债权与私法债权的冲突及受偿顺位[J].天水行政学院学报,2010(4):114-117.

② 如郭伟清,张文如.实现公法债权制度正义地徘徊与出路——在财产刑执行困境之实证分析中探寻答案[M]//张海棠.程序与公正 第4辑.上海:上海人民出版社,2010:366-376.

债权实现依赖债务人责任财产的充足。正常情况下,民事主体从事民事活动遵循等价有偿的交易原则,所以,不会对其责任财产造成无法预计的影响。即使因为投资失败、经营不善而使责任财产显著减少,那也是正常市场行为的可能结果,无法在法律上予以责难。而且尚有债的保全制度,避免债务人责任财产的不当减少。

在公法上,追究犯罪人或行政相对人的财产性公法责任,是为了惩罚违法犯罪。但在民法上,更关注其无偿性,罚金、罚款等惩罚性公法债权是一种单务无偿的债权,没收财产等公法行为更是国家以强制剥夺的方式无偿取得财产权。这些公法财产责任的承担与民事债权的实现都依赖同一客体,即债务人的责任财产,所以存在竞争关系,民事债权优先受偿制度保障的是在债务人有限的责任财产之上民事债权能够获得优先受偿。

3. 民事债权优先受偿的条件

宏观地分析,[①]民事债权优先受偿的条件为债务人承担财产性公法责任将在合理时间内害及其民事债权人的债权,即当在债务人责任财产上设定和实现国家的惩罚性公法债权和以依法剥夺方式原始取得的财产权,在合理期限内将导致民事主体的债权全部或部分无法实现。

(1)财产性公法责任的承担害及民事债权。

正如债的保全制度中,仅仅是存在债务人怠于行使到期债权或者实施放弃到期债权等积极行为,债权人并不能够行使代位权或撤销权,而必须因为债务人所为之消极行为或者积极行为使债务人的责任财产应当增加而没有增加,或者不当减少而害及债权人的债权时,债的保全制度才能适用。民事债权优先受偿制度实际上也是要求债务人承担财产性公法责任将害及其民事债权人的债权。当然,民事债权优先受偿制度中所说的财产性公法责任的承担害及民事债权,只是从结果上而言,并不像债的保全制度中的"害及债权"有对债务人行为进行否定性评价的意味,因为公法责任的追究本身具有实体法上的正当性,只是与民事债权的实现相较而言,应处于次后顺位而已。

(2)财产性公法责任承担在合理时间内害及民事债权。

由于债务人的责任财产无时无刻不在变动之中,债务人责任财产暂时的不

---

①　之所以说是"宏观"地分析,是因为民事债权优先受偿的具体制度的具体的适用条件,应当是由各种立法明确规定的,具体制度不同,适用条件也不同。但这些具体的条件并没有脱离此处总结的宏观上的条件。

足并不一定会对其债权人的债权的实现造成实际影响,比如很多企业暂时的资不抵债仍不影响其正常经营。尤其是数额比较小的财产性公法责任的承担,通常不足以对民事债权造成致命的影响。反过来,财产性公法责任在承担的当时看起来并未导致资不抵债,但由于承担财产性公法责任对债务人的责任财产的价值总额或者资产结构产生较大影响,导致在债务人承担财产性公法责任后偿债能力明显下降,无力承担这之后到期或者产生的民事债务或民事责任。所以,在确定民事债权优先受偿制度的适用条件时,不能机械地强调责任财产不足以承担公法责任和清偿民事债务(或承担民事责任)的同时性,即所谓债务人的财产不足以"同时"承担公法责任和民事责任。相反,应将财产性公法责任承担在合理时间内害及民事债权作为民事债权优先受偿制度总的适用条件。当然,具体的适用条件,应由具体制度细化,容后文分析。

综上,民事债权优先受偿制度中的"优先受偿"应是指,当在债务人责任财产上设定和实现国家的惩罚性公法债权和以依法剥夺方式原始取得的财产权在合理期限内将导致民事主体的债权全部或部分无法实现时,就债务人的责任财产,民事债权应优先于国家的上述财产权获得清偿。

另外还要注意的是,现有的研究中很少使用"民事债权优先受偿制度"一词,更多的是使用"民事优先原则"、"民事责任优先原则"及"民事责任优先规则"等用语。关于为什么要使用"民事债权优先受偿"而非"民事责任优先"、"民事请求权优先"的原因,前文已有阐述,此处再简要阐释一下本书为什么要使用"制度"而非"原则"或者"规则"等词。首先,民事债权优先受偿应当是一种法律制度。[①]这是因为有关民事债权优先受偿的社会关系横跨公法、私法两大法域,涉及民法、商法、刑法、行政法以及诉讼法等多个部门法,仅规定民事债权优先受偿原则或者民事责任优先原则如空中楼阁,不具有可操作性,而几个零星的规则,并不能真正实现民事债权优先受偿原则或者民事责任优先原则。要真正实现民事债

[①] "法律制度"一词存在多种含义,如按照《法学大辞典》的解释,其包括两种意义:一是指"一国或某一历史时期全部法律和制度的总称";一是指"调整某一类社会关系的法律规范的统称",此种意义上的法律制度一般冠以有关法规或法律规范类别的名称",如选举制度等。而按照《中华法学大辞典》的解释,"法律制度"有四种含义,一是"泛指国家的法律和制度";二是指"一国现行法规范的总和";"相当于'法'的概念本身";三是指"部门法内部调整某一方面社会关系的相关法律规范的总称","一个法律制度有时也可以为相邻的部门法所共有",四是指"部门法的别称"。"民事债权优先受偿制度"中的"制度"即"法律制度",其含义应为《法学大辞典》所作释义的第二义和《中华法学大辞典》所作释义的第三义,即调整某一方面社会关系的相关法律规范的总称。参见曾庆敏.法学大辞典[M].上海:上海辞书出版社,1998:1108-1109;孙国华.中华法学大辞典 法理学卷[M].北京:中国检察出版社,1997:135.

权的优先受偿,必须公私法域多个部门法进行系统性规定,形成一个自身完善并与相关公法、私法制度相协调的跨部门法律制度。其次,民事债权优先受偿制度是我国立法中的一项既存制度。虽然目前我国的民事债权优先受偿制度并不完善,缺乏体系性和可操作性,但毕竟已经从原则向制度迈出了实质性的步伐。不但有《民法典》《刑法》等多部法律规定了民事债权优先受偿原则和民事责任优先原则,还有《刑事涉财产执行规定》《全国法院破产审判工作会议纪要》《关于证券违法行为人财产优先用于承担民事赔偿责任有关事项的规定》等多部司法解释、部门规范性文件对民事债权优先受偿规定了更加详细的规则。① 所以,称其为"制度"并不为过。

二、我国民事债权优先受偿制度的现状

(一)民事债权优先受偿的现有规定

民事债权优先受偿制度的建立是我国法治进步的重要表现。我国民事债权优先受偿制度的发端于 1994 年实施的《公司法》所确立的民事赔偿责任优先原则,经过多年发展变化,目前有关民事债权优先受偿的规定包括以下几处。

1. 民、商、经济法领域的民事责任优先原则

(1)一般民法中的民事责任优先原则

2010 年实施的《侵权责任法》第 4 条规定的侵权责任优先原则是民事一般法中首次出现的民事债权优先受偿规定。② 囿于该法民事单行法的地位,其仅就侵权责任较行政责任、刑事责任优先承担作出规定。

作为对学术界将民事责任优先原则写入民法的呼声的一种回应,2017 年施行的《民法总则》将《侵权责任法》及《公司法》等商法、经济法的规定向前推进了

---

① 本书将《最高人民法院关于刑事裁判涉财产部分执行的若干规定》(法释〔2014〕13 号)简称《刑事涉财产执行规定》。

② 《侵权责任法》第 4 条规定:"侵权人因同一行为应当承担行政责任或者刑事责任的,不影响依法承担侵权责任。因同一行为应当承担侵权责任和行政责任、刑事责任,使权人的财产不足以支付的,先承担侵权责任。"

一大步,在第八章"民事责任"之第 187 条规定了民事责任优先原则。① 这种做法提高了该原则的立法地位,加强了对民事权利的立法保护。②

2021 年实施的《民法典》延续了《民法总则》关于民事责任优先原则的规定,其第八章"民事责任"之第 187 条的规定与《民法总则》第八章"民事责任"之第 187 条的规定完全相同。③ 伴随《民法典》的实施,《侵权责任法》与《民法总则》也同时废止,退出历史舞台。

(2)商法、经济法领域的民事(赔偿)责任优先原则

回溯至 1994 年,《公司法》实施,其第 228 条的规定是民事债权优先受偿原则在我国立法中首次出现,④但更确切地说,《公司法》仅仅确立了民事赔偿责任优先原则。

继《公司法》之后,诸多商法、经济法对民事赔偿责任优先原则作出了类似的规定。1999 年实施的《证券法》第 207 条、⑤2000 年《产品质量法》在修订时加入的第 64 条、⑥2004 年实施的《证券投资基金法》的第 99 条、⑦2006 年《合伙企业法》修订时加入的第 106 条、2009 年实施的《食品安全法》的第 97 条、⑧2013 年修订的《消费者权益保护法》中增加的第 58 条、2014 年实施的《特种设备安全法》的第 97 条均作出基本相同的规定,与《公司法》和《刑法》相比较,这些规定将

---

① 《民法总则》第 187 条:"民事主体因同一行为应当承担民事责任、行政责任和刑事责任的,承担行政责任或者刑事责任不影响承担民事责任;民事主体的财产不足以支付的,优先用于承担民事责任。"

② 杨立新.规定民事责任优先原则是亲民之举[N].光明日报,2017-04-21(03).

③ 《民法典》第 187 条:"民事主体因同一行为应当承担民事责任、行政责任和刑事责任的,承担行政责任或者刑事责任不影响承担民事责任;民事主体的财产不足以支付的,优先用于承担民事责任。"

④ 1994 年《公司法》第 228 条(对应 2018 年《公司法》第 214 条)规定:"公司违反本法规定的,应当承担民事赔偿责任和缴纳罚款、罚金,其财产不足以支付时,先承担民事赔偿责任。"

⑤ 1999 年实施的《证券法》第 207 条规定:"违反本法规定,应当承担民事赔偿责任和缴纳罚款、罚金,其财产不足以同时支付时,先承担民事赔偿责任。"2019 年的《证券法》第 220 条已修改为:"违反本法规定,应当承担民事赔偿责任和缴纳罚款、罚金、违法所得,违法行为人的财产不足以支付的,优先用于承担民事赔偿责任。"增加了"违法所得",明确了"违法行为人的财产",删除了"同时",现行规定优于原规定。

⑥ 2018 年该法修正后,该规定仍为第 64 条。

⑦ 对应 2015 年修正的该法第 150 条。

⑧ 2009 年制定实施的《食品安全法》第 97 条规定:"违反本法规定,应当承担民事赔偿责任和缴纳罚款、罚金,其财产不足以同时支付时,先承担民事赔偿责任。"2014 年修订的《食品安全法》第 147 条规定修改为:"违反本法规定,造成人身、财产或者其他损害的,依法承担赔偿责任。生产经营者财产不足以同时承担民事赔偿责任和缴纳罚款、罚金时,先承担民事赔偿责任。"2018 年该法再次修订,但并未对第 147 条做修改。2021 年该法修正,仍未对该条作出修改,作为在《民法典》出台后再次修改的法律,其表述仍然有别于《民法典》第 187 条的表述。

"不足以支付"改为"不足以同时支付",且局限于民事赔偿责任优先而非民事债权优先。不过,最早强调"同时"的《证券法》反而在 2019 年修订时率先删除了"同时"二字。

与上述商法、经济法相比较,2000 年实施的《个人独资企业法》第 43 条的规定略有不同,①除没有"同时"二字外,多出没收财产这一情形,与《刑法》第 36 条第 2 款契合。2017 年修正的《反不正当竞争法》加入的第 27 条,虽然比其他任何先前立法的规定都接近《民法总则》第 187 条的表述,规定了民事责任优先原则,而非民事赔偿责任优先原则,但并没有像《民法总则》第 187 条一样要求行为具有"同一性"。② 2019 该法再次修正,但其第 27 条未作修改。

在商法领域,一个非常值得关注的部门规范性文件是 2022 年中国证监会、财政部出台的《关于证券违法行为人财产优先用于承担民事赔偿责任有关事项的规定》③,其对证券领域落实民事赔偿责任优先于行政罚没款的申请、退库、追缴制度作出了直接规定,成为第一个专门、具体规定行政处罚领域民事赔偿责任优先原则实现措施的规范性文件,具有里程碑式的意义。

2.破产法司法解释中的劣后债权规定

《企业破产法》第 113 条规定的企业破产中的债权清偿顺序,但这个顺序中,并未提到财产刑和行政罚款。而比较早的司法解释则规定,行政、司法机关对破产企业所处以的罚款、罚金及其他有关费用根本不属于破产债权,④即等于将它们规定为除斥债权。

但是上述情况在 2018 年已经发生了改变。最高人民法院在其《全国法院破产审判工作会议纪要》中规定了破产债权的清偿原则和顺序,明确了对于法律没有明确规定清偿顺序的债权,破产清偿顺序上私法债权优先于公法债权,还将惩罚性债权规定为劣后债权,即按照《企业破产法》第 113 条的规定,破产财产至清偿完普通破产债权后仍有剩余的,"可依次用于清偿破产受理前产生的民事惩罚

---

① 《个人独资企业法》第 43 条规定:"投资人违反本法规定,应当承担民事赔偿责任和缴纳罚款、罚金,其财产不足以支付的,或者被判处没收财产的,应当先承担民事赔偿责任。"

② 2017 年修正的《反不正当竞争法》加入第 27 条:"经营者违反本法规定,应当承担民事责任、行政责任和刑事责任,其财产不足以支付的,优先用于承担民事责任。"

③ 《关于证券违法行为人财产优先用于承担民事赔偿责任有关事项的规定》(中国证券监督管理委、财政部公告〔2022〕40 号)。

④ 最高人民法院《关于审理企业破产案件若干问题的规定》(法释〔2002〕3 号)第 61 条第 1 款第(一)项。

性赔偿金、行政罚款、刑事罚金等惩罚性债权",也就是说,各劣后债权并非按比例受偿,而是按照民事、行政、刑事的次序受偿,民事惩罚性赔偿金仍优先于公法上的惩罚性债权受偿。上述规定是民事债权优先受偿原则在破产法领域的集中体现,是一个重大进步。①

3.刑法、刑事诉讼法领域的民事债权优先受偿规定

(1)《刑法》的规定

1997年修订后实施的《刑法》第36条第1款与1979年《刑法》第31条相比,除将"刑事处分"规范表述为"刑事处罚",其余表述相同,②但该条增加的第2款则首次在刑事立法中确立了民事赔偿责任优先原则。③ 该规定虽仍仅针对民事赔偿责任优先,但相较《公司法》而言,没收财产作为民事赔偿责任优先原则适用的情形之一正式入法。

1979年的《刑法》第56条也曾经规定过犯罪人被判处没收财产刑的,其债权人可以向人民法院请求以犯罪人的财产清偿该民事债权,但并没有规定"应当"优先清偿,而是需要法院进行裁定。④ 而对应的1997年《刑法》第60条则规定在没收财产的情形下,经过债权人的请求,民事债权("正当债务")应当获得优先清偿,而非由人民法院裁定是否清偿。⑤ 可见,《刑法》第60条实际确立了民事债权优先受偿原则。

1979年《刑法》的第60条已经规定了对违法所得、违禁品和犯罪物品的刑

---

① 《最高人民法院印发〈全国法院破产审判工作会议纪要〉的通知》(法〔2018〕53号),本书简称《全国法院破产审判工作会议纪要》,其28条规定:"破产债权的清偿原则和顺序。对于法律没有明确规定清偿顺序的债权,人民法院可以按照人身损害赔偿债权优先于财产性债权、私法债权优先于公法债权、补偿性债权优先于惩罚性债权的原则合理确定清偿顺序。因债务人侵权行为造成的人身损害赔偿,可以参照企业破产法第一百一十三条第一款第一项规定的顺序清偿,但其中涉及的惩罚性赔偿除外。破产财产依照企业破产法第一百一十三条规定的顺序清偿后仍有剩余的,可依次用于清偿破产受理前产生的民事惩罚性赔偿金、行政罚款、刑事罚金等惩罚性债权。"

② 《刑法》第36条第1款:"由于犯罪行为而使被害人遭受经济损失的,对犯罪分子除依法给予刑事处罚外,并应根据情况判处赔偿经济损失。"

③ 《刑法》第36条第2款规定:"承担民事赔偿责任的犯罪分子,同时被判处罚金,其财产不足以全部支付的,或者被判处没收财产的,应当先承担对被害人的民事赔偿责任。"

④ 1979年《刑法》第56条:"查封财产以前犯罪分子所负的正当债务,需要以没收的财产偿还的,经债权人请求,由人民法院裁定。"

⑤ 1997年《刑法》第60条则规定:"没收财产以前犯罪分子所负的正当债务,需要以没收的财产偿还的,经债权人请求,应当偿还。"

事特别没收,①但对应的 1997 年《刑法》的第 64 条除了保留了旧法第 60 条规定的内容以外,添加的内容中还包括了及时返还被害人合法财产的规定。② 如果从民法的角度来看,返还财产应当包括返还原物和返还不当得利两种情形。若把返还财产狭义理解为返还原物,从民法所有权角度看,则该物本就不属于犯罪人所有,而是属于被害人所有而被犯罪人非法占有之物,国家本就无权剥夺其所有权,也就是说该财产之上根本就没有公法责任存在的依据,所以,此处不存在民事责任优先原则问题。而返还不当得利并不属于民事赔偿责任,而是债权债务关系,所以,返还不当得利优先于追缴违法所得,就属于民事债权优先受偿。从这个意义上说,该条也属于民事债权优先受偿的规定。但该条对于"供犯罪所用的本人财物"不区分性质一概没收,显然没有考虑其作为责任财产对于债权人的意义。

(2)《刑事诉讼法》对返还被害人合法财产的规定

1996 年修订、1997 年实施的《刑事诉讼法》相较旧法新加入的第 198 条第 1 款规定了刑事涉案财物处置措施,其第 1 款规定返还被害人合法财产,③第 3 款规定了赃款赃物应先返还被害人,其余的再没收上缴入库。④ 这条规定比 1997 年《刑法》第 64 条的规定还要早一点。该条对应的现行《刑事诉讼法》第 245 条的表述更加规范,⑤但返还被害人合法财产的规定没变,先返还后上缴的意思也没有改变。《刑事诉讼法》第 245 条属于向被害人退赔损失、返还不当得利优先于没收违法所得的相关规定中的基石性条款。

(3)司法解释的规定

除上述法律规定外,最高人民法院的司法解释中也有关于民事债权优先受偿的规定,这些司法解释主要集中在刑事诉讼领域。与法律中的规定基本是对民事债权优先受偿原则、民事责任优先原则、侵权责任优先原则或民事赔偿责任

---

① 1979 年《刑法》第 60 条规定:"犯罪分子违法所得的一切财物,应当予以追缴或者责令退赔;违禁品和供犯罪所用的本人财物,应当予以没收。"

② 《刑法》第 64 条:"犯罪分子违法所得的一切财物,应当予以追缴或者责令退赔;对被害人的合法财产,应当及时返还;违禁品和供犯罪所用的本人财物,应当予以没收。没收的财物和罚金,一律上缴国库,不得挪用和自行处理。"

③ 1996 年修订的《刑事诉讼法》第 198 条第 1 款中规定:"对被害人的合法财产,应当及时返还。"

④ 1996 年修订的《刑事诉讼法》第 198 条第 3 款中规定:"人民法院作出的判决生效以后,对被扣押、冻结的赃款赃物及其孳息,除依法返还被害人的以外,一律没收,上缴国库。"

⑤ 《刑事诉讼法》(2018 年修订)第 245 条第 4 款:"人民法院作出的判决生效以后,有关机关应当根据判决对查封、扣押、冻结的财物及其孳息进行处理。对查封、扣押、冻结的赃款赃物及其孳息,除依法返还被害人的以外,一律上缴国库。"

优先原则这些"原则"的简略规定不同,这些司法解释的相关规定更加具体,正是这些司法解释的相关规定实现了民事债权优先受偿原则的制度化。现行有效的相关司法解释包括:

第一,《适用财产刑规定》第 7 条的规定。[①] 该条对《刑法》第 60 条所规定的"没收财产以前犯罪分子所负的正当债务"作出了解释,将债务产生和存在的时间界定为"判决生效前",将"正当债务"解释为"合法债务。"[②]

第二,《刑诉法解释》第 527 条的规定。[③] 现行《刑诉法解释》是 2021 年出台并实施的,该条对应的是因其生效而被废止的 2012 年《刑诉法解释》的第 441 条,但现行《刑诉法解释》第 527 条仅保留了 2012 年《刑诉法解释》第 441 条的第 1 款民事责任优先的规定,而删除了第 2 款民事债权优先的规定。[④] 这种舍弃究竟是进步,还是倒退,抑或是一种回避? 值得思考。

第三,《刑事涉财产执行规定》第 13 条的规定。其第 13 条对被执行人所承担的多项刑事、民事清偿义务的执行顺位作出了规定。[⑤] 该规定是目前关于民事债权优先受偿最具体化的规定,是实现刑事诉讼领域民事债权优先受偿制度化的关键规则,其不但将《刑法》第 36 条和 60 条存在潜在冲突的规定加以整合,将犯罪人被判处罚金和没收财产时的民事债权优先问题一体处理,而且还将《刑法》第 64 条的责令退赔也明确纳入了优先于财产刑受偿的序列当中。不但如此,该条对于各类民事债务和公法责任的执行顺序还进行了排列。当然,"成也萧何,败也萧何",该条规定可以说是功过参半,对此下文论述。

第四,《刑事涉财产执行规定》第 10 条和《违法所得没收程序规定》第 16 条

---

① 本书将《最高人民法院关于适用财产刑若干问题的规定》(法释〔2000〕45 号)简称为《适用财产刑规定》。

② 《适用财产刑规定》第 7 条规定:"刑法第六十条规定的'没收财产以前犯罪分子所负的正当债务',是指犯罪分子在判决生效前所负他人的合法债务。"

③ 本书将《最高人民法院关于适用〈中华人民共和国刑事诉讼法〉的解释》(法释〔2021〕1 号)简称为《刑诉法解释》。其第 527 条规定:"被判处财产刑,同时又承担附带民事赔偿责任的被执行人,应当先履行民事赔偿责任。"

④ 本文将《最高人民法院关于适用〈中华人民共和国刑事诉讼法〉的解释》(法释〔2012〕21 号)简称为 2012 年《刑诉法解释》(法释〔2012〕21 号)第 441 条第一款规定:"被判处财产刑,同时又承担附带民事赔偿责任的被执行人,应当先履行民事赔偿责任。"该条第 2 款规定:"判处财产刑之前被执行人所负正当债务,需要以被执行的财产偿还的,经债权人请求,应当偿还。"

⑤ 《刑事涉财产执行规定》第 13 条规定:"被执行人在执行中同时承担刑事责任、民事责任,其财产不足以支付的,按照下列顺序执行:(一)人身损害赔偿中的医疗费用;(二)退赔被害人的损失;(三)其他民事债务;(四)罚金;(五)没收财产。债权人对执行标的依法享有优先受偿权,其主张优先受偿的,人民法院应当在前款第(一)项规定的医疗费用受偿后,予以支持。"

等司法解释的规定。① 这些规定在《刑法》第 64 条和《刑事诉讼法》第 245 条的基础上,进一步明确了没收违法所得之前应先依法向被害人退赔(赔偿)、返还(发还)。②

除了上述现行有效的规定以外,有些已经被废止或者并未生效的规定也规定了民事债权优先受偿,也有必要了解一下:

第一,已被废止的《财产刑执行规定》。③ 该规定第 6 条对《刑法》第 36 条、第 60 条的规定都进行了一定的变动:其一,《刑法》第 36 条第 2 款前半段没有表述清楚应当优先承担的是刑事附带民事赔偿责任还是任何民事赔偿责任,该司法解释将其限定为前者;其二,《刑法》第 36 条对判处罚金和判处没收财产两种情况适用民事赔偿责任优先原则的条件规定的不一致,罚金要求"同时"判处,还强调"财产不足以全部支付",没收财产则没有这两方面的要求,该规定则统一了两种财产刑适用民事赔偿责任优先原则的条件,肯定了承担刑事、民事责任"同时"性,但没有强调"财产不足以全部支付";其三,该司法解释把《刑法》第 60 条的"没收财产以前"规定为"判决财产刑之前",也没有像《刑法》第 60 条那样强调"需要以没收的财产偿还",而是规定如果属于"应当偿还的"的债务,只要经过债权人的请求,就应当先行偿还。④

第二,上文提到的 2012 年《刑诉法解释》。其第 441 条第 1 款规定了民事责任优先,第 2 款规定了民事债权优先。该条规定跟《财产刑执行规定》虽有不同,但表达的意思大体相同,不过该司法解释又强调了《刑法》第 60 条规定的"需要以被执行的财产偿还"。

第三,1995 年全国人大常委会制定的《关于惩治违反公司法的犯罪的决

---

① 本书将《最高人民法院、最高人民检察院关于适用犯罪嫌疑人、被告人逃匿、死亡案件违法所得没收程序若干问题的规定》(法释〔2017〕1 号)简称《违法所得没收程序规定》。

② 《刑事涉财产执行规定》第 10 条第 4 款规定:"对于被害人的损失,应当按照刑事裁判认定的实际损失予以发还或者赔偿。"《违法所得没收程序规定》第 16 条:"人民法院经审理认为,申请没收的财产属于违法所得及其他涉案财产的,除依法应当返还被害人的以外,应当予以没收;申请没收的财产不属于违法所得或者其他涉案财产的,应当裁定驳回申请,解除查封、扣押、冻结措施。"

③ 本书将《最高人民法院关于财产刑执行问题的若干规定》(法释〔2010〕4 号)简称《财产刑执行规定》。

④ 《财产刑执行规定》第 6 条规定:"被判处罚金或者没收财产,同时又承担刑事附带民事诉讼赔偿责任的被执行人,应当先履行对被害人的民事赔偿责任。判处财产刑之前被执行人所负正当债务,应当偿还的,经债权人请求,先行予以偿还。"

定》。该规定被 1997 年《刑法》所废止,其第 13 条也规定了民事赔偿责任优先原则。① 此规定相较《公司法》的规定,在民事赔偿责任优先原则适用范围中增加了没收违法所得和没收财产两种情形。但从民法的角度而言,我国立法上的违法所得含义较广,可能属于不当得利或者侵占他人财产,此时犯罪人需要承担的不是赔偿责任而是返还责任,而且可能同时存在向犯罪人主张赔偿责任的受害人和主张返还责任的受害人,如果仅民事赔偿责任优先的话,主张返还责任的受害人权利将被排斥,因此,此处"先承担民事赔偿责任"的表述不周延。而且,被没收的违法所得也不需要用犯罪分子合法财产支付,所以,该条将没收违法所得和其他几项财产刑并列规定,并不合理。但没收违法所得并非与民事债权优先受偿毫无关系,恰恰相反,实际上是目前立法最薄弱环节。

第四,还有一部一直没有出台的司法解释征求意见稿对民事债权优先受偿有所规定,即 2004 年 7 月 16 日最高人民法院公布的《关于执行程序中多个债权人参与分配问题的若干规定》征求意见稿。该稿在参与分配程序中将公法债权与民事债权一体处理,对参与分配中的民事债权优先受偿作出了规定。②

(二)我国民事债权优先受偿制度的特点

经过 20 多年的发展,我国的民事债权优先受偿制度已经初步形成,但远未完善,主要呈现出以下两方面的特点:

1.民事债权优先受偿制度在不同法域发展不均衡

(1)民、商、经济法中原则性规定众多但有较大突破

考察我国民事债权优先受偿制度的立法沿革可以发现,民事债权优先受偿制度发端于商法领域,并主要存在于民、商、经济法领域,这些领域的立法对于该制度一直保持着高度的关注。沿着历史的足迹可以清晰地发现,从《公司法》等商事、经济法的民事赔偿责任优先原则到《侵权责任法》的侵权责任优先原则,再到《民法总则》《民法典》的民事责任优先原则,民事责任优先原则是一步步从商法和经济法向民事基本法"登堂入室"发展的。商法和经济法之所以成为民事债权优先受偿制度的发源地,是因为此二领域国家干预的色彩远胜于民事基本法,

---

① 《关于惩治违反公司法的犯罪的决定》(被 1997 年《刑法》所废止)的第 13 条规定:"犯本决定之罪,被没收违法所得、判处罚金、没收财产、承担赔偿责任的,其财产不足以支付时,先承担民事赔偿责任。"

② 《关于执行程序中多个债权人参与分配问题的若干规定》征求意见稿第 10 条规定:"对同一被执行人同时执行民事债权、行政罚款、司法罚款或者刑事罚金、没收财产的,民事债权优先受偿。"

自然此二领域也是公权、私权冲突碰撞的高发地,立法者深切地意识到在公私利益发生不可调和的矛盾时保护民事权利的重要性,所以,才会有《公司法》等近十部商法、经济法先后都规定了民事赔偿责任优先原则。而受我国民法典立法进程影响,民事基本法总体晚于商法、经济法对该原则作出规定也存在其必然性。然而,尽管民、商、经济法中的立法一部接一部地"接力"规定,此起彼伏、延绵不绝,但无一例外的均是原则性规定,没有更为具体细化的可操作性规则,颇有"风声大,雨点小"的意味。这种局面,一方面跟立法技术不够成熟有关,另一方面也跟民事债权优先受偿原则具体化的难度比较大有直接关系。不过,《关于证券违法行为人财产优先用于承担民事赔偿责任有关事项的规定》显然已经正式迈出了商法、经济法领域民事责任优先受偿原则具体化的第一步。而《全国法院破产审判工作会议纪要》关于罚款、罚金等惩罚性公法债权劣后债权的规定,则是破产法领域民事债权优先受偿原则具体化的重大的突破。但上述二部规定均存在局限性,有待立法完善。

(2)刑法相关规定被司法解释具体化为刑事执行参与分配制度

《刑法》第 60 条规定的是没收财产案件的民事债权优先受偿原则,第 36 条第 2 款规定的是民事赔偿责任优先原则。由于民事赔偿责任可以被看作民事债务之一种,所以第 36 条第 2 款属于财产刑案件民事债权优先受偿原则的下位原则。《刑法》是实体法,上述两条规定很难称为财产刑执行规则。真正把财产刑案件民事债权优先受偿制度一步步固化为执行程序制度的是最高人民法院的司法解释。虽然《适用财产刑规定》第 7 条对"没收财产以前犯罪分子所负的正当债务"的解释尚属对刑事实体法规范的解释,但其他两部司法解释以及已被《刑事涉财产执行规定》取而代之的《财产刑执行规定》本身都是刑事程序法的司法解释,三者均直接把民事债权优先受偿作为执行程序规则加以规定。尤其是《刑事涉财产执行规定》第 13 条实际确立了我国的刑事执行参与分配制度。

(3)行政法方面至今没有相关规定

从法律这一位阶的立法来看,公法中除了《刑法》有两条规定了民事债权优先受偿原则以外,鲜有表述。民事债权优先受偿制度在行政法中全面遇冷,无论是《行政处罚法》还是《治安管理处罚法》,都没有关于民事债权优先受偿或者民事责任优先的表述。民事债权优先受偿制度之所以在不同性质的立法中遭遇如此"冰火两重天"的境遇,恐怕这并非行政法"顽固不化",而是与民事债权优先受偿制度和行政法追求的制度价值难以协调有直接关系。

2.民事债权优先受偿相关立法的内容规定不统一

(1)相关立法对于"何者优先于何者"的规定不一。

《刑法》第36条规定的是因同一犯罪行为产生的民事赔偿责任优先于罚金和没收财产。《刑法》第60条规定的是"没收财产以前犯罪分子所负的正当债务"也即对犯罪人的民事债权优先于没收财产,且并未要求民事债权与没收财产是因同一行为产生。如果我们把特别没收即没收违法所得和没收犯罪物品的行为看作是"准刑罚",则根据《刑法》第64条,"返还"被害人合法财产优先于"追缴"违法所得。正如上文所言,由于返还原物的情形,被害人所有的原物之上不存在国家没收的正当性,所以只是返还不当得利债权优先于没收违法所得。至于"退赔"是否优先于没收违法所得,该条没有给出答案。但根据现有司法解释,受害人的合法财产被犯罪人非法占有或处置的时候,只能通过刑事涉案财物处置措施中的责令退赔和返还财产来救济,而被害人人身权益被犯罪人侵犯或财物被犯罪人毁损所产生的损害赔偿责任只能通过刑事附带民事诉讼或另行提起民事诉讼来主张,[①]从民法上看,"退赔""返还"包括了返还原物、一部分返还不当得利和一部分赔偿损失,[②]虽然返还原物请求权不属于债权,而是物权请求权,但返还不当得利和赔偿损失都属于债权的范畴,所以,综合判断后基本可以得出的结论是,只有因犯罪人非法占有或处置受害人合法财产所导致的返还不当得利债权和损害赔偿债权能够优先于没收违法所得获得清偿,其他的民事债权无此"殊荣"。最高人民法院在《刑事涉财产执行规定》的官方解读中也认为赃款赃物中属于应当上缴国库的那部分,并非被执行人的合法财产,不能用于清偿普通民事债务和承担刑事附带民事赔偿责任,而供犯罪所用本人财物,只能依法没收上缴国库或销毁,也不能作为被执行人合法财产用来清偿普通民事债务和承担刑事附带民事赔偿责任。[③]《刑事涉财产执行规定》第13条则规定民事债权优先于罚金和没收财产执行。

---

① 参见《刑诉法解释》第175、176条以及《最高人民法院关于适用刑法第六十四条有关问题的批复》(法〔2013〕229号,本书简称《刑法第六十四条批复》)。

② 根据《刑事诉讼法》第245条以及《刑事涉财产执行规定》《违法所得没收程序规定》等相关司法解释的规定,刑事诉讼中实施涉案财物处置措施时,违法所得是在返还被害人财物后才上缴国库的,刑事诉讼中的返还被害人财物不仅包括作为民法物权法上特定物的原物还包括民法物权法上种类物的金钱,甚至存款等债权,所以囊括了返还原物和一部分返还不当得利和赔偿损失。

③ 参见最高人民法院执行局.最高人民法院关于刑事裁判涉财产部分执行的若干规定理解与适用[M].北京:中国法制出版社,2017:184.

《民法典》第187条沿袭了《民法总则》的第187条,规定的是同一行为引起的民事责任优先于行政责任和刑事责任。而自《侵权责任法》第4条开始,历经《民法总则》第187条,直到《民法典》第187条,这些法条一直强调行为的同一性,只不过《侵权责任法》受制于其调整对象而规定的是同一行为引起的侵权责任优先于行政责任和刑事责任。而商法、经济法相关规定中都没有强调行为同一性,但对于何者优先与何者的规定,与《民法典》的规定有较大区别,一般情况下,都像《公司法》那样规定民事赔偿责任优先于罚款、罚金,但《个人独资企业法》规定的是民事赔偿责任优先于罚款、罚金和没收财产,《证券法》规定的是民事赔偿责任优先于罚款、罚金和没收违法所得。而2017年修正的《反不正当竞争法》所加入的第27条,则跟当时已出台的《民法总则》第187条一样,规定的是民事责任较行政责任和刑事责任优先,但并未像《民法总则》那样规定行为的同一性。

《全国法院破产审判工作会议纪要》中则是规定在破产清算中,对于法律没有明确规定清偿顺序的债权,人身损害赔偿债权优先于财产性债权,私法债权优先于公法债权清偿,补偿性债权优先于惩罚性债权清偿。在劣后债权中,民事惩罚性赔偿金优先于行政罚款、刑事罚金等公法上的惩罚性债权受偿,但上述公私法上的惩罚性债权均须于破产受理前产生。该司法解释仅涉及债权,没规定对债务人实施没收财产等剥夺财产权的情形。

(2)相关立法对于责任主体的规定不一。

《刑法》规定的责任主体是"犯罪分子"。《公司法》规定的责任主体是"公司"。《消费者权益保护法》规定的责任主体是"经营者"。《个人独资企业法》规定的责任主体是"投资者"。《反不正当竞争法》将"经营者"规定为责任主体。《食品安全法》将"生产经营者"规定为责任主体。《证券法》等其余相关立法则没有明确规定责任主体,这意味着依据这些法律须同时承担民事赔偿责任与缴纳罚金或罚款的所有类型的责任主体均适用民事赔偿责任优先原则。而《民法典》187条规定的责任主体则是"民事主体"。实际上,民事主体才是民事债权优先受偿制度中责任主体的基本身份,但其必须又具有多重身份,即必须同时是某一或某些公法责任的承担者,比如犯罪分子。至于《公司法》等法律对于责任主体所作的特别界定,仅是受制于其调整范围而不得不如此而已。

(3)相关立法对适用条件的规定不一。

①《刑法》规定的适用条件

其一,按照《刑法》第36条的规定,民事赔偿责任优先于罚金的条件有:因同一犯罪行为被判处罚金和承担民事赔偿责任;[①]罚金判决和民事赔偿判决是同时作出的;犯罪分子的财产不足以全部支付。而按照该条,民事赔偿责任优先于没收财产的条件则是因同一犯罪行为被判处没收财产和承担民事赔偿责任。其二,按照《刑法》第60条的规定,民事债权优先于没收财产受偿的条件是:债权正当;债权为没收财产前对犯罪分子所享有;债权需要以没收的财产清偿;经债权人请求。其三,按照《刑法》第64条的规定,返还不当得利债权优先于没收违法所得的条件是:犯罪人的违法所得为非法占有被害人的非有体物的合法财产。如果结合几个相关司法解释的规定,可知退赔损失、返还不当得利优先于没收违法所得的条件是,被害人的损失须是由犯罪人非法占有或处置受害人合法财产所导致的。

《刑法》第36条和第60条的规定本身暗含冲突。罚金和没收财产虽然是不同种类的刑罚,但二者均会导致犯罪人责任财产的减少或消灭。从绝对数额上,并不能对二者加以区分,没收部分财产可能仅相当于罚金,而大笔罚金不啻没收全部财产。而具体案件中的特定犯罪人,其责任财产有多有寡,对于贫者,少量的罚金也足以使其倾家荡产,对于富者,大量的罚金对其可能仅是"九牛一毛"。但按照《刑法》第60条的规定,犯罪人的任何合法债权人都可以主张其债权优先于没收财产刑的执行而受偿,而依据第36条,能优先于罚金刑的却仅仅是被害人的民事赔偿责任。而按照《刑法》第36条,如果犯罪人仅被判处没收部分财产,仍应"先承担对被害人的民事赔偿责任",而在罚金情形,则必须达到犯罪人"其财产不足以全部支付的"条件,才能适用民事赔偿优先原则。这些自相矛盾之处,恐怕是立法者在制定《刑法》时没有考虑周全的。

当然,上述两点在《财产刑执行规定》(已废止)第6条、2012年《刑诉法解释》(已废止)第441条和《刑事涉财产执行规定》第13条已经得以修正,但这里却留下两点隐忧:其一,司法解释毕竟不是刑法正式法源,其对《刑法》所做修正的效力堪忧。其二,更为重要的是,司法解释的制定者仅看到了没收财产刑与罚金刑在导致犯罪人责任财产减少这个最终结果上存在共性的一面,却并未站在民法的视角,从另一面审慎的思考并敏锐地发现没收财产刑与罚金刑在民法效力上所存在的物权效力与债权效力的天壤之别,而恰恰是这一重大差别又将上

---

① 如果从字面理解《刑法》第36条规定的"承担民事赔偿责任的犯罪分子,同时被判处罚金,其财产不足以全部支付的"这半句话的含义,其中的"民事赔偿责任"显然并不止刑事附带民事赔偿责任一种,但若联系法条的上下文,还是能得出该条所说的"民事赔偿责任"是指同一犯罪行为所造成的在本案刑事附带民事诉讼中判决犯罪分子承担的对被害人的民事赔偿责任。

述两个司法解释所苦心追求的两种财产刑在民事责任优先受偿方面一视同仁的效果推向了不合法的绝境。①

②《刑事涉财产执行规定》中的适用条件

由于受该规定刑事诉讼执行程序司法解释的身份限制,其对实体法民事债权优先受偿规定的适用空间大幅限缩。包括:

首先,在财产刑执行中,被执行人的财产不足以同时承担财产刑和民事债务。

虽然《刑法》第36条、第60条以及2012年《刑诉法解释》第441条基本表达出民事债权优先受偿的条件是被执行人的财产不足以同时承担财产刑和民事债务的意思,但这几个条款的表述不一,甚至存在潜在的冲突。《刑事涉财产执行规定》第13条则将"被执行人在执行中同时承担刑事责任、民事责任,其财产不足以支付的"作为财产刑案件中民事债权优先受偿的统一条件,不论是判处罚金还是没收财产,也不论主张优先受偿的是刑事附带民事赔偿责任还是其他民事债权,均一体适用。

其次,民事债权须已取得执行依据或者对执行标的享有优先受偿权。根据最高人民法院执行局法官对《刑事涉财产执行规定》第13条的解读,"对于人身损害赔偿和其他民事债务,权利人要求从执行财产中受偿的,参照民事执行参与分配的有关规定,应当要求取得生效裁判作为执行依据。"②但债权对执行标的享有优先受偿权的,不受此限制,可直接申请参与分配。

再次,案外民事债权必须是在财产刑判决生效以前已对犯罪人享有的合法债权。2012年《刑诉法解释》第441条把《刑法》第60条的"没收财产以前犯罪人所负的正当债务"扩大到"判处财产刑之前被执行人所负正当债务",但由于该司法解释已经废止,所以,只能根据现行有效的《适用财产刑规定》第7条的规定,得出只有犯罪人在没收财产刑判决生效前所负他人的合法债务,才能在财产刑执行中请求优先受偿。这里的"合法债务"并不包括刑事附带民事赔偿责任和刑事退赔。但由于刑事退赔由刑事判决的主文写明,故其本质上也是财产刑判决生效以前已对犯罪人享有的合法债权。而《刑法》《刑诉法解释》和《刑事涉财产执行规定》都没有要求附带民事赔偿必须具备此种在先性。按照《刑事诉讼

---

① 郜名扬.从财产权变动看没收财产之"困"与"舍"[J].学习与探索,2017(9):72-79.具体分析参见此文。

② 刘贵祥,闫燕.《关于刑事裁判涉财产部分执行的若干规定》的理解与适用[J].人民司法,2015(1):25.

法》第104条和《刑诉法解释》第196条的规定，①刑事附带民事审判可能迟于刑事审判。这样，后于生效的刑事判决而产生的诸如被害人的治疗费、护理费等民事赔偿之债可能被附带民事判决所支持。而根据《刑事涉财产执行规定》第3条规定，一般刑事裁判涉财产部分执行案件的办理期限为6个月。所以，后发生效力的附带民事赔偿判决仍有可能与财产刑判决同时执行。

最后，除刑事退赔以外的民事债权欲获优先受偿须债权人向执行机关请求。

刑事退赔按照《刑事涉财产执行规定》第1条、第7条的规定，由法院依职权执行，故能保持与财产刑执行同步，直接适用《刑事涉财产执行规定》第13条。而刑事附带民事赔偿的执行，是由法院依职权移送执行还是当事人申请执行曾经一直存疑，但根据《刑事涉财产执行规定》第1条的规定，"刑事附带民事裁判的执行，适用民事执行的有关规定"，故须作为原告的债权人自己申请强制执行。但申请强制执行毕竟不同于申请参与分配，被害人是否需要另行请求其附带民事赔偿之债优先受偿？如果需要，又如何提出申请？至于其他案外民事债权，要想获得优先清偿，本来按照《刑法》第60条的规定就应由债权人自己主动提出请求，但如何请求并未明确规定。如果按照上文提到的最高人民法院执行局法官的解读，《刑事涉财产执行规定》第13条似乎应"参照民事执行参与分配的有关规定"，再结合该司法解释第16条的规定，②似乎不论是附带民事赔偿之债还是其他案外债权均应参照《民诉法解释》第507条申请参与分配。③

③ 民、商、经济法中规定的民事责任优先原则的适用条件

《民法典》及其前身《民法总则》与之前《公司法》等商法、经济法及《侵权责任法》所规定的民事责任优先的适用条件并不完全一致，此处以分析《民法典》第187条所规定的民事责任优先原则的适用条件为主，兼顾其他法律的规定。

首先，民事主体应当承担民事责任和公法责任（刑事责任、行政责任）。虽然法条中的表述是"应当承担民事责任、行政责任和刑事责任"，但除了民事主体承

---

① 《刑事诉讼法》第104条："附带民事诉讼应当同刑事案件一并审判，只有为了防止刑事案件审判的过分迟延，才可以在刑事案件审判后，由同一审判组织继续审理附带民事诉讼。"《刑诉法解释》第196条规定基本相同。

② 《刑事涉财产执行规定》第16条："人民法院办理刑事裁判涉财产部分执行案件，刑法、刑事诉讼法及有关司法解释没有相应规定的，参照适用民事执行的有关规定。"

③ 本书将《最高人民法院关于适用〈中华人民共和国民事诉讼法〉的解释》（法释〔2022〕11号）简称《民诉法解释》。《民诉法解释》第507条："申请参与分配，申请人应当提交申请书。申请书应当写明参与分配和被执行人不能清偿所有债权的事实、理由，并附有执行依据。参与分配申请应当在执行程序开始后，被执行人的财产执行终结前提出。"

担民事责任是必须的,行政或刑事责任仅需承担其中一种即可。虽然法条中的表述仅是民事责任和刑事责任、行政责任,但只有三者都是财产性责任的情况才能发生冲突的问题,不但如此,财产性民事责任中的返还原物也不应属于该条中的民事责任,因为其上根本不应存在他人的公法责任,所以其中的民事责任应当是债权性的财产性民事责任。

其次,民事责任及公法责任因民事主体的同一行为所引起。《民法典》延续《侵权责任法》的思路,强调行为的同一性。所谓"同一行为",应该是指民事主体的某一民事违法或违约行为同时构成刑事犯罪行为或者行政违法行为。这就意味着,如果民事责任和公法责任不是由同一行为引起的,则不能依据《民法典》第187条的规定主张民事责任优先。但有一点值得思考,就是之前《公司法》等商法、经济法和所规定的民事赔偿责任优先原则和《反不正当竞争法》所规定的民事责任优先原则的适用条件中并未强调行为同一性,那么,如果这些行为发生在《公司法》等法律调整的范围,适用民事责任优先原则是否还要求行为同一性?从逻辑上分析,即便按照《民法典》第187条的规定,由同一行为导致的民事责任优先于刑事、行政责任,也不能否定不是由同一个行为导致的民事责任就不能优先于刑事、行政责任。

再次,民事主体的财产不足以支付。"支付"一词,通常适用于金钱,在民事责任优先原则的适用条件中使用"支付"一词,实属用词不当。虽然民事责任优先原则中的民事责任多数情况下就是支付金钱的责任,但也不应排除其他财产性民事责任如继续履行对该原则的适用,财产性公法责任中虽然大多数情况下也是缴纳金钱,但没收财产等强制剥夺违法行为人财产权的公法责任则并非缴纳金钱,那又谈何"支付"呢?而《民法典》延续《侵权责任法》的规定,使用"支付"一词,若贴近民事责任优先原则的本意,就不得不扩大解释"支付"为"承担"之意,如若不然,将民事责任和公法责任均限定为金钱责任只会制造不公平。另外,《民法典》沿袭《侵权责任法》的规定,而不同于《产品质量法》等法律的规定,其并没有强调责任财产不足以支付的"同时性"。有很多学者批判这种"同时性"的规定,认为"由于不同法律责任的确立机关及程序设计等方面存在制度差异,如此限制或要求显然不具有合理性与可行性。"[①]实际上,所谓"不足以同时支付"不是说支付必须同时,而是说如果每一种责任都要去支付(实际上是承担),

---

① 李明发.论民事赔偿责任优先原则的适用——我国《侵权责任法》第4条第2款规定之解读[J].南京大学学报(哲学·人文科学·社会科学),2015,52(02):47.

则责任主体的财产价值不能满足全部责任的承担要求,既然不管是同时支付还是逐一支付,财产不足终究还是不足,通俗地讲,就是怎样都会顾此失彼,那么的确没必要强调什么"同时"。不过,就算是规定"不足以支付",不强调"同时",也同样绕不开要固定一个时间点上责任主体的责任财产价值总额有多少的问题,这其实是从一个坑跳到了另外一个坑,正如前文在介绍民事债权优先受偿制度的含义中的"优先受偿"的条件时提到的,应将着眼点放在承担公法责任是否将在合理期限内导致民事主体的债权全部或部分无法实现上,而不是单纯的看责任财产数额足与不足。不但如此,由于我国采取有限破产主义,民事参与分配制度很大程度上发挥着破产制度的功能,是"弥补破产制度缺失的补救性制度",①要求"被执行人的其他已经取得执行依据的债权人发现被执行人的财产不能清偿所有债权的",②才能申请参与分配。民事债权优先受偿的相关立法规定"不足以支付"也情有可原。但这些事实是当事人有义务证明还是审判或执行机关有责任查明,法律并未规定,如果准用民事参与分配的债权人举证责任,将对债权人十分不利。③ 而根据《企业破产法规定(一)》第 2 条和第 6 条的规定,④债权人申请破产的,则是采取破产界限推定规则,即只要申请债权人证明"债权债务关系依法成立""债务履行期限已经届满"和"债务人未完全清偿",⑤就推定债务人达到破产界限,将举证责任转移给债务人。

④《全国法院破产审判工作会议纪要》规定的民事债权优先的适用条件

首先,债务人进入了破产程序,进行破产清算。

其次,仅针对法律没有明确规定清偿顺序的债权,⑥法院才"可以"而非"应当"按照人身损害赔偿债权优先于财产性债权、私法债权优先于公法债权、补偿

---

① 孟庆涛,闫宾.我国参与分配制度改革与完善的理论思考——以与破产制度的分立和对接为突破口[J].前沿,2011(1):107.

② 《民诉法解释》第 506 条第 1 款:"被执行人为公民或者其他组织,在执行程序开始后,被执行人的其他已经取得执行依据的债权人发现被执行人的财产不能清偿所有债权的,可以向人民法院申请参与分配。"

③ 《民诉法解释》第 507 条。

④ 本书将《最高人民法院关于适用〈中华人民共和国企业破产法〉若干问题的规定(一)》(法释〔2011〕22 号)简称《企业破产法规定(一)》。

⑤ 《企业破产法规定(一)》第 2 条。

⑥ 《企业破产法》第 113 条:"破产财产在优先清偿破产费用和共益债务后,依照下列顺序清偿:(一)破产人所欠职工的工资和医疗、伤残补助、抚恤费用,所欠的应当划入职工个人账户的基本养老保险、基本医疗保险费用,以及法律、行政法规规定应当支付给职工的补偿金;(二)破产人欠缴的除前项规定以外的社会保险费用和破产人所欠税款;(三)普通破产债权。破产财产不足以清偿同一顺序的清偿要求的,按照比例分配。破产企业的董事、监事和高级管理人员的工资按照该企业职工的平均工资计算。"

性债权优先于惩罚性债权的原则"合理"确定清偿顺序。按照此规则，作为财产性债权的惩罚性的公法债权被排在末位清偿。

再次，按照《企业破产法》第113条规定的顺序破产清偿后仍有剩余的情况下，方可依次用于清偿破产受理前产生的民事惩罚性赔偿金、行政罚款、刑事罚金等惩罚性债权。"不过行政罚款、刑事罚金均属公法债权，彼此之间似无再划分不同清偿顺位的必要。"①

由于规定罚款、罚金及其他有关费用不属于破产债权的《关于审理企业破产案件若干问题的规定》仍然有效，以及《全国法院破产审判工作会议纪要》本身的规定也存在不明确、具体的地方，因此，司法实践中，对于行政罚款和刑事罚金是否属于破产债权，是否属于劣后债权，仍存在争议。

总体看来，相关立法的规定存在比较大的差异。《刑法》民事债权优先受偿原则是通过《刑事涉财产执行规定》确立的刑事参与分配制度实现制度化的。实践中，但凡涉及刑事案件涉财产判决部分的执行与民事债权执行发生冲突时，都是按照该规定处理的，不但有民事债权人参与到刑事案件涉财产判决部分的执行中来，还有很多案件是刑事被害人参与到其他民事债权人的民事执行程序中，主张民事执行的财产应作为赃款赃物予以返还或者就民事执行的标的主张按照《刑事涉财产执行规定》第13条规定的顺序优先受偿，这种情况下，财产刑的执行显得并不重要，反而是民事债权之间的争夺成了主题。而《民法典》等民事立法关于民事责任优先原则的规定被司法适用的并不多，有的话也往往在民事债权的执行与行政处罚的执行（申请法院执行的情况）冲突时被适用，而且有个别民事判决中直接使用了"民事债权优先原则"而非"民事责任优先原则"，且并未强调导致不同性质责任的行为应当具有同一性，甚至引用了并未生效的《最高人民法院关于执行程序中多个债权人参与分配问题的若干规定（送审稿）》。② 但如果司法实践中真的出现民事债权、行政责任和刑事责任的执行竞合，究竟依据什么规定、按照什么顺序来执行分配不无疑问。况且将民事债权优先受偿制度局限于执行程序制度，也并非民事债权优先受偿原则、民事责任优先原则的立法本意，民事债权优先受偿制度理应有更广阔的适用空间。虽然《全国法院破产审判工作会议纪要》在破产法领域对民事债权优先受偿做出了开拓性规定，但

---

① 王欣新.论破产程序中劣后债权的清偿[N].人民法院报,2018-07-04(07).

② 参见仁化县水务局与陈继发执行分配方案异议之诉一审民事判决书,(2017)粤0224民初388号民事判决书.

由于其位阶较低,内容也不甚合理,又缺少与刑事、行政程序的必要衔接,因此,其实际发挥的作用有限。总之,构建民事债权优先受偿制度,还有很多工作要做。

第二章　我国民事债权优先受偿制度的价值选择

　　"价值"是什么？讨论我国民事债权优先受偿制度的价值选择及不足，必自"价值"概念始。"价值"如何定义甚至能否定义，是价值哲学领域备受争议、悬而未决的问题。① 国内价值哲学对"价值"概念的主流界定是价值关系说所采的"满足需要论"，即将"价值"界定为客体对主体需要的满足，但价值关系说内部对"价值"概念的具体表述上各有侧重。② "满足需要论"的定义方式对于包括法学在内的社会科学开展价值问题研究产生了深远影响。我国法学研究中对于法的价值的界定，基本上都是参照国内价值哲学的"满足需求论"作出的，但在具体的法学研究中对这一概念的贯彻并不彻底，"在中国法学界，凡是用'关系说'来解释一般价值的含义的，在论述法的价值时都在实际上转向'属性说'或'兴趣说'"。③ 虽然用"满足需要论"界定"价值"存在一定的局限性，但不能否认"价值

---

　　① 哲学学者兰久富指出，"价值""是一个有涵义却没有指称的语词，它能够表达一定的意思，但不对应任何事物。""研究'价值'概念的重点不在于找到这个语词对应的事物，而在于准确地揭示它在评价事物时的各种涵义。""从语义的角度给出价值概念的一个定义：'价值'是评价用语，在评价为人所使用的事物时其涵义是'有用'，在评价为人所追求或避免的事物时其涵义是'好坏'，在评价包括人在内的一切与人相关的事物时其涵义是'重要'。"而国内价值关系说以"满足需要论"界定"价值"，"是一种在主客体关系框架中、从满足需要的角度研究使用价值的狭义价值论"，"只能解释手段价值，而不能解释目的价值。"观点参见兰久富.中国价值哲学的现状和定位[J].当代中国价值观研究，2016(1)：27；兰久富.能否定义价值概念[J].当代中国价值观研究，2018，3(04)：29，30，32.

　　② "如何在主客体关系中定位和把握价值，在价值关系说内部有不同的看法。主要有五种观点：第一种观点认为价值是客体对主体的有用性，第二种观点认为价值是客体对主体的作用、效用，第三种观点认为价值是客体作用于主体产生的效应，第四种观点认为价值是客体与主体需要之间的一种特定关系，第五种观点认为价值是以主体尺度为尺度的主客体关系的质态。这些观点对价值的理解在细节上有一些差别，或者侧重于主客体关系的某一方面，或者强调主客体关系本身，但共同点是在主客体关系中定位价值，把价值看作关系范畴。"见兰久富.中国价值哲学的现状和定位[J].当代中国价值观研究，2016(1)：26.

　　③ 张恒山."法的价值"概念辨析[J].中外法学，1999(5)：26.

关系说"在主客体关系中理解价值和开展价值研究的重要意义。"如果依'关系—实践说'去考察各种价值、特别是法律的价值问题,实际上比'观念说'和'属性说'更有利于开阔视野,贴近实际。"①因此,本书仍采用"价值关系说"对"价值"定义,即"'价值'是对主客体相互关系的一种主体性描述,它代表着客体主体化过程的性质和程度,即客体的存在、属性和合乎规律的变化与主体尺度相一致、相符合或相接近的性质和程度。"②而"价值关系"与"价值"的关系则是前者"是一种以主体尺度为尺度的主客体关系",后者"是指这种关系所特有的质态,即客体对主体的意义。"③

"价值选择是人们按照某种价值取向在价值评价的基础上对自己的价值活动所进行的选择过程,它包括价值目标、价值创造、价值实现等一系列的选择。"④立法过程就是价值选择的过程。理清我国既有民事债权优先受偿制度的价值选择,分析其所存在的不足,才能为进一步构建我国民事债权优先受偿制度提供价值论上的理论支撑。

一、我国民事债权优先受偿制度的价值选择分析

本部分将对我国现行的民事债权优先受偿制度的价值选择展开分析。分析我国民事债权优先受偿制度的价值选择,不光要分析法律规定中价值选择的表述,还要分析价值选择的目的,即立法者和司法解释的制定者想要解决的价值冲突,以及价值选择的根据,即立法者和司法解释的制定者通过价值评价作出的价值判断。只有这样,才能找到现有民事债权优先受偿制度中的价值选择存在的不足。立法者和司法解释的制定者作出价值选择的现实思维活动顺序应当是确定价值选择目的——进行价值评价——作出价值选择,但是实际最终呈现在我们面前的只有相关规定所体现的立法者和司法解释的制定者的价值选择,而价值选择的目的和价值选择的根据都是倒推出来的,这种倒推的顺序可能更适合作者写作和读者阅读,所以下文采之。

---

① 李德顺.试论法律的价值——基于哲学价值论的思考[M]//俞学明.法治的哲学之维:第 2 辑. 北京:当代中国出版社,2014:3-4.
② 李德顺.价值论——一种主体性的研究[M].3 版.北京:中国人民大学出版社,2013:53.
③ 李德顺.价值论——一种主体性的研究[M].3 版.北京:中国人民大学出版社,2013:53.
④ 阮青.价值哲学[M].北京:中共中央党校出版社,2004:117.

（一）我国民事债权优先受偿制度价值选择的表述

价值选择就是"做出决策时从各种比较的基础上做出决定的过程及其结果。它可能是二者取其一，或者是二者有先有后、有主有次。"①由于我国立法向来不公布立法理由书，所以，关于我国民事债权优先受偿制度价值选择的目的和根据，主要是根据立法机关"官方"的相关资料分析得出，有一定的推理的成分。但我国民事债权优先受偿制度价值选择却是由相关规定直接表述的，更具有明确性。从宏观上看，我国现有民事债权优先受偿相关立法的价值选择主要有三种表述，即民事债务较刑法中的财产性责任优先承担、财产性民事责任较财产性公法责任优先承担以及破产程序中民事债权较惩罚性公法债权优先清偿。但宏观上属于作出同种价值选择的不同法律或司法解释之间，从微观上看，价值选择还存在着不一样的表述。

1.民事债务较刑法中的财产性公法责任优先承担

（1）《刑法》第60条中价值选择的表述

从《刑法》第60条的规定可知，针对犯罪人被判处没收财产刑同时又在没收财产前负有正当债务且二者互相冲突的情况，立法者作出的价值选择是将被判处没收的财产优先用于偿还犯罪人在没收财产前所负的正当债务，而后再执行没收财产刑。

（2）《刑事涉财产执行规定》第13条中价值选择的表述

《刑事涉财产执行规定》第13条所作出的价值选择与《刑法》第60条的规定相比，共性和差异都很明显。共性方面表现在，总的来看，在民事债务承担和财产刑责任承担冲突的时候，该司法解释制定者还是选择以被执行人的责任财产优先承担民事债务，而后再执行财产刑。但差异表现在：

第一，与《刑法》第60条仅规定没收财产刑被民事债务所优先不同，该司法解释的制定者选择将罚金刑和没收财产刑一道纳入被民事债务所优先的财产刑序列，还选择在二者之间排了一个优先顺序，即罚金比没收财产优先承担。但这已经不属于民事债权优先受偿问题，所以本书不多讨论。

第二，与《刑法》第60条对犯罪人被没收财产前所负的正当债务一视同仁不同，该司法解释的制定者选择把没有取得执行依据的且对执行标的不享有优先

---

① 严存生.作为人的价值的法的价值——"法的价值"概念的再思考[J].武汉科技大学学报（社会科学版），2018，20（4）：376.

受偿权的民事债务排除在了可以优先承担的民事债务范围之外;对剩下的各类民事债务(含民事责任)在整体优先对待的前提下在其内部予以差别对待,医疗费债务最优,对特定执行标的享有优先受偿权的民事债务次之(仅针对该执行标的优先于普通民事债务),责令退赔债务再次之,其余取得执行依据的普通民事债务最后。

(3)《刑法》第64条中价值选择的表述

《刑法》第64条中并没有直接表述民事债务优先于刑事特别没收的文字,只是透过条文,依稀可以推断出立法者选择了就犯罪人违法所得的财产,返还不当得利债务较没收违法所得的公法责任优先承担。对于"退赔"能不能优先于没收违法所得,《刑法》第64条没有明确表述。只是根据现有的刑事诉讼方面的司法解释和司法实践情况,退赔也是优先于没收违法所得的。

2.财产性民事责任较财产性公法责任优先承担

《民法典》第187条中,立法者的价值选择是,对于责任主体因其同一行为引起的财产性民事责任和财产性公法责任(行政责任、刑事责任),以责任主体的财产优先承担民事责任,次后承担公法责任。该条之所以规定"行为同一性",是因为该条本身规定的就是法律责任竞合,即同一行为同时构成多种性质的法律责任。立法者认为"民事责任优先原则就是解决这类责任竞合时的法律原则"。[①]所以对于不属于责任竞合的情形,不在立法者考虑范围之内。

《刑法》第36条第2款规定的民事赔偿责任优先,也可以被《民法典》的民事责任优先所囊括,其价值选择与《民法典》第187条基本相同,这里也不再分析。

与《民法典》第187条相比,《公司法》等商法、经济法的相关规定主要有两个问题值得关注,一是除了在《民法总则》颁布后修订的《反不正当竞争法》新增的第27条规定了民事责任优先原则,其他相关商法、经济法规定的都仍是民事赔偿责任优先原则,哪怕是《民法总则》颁布后修改的《食品安全法》,也对民事赔偿责任优先原则的规定只字未改;二是这些规定均未要求责任具备"行为同一性"。那是不是意味着这些法律的相关规定中,立法者作出了与《民法典》第187条不一样的价值选择了呢?本书倾向认为这更有可能是立法技术问题,而非价值选择问题。因为最初创立民事赔偿责任优先原则的《公司法》对该原则的文字表述

---

① 黄薇.中华人民共和国民法典总则编释义[M].北京:法律出版社,2020:496.《侵权责任法》的官方释义表述相同,参见全国人大常委会法制工作委员会.中华人民共和国侵权责任法释义[M].北京:法律出版社,2010:32.

对其后模仿该法规定该原则的其他商法、经济法产生了很大的影响。该原则从一开始出现在《公司法》中，规定的就是民事赔偿责任优先，而非民事责任优先，就不要求责任必须具备"行为同一性"。为什么使用"民事赔偿责任"而非"民事责任"，很有可能是立法者对民事责任的情形考虑不周，所以涵盖不全。为什么不强调"行为同一性"，可能是立法者关于责任竞合的理论储备和立法经验还不够多。但随着理论研究的深入、相关讨论的增多，在《侵权责任法》中就已经强调"责任竞合"的"行为同一性"了，《民法总则》也延续了这种做法，而《民法典》的规定和《民法总则》完全一致。所以，这些商法、经济法的立法者应该也认识到了这点，实际上立法机关对很多相关法律的释义已经明确说明其规定的民事赔偿责任优先原则或者民事责任优先原则适用于由同一违法行为引起的责任竞合。①

但即便是立法技术问题，相关商法、经济法规定与《民法典》的这两点不同之处也会对法律适用产生影响。对于因多个行为违反"本法"规定应承担民事（赔偿）责任和财产性公法责任而其财产不足以承担两种责任的，民事责任请求权人能否主张民事（赔偿）责任优先呢？如果从文义解释的角度，答案是肯定的。

3. 破产程序中民事债权较惩罚性公法债权优先清偿

从《全国法院破产审判工作会议纪要》第 28 条的规定可知，该司法解释制定者作出的价值选择是，在破产清算中，针对债务人的破产财产可能不足以清偿其全部债务的情况，对于法律未规定清偿顺序的债权，将其中在清偿破产受理前产生的行政罚款、刑事罚金等惩罚性公法债权列为劣后债权，在清偿完普通民事债权仍有剩余财产的情况下，仍劣后于在清偿破产受理前产生的民事惩罚性赔偿金，方能获得清偿。也即在破产程序中，在一定条件下，整体上看，民事债权较惩罚性公法债权优先清偿。

（二）我国民事债权优先受偿制度价值选择的目的

价值选择的一项主要任务是解决价值冲突。对于"价值冲突"的概念，价值哲学界存在两种认识，一种认为价值冲突就是价值观念的冲突，一种认为价值冲突不仅指价值观念冲突，还包括价值实在冲突，后者属于狭义的价值冲突，是前

---

① 全国人大常委会法制工作委员会.中华人民共和国消费者权益保护法释义[M].北京:法律出版社,2013:296;宋燕妮,赵旭东.中华人民共和国公司法释义[M].北京:法律出版社,2018:400;王瑞贺.中华人民共和国反不正当竞争法释义[M].北京:法律出版社,2017:76.

者的基础。① 两种观点中,前一种观点属于哲学界的主流观点。但由于权利、利益冲突属于价值实在的冲突,②所以在法学领域讨论价值实在的冲突更有意义,但法学界也时常讨论法的价值冲突,其实就是讨论法的价值目标、价值取向的冲突,这又属于价值观念冲突的范畴。所以,法学中的价值冲突基本上属于广义的价值冲突概念。本书亦使用广义的"价值冲突"概念,但为了表述清晰,对于法的价值目标冲突则直接使用"法的价值目标冲突"一语来表示。民事债权优先受偿制度是为解决权利(力)、利益的价值实在冲突而生,但在解决价值实在冲突自然会涉及法的价值目标冲突,研究后者很有必要。

本部分的目的是找到立法者、司法解释制定者意图通过民事债权优先受偿制度解决的价值冲突。我国立法机关向来不公布立法理由书。法律界渐渐认可全国人民代表大会常务委员会法制工作委员会(下称"全国人大法工委")编写的法律释义书籍为"法律释义标准版本"和"官方释义"。最高人民法院通常在重要的司法解释出台前后会通过新闻媒体作一些简要的说明,其对自身制定的某些司法解释还会出版专门书籍详细解读,比如最高人民法院执行局编著的《最高人民法院关于刑事裁判涉财产部分执行的若干规定理解与适用》就属于此类。另外,参与起草司法解释的法官也可能会在《人民司法》、《法律适用》等期刊撰文解读这些司法解释。这些书籍、论文也是重要的参考。事实上,只有那些规定民事责任优先原则(包括民事赔偿责任优先原则、侵权责任优先原则)的法律的官方释义和最高人民法院对《刑事涉财产执行规定》的官方解读对立法理由有稍微详细一点的说明,且官方释义的表述也大体相同。通过分析这些官方释义、解读,可以看出立法者、司法解释制定者试图通过民事债权优先受偿制度解决下面几种价值冲突。

1.民事债权与惩罚性公法财产权之间的价值冲突

立法者、司法解释制定者意图通过民事债权优先受偿制度解决的第一对价值冲突,就是民事债权和惩罚性公法财产权之间的价值冲突。虽然民事债权优先受偿的相关规定对其价值选择的表述都是从义务、责任角度作出的,但立法者已经意识到了民事债务优先或民事责任优先根源不在于义务或责任,而在于权利。几乎所有相关规定的官方释义和解读都将维护民事主体合法民事权益作为

---

① 孟祥健,唐莉.改革开放以来我国价值冲突研究述评[J].太原理工大学学报(社会科学版),2018(6):2.

② 江传月.对国内价值冲突研究的几点意见[J].理论界,2005(1):79.

其规定民事责任优先(包括民事侵权责任优先、民事赔偿责任优先)和民事债权优先的首要原因。就算是对相关法条的立法理由阐释极少的官方释义也都会把这一项原因写出来。比如《刑法》的官方释义虽然未对《刑法》第60条确立的民事债权优先受偿原则的立法理由予以释义,但简单提及《刑法》第36条规定民事赔偿责任优先原则是为了"加强对被害人合法权利的保护"。① 全国人大常委会法工委刑法室编的《中华人民共和国刑法条文说明、立法理由及相关规定》对《刑法》第60条规定的立法理由简单表述为:"为维护民事法律关系中的债权人的合法权益"。②《合伙企业法》官方释义给出的立法理由是,如果先承担公法责任后承担民事赔偿责任,"不利于债权人利益的保护"。③《个人独资企业法》官方释义也简单地将立法理由表述为"加强受害人合法权益的保护"。④

单看民事债权人对债务人享有的民事债权和国家因为行使行政或刑事处罚权而对行政相对人或者犯罪人(即债务人)取得的公法财产权,同样都是值得法律保护的正价值,但当民事债权和惩罚性公法财产权同时指向一个价值客体(债务人的不充足的责任财产),即满足民事主体和国家(或代表国家的国家机关)需要的价值客体同一时,民事债权和惩罚性公法财产权之间产生了价值冲突。面对这一价值冲突,民事债权优先受偿制度最后选择了让民事债权优先于惩罚性公法财产权实现,当然其外在表述是民事债务优先或民事责任优先。

2.财产性民事责任与财产性公法责任之间的价值冲突⑤

民事责任和公法责任被统摄于法律责任的概念之下,在于它们都是违反义务的不利法律后果。但这只是从效果上看二者的相同之处。实际上,二者的目的截然不同。公法责任以制裁为目的,所以其法律后果就是要"不利"于责任主体。而民事责任(主要指赔偿损失等财产性民事责任)却"淡定"得多,其目的是填补损害、补偿损失,至于"不利"于责任主体的后果则纯属"副产品"。民事责任的目的达到了,其所救济的民事权利理论上也就恢复圆满状态了。但是,如果违

① 全国人大常委会法制工作委员会.中华人民共和国刑法释义:含刑法修正案八[M].北京:法律出版社,2011:42.
② 全国人大常委会法制工作委员会刑法室.中华人民共和国刑法条文说明、立法理由及相关规定[M].北京:北京大学出版社,2009:76.
③ 全国人大常委会法工委.中华人民共和国合伙企业法释义[M].北京:法律出版社,2006:168.
④ 卞耀武.中华人民共和国个人独资企业法释义[M].北京:法律出版社,1999:127-128.
⑤ 全国人大常委会法制工作委员会.中华人民共和国侵权责任法释义[M].北京:法律出版社,2010:33-34;全国人大常委会法制工作委员会.中华人民共和国消费者权益保护法释义[M].北京:法律出版社,2013:298-299;黄薇.中华人民共和国民法典总则编释义[M].北京:法律出版社,2020:496-497.

法、犯罪行为有受害人,违法行为人、犯罪人承担了行政或刑事责任,哪怕被罚得倾家荡产或者被判处死刑,受害人除了"心里痛快"以外,其民事权利被侵害的情况不会有任何变化。

民事责任的补偿目的达到了,也就说明民事主体(价值主体)在责任人责任财产上(价值客体)填补损害的物质利益需要得到满足。公法责任的制裁目的达到了,也就说明国家和国家所代表的公民(价值主体)在责任主体的财产或人身(价值客体)之上的维持秩序、匡复正义的需要得到了满足。两种价值关系都值得法律支持。然而,罚金、罚款、没收财产等财产性公法责任的价值客体恰恰和损害赔偿等财产性民事责任的价值客体重合,即都是责任主体的责任财产。当责任主体的责任财产不足时,民事责任对责任请求权人具有的补偿价值和公法责任对国家和国家所代表的公民具有的秩序、正义价值就产生了价值冲突。财产性民事责任与财产性公法责任之间的价值冲突不但在官方释义、解读中被指出,在相关法律、司法解释条款的价值选择表述中也直接体现。

3. 民事债权之间的价值冲突

各部相关法律中的民事债权优先受偿的规定都着眼于解决民事债权与惩罚性公法财产权、财产性民事责任和财产性公法责任的价值冲突,并没有把目光投入民事债权内部的价值冲突。但最高人民法院的《刑事涉财产执行规定》和《全国法院破产审判工作会议纪要》主动解决这种价值冲突。

各个民事债权人(价值主体)对债务人的责任财产(价值客体)均存在物质利益需要的价值关系,当债务人的责任财产不足,民事债权之间相互冲突是显而易见的。民事实体法对于这种冲突,对没有担保物权或其他法定优先受偿权的普通债权是持自由竞争、一视同仁的态度,只有破产法才会对民事债权的清偿排序。《刑事涉财产执行规定》则通过排列民事债权执行顺序,对民事债权之间的价值冲突予以处理。

(三)我国民事债权优先受偿制度价值选择的根据

价值选择是根据价值评价的结论也就是价值判断所作出的选择。价值评价是价值选择的前提和基础。"选择都是基于一定的评价而作出,改变选择也以改变评价为前提"。[①] 同时,价值选择又是价值评价的目的,进行评价活动,作出价

---

① 马俊峰.评价活动论[M].北京:中国人民大学出版社,1994:342.

值判断,都是为了"从诸多价值关系中选择出'最佳'或'至当'。"①

　　"价值评价"亦称"评价",即可指评价活动,也可指评价结果,但一般指的是前者。哲学界对"价值评价"的定义各不相同,但总体而言,可以将其定义为评价主体根据一定的评价标准,揭示价值主体与价值客体之间价值关系的认识活动。"立法者在立法过程中离不开对法律规范所依据的价值关系的认识、比较、选择与评价,而评价的结果则会成为立法者确立法律规范实质内容的基础,这就是立法过程中的价值评价。"②评价分为单一(性)评价和比较(性)评价,前者是"就一个对象作出的评价",后者是"就两个或两个以上对象经比较作出的评价"。③ 比较评价需要在对每个评价客体进行评价并得出评价推理结果的基础上,再按照一定的评价标准对这些评价推理结果进行比较衡量,形成比较性的评价结论。④

　　"价值判断"从形成和发生的角度来考察,"是评价活动的一种结果,它是评价主体根据价值主体的需要,衡量价值客体是否满足价值主体的需要以及在多大程度上满足价值主体的需要的一种判断。"⑤即关于价值客体对于价值主体"有无价值、有什么价值、有多大价值的判断。"⑥"价值评判(Werturteile)在法中起着重要作用,法律秩序中充满了价值判断。"⑦"所谓立法,是指将法律价值判断(通常是抽象和普遍的)的结论以可传递的形式(词语)表现出来。"⑧价值判断是评价活动的结果。反过来,在某个价值评价活动中形成的价值判断,又具有相对独立性,可能成为之后评价活动中的评价标准,也可以成为反驳其他评价推理的依据,⑨如法理学上所总结的公平、正义、自由、平等、人权等法的价值目标本身虽然是以往评价活动的结论,但现在多充当立法、司法的评价活动中的评价标准。价值判断分为绝对价值判断和相对价值判断。绝对价值判断是单一评价的结果,是某一价值客体对于价值主体有无价值的质的判断,相对价值判断是比较评价的结果,一个价值客体与其他价值客体相比较,对于价值主体的价值大小的

---

　　① 阮青.价值哲学[M].北京:中共中央党校出版社,2004:118.

　　② 刘睿,张继成.立法评价方法初探——立法过程中价值评价的理性分析[J].法制与社会发展,2018,24(06):158.

　　③ 韩东屏.人是元价值 人本价值哲学[M].武汉:华中科技大学出版社,2013:143.

　　④ 韩东屏.人是元价值 人本价值哲学[M].武汉:华中科技大学出版社,2013:144.

　　⑤ 冯平.走出价值判断的悖谬[J].哲学研究,1995(10):43.

　　⑥ 马俊峰.评价活动论[M].北京:中国人民大学出版社,1994:312.

　　⑦ 魏曼士.法理学[M].丁小春,吴越,译.北京:法律出版社,2005:52.

　　⑧ 川岛武宜.现代化与法[M].北京:中国政法大学出版社,2004:258.

　　⑨ 马俊峰.评价活动论[M].北京:中国人民大学出版社,1994:312-314.

量的判断。① 如说"鱼好"或者"熊掌好"属于绝对价值判断,说"熊掌比鱼好"则是相对价值判断。立法中这两种价值判断都存在,但民事债权优先受偿立法是为解决价值冲突,所以主要运用的是相对价值判断。现行民事债权优先受偿制度的立法者、司法解释制定者实际的价值评价过程我们无从知晓,但其价值评价的结果也就是所作的价值判断,在官方释义和解读中还是有迹可循的。

"评价活动一个显著的特点是,它总是表现为以某个特定的标准或尺度来衡度其对象的过程。"②这个标准或者尺度就是评价标准。"评价的核心问题是评价标准和价值观念的问题。"③民事债权优先受偿的法律、司法解释制定中评价活动的评价主体是立法者、司法解释制定者,评价客体即价值主体和价值客体之间的价值关系,上文在分析价值冲突时也已经介绍,所以本部分主要围绕各个价值判断所依据的评价标准展开讨论,评价标准以官方释义、解读里明确说明采用的为准。

1. 民事债权比惩罚性公法财产权更重要的价值判断

民事债权重要,惩罚性公法财产权也重要,但民事债权比惩罚性公法财产权更重要。作为比较评价,这句话但书前面的部分是其第一重价值判断,但书后边的部分是其第二重价值判断。这第二重价值判断,就是民事债权优先受偿制度的立法者、司法解释制定者面对民事债权与惩罚性公法财产权这对价值冲突,选择让民事债权优先于惩罚性公法财产权的根据。分析官方释义、解读可知,立法者、司法解释制定者作出这一价值判断,依据的评价标准如下:

(1)人道、正义、公平

立法者认为保护私人合法权益是民法、行政法、刑法的共同目标和任务,但当同一责任主体的财产不足以同时承担民事责任和缴纳罚款、罚金等行政、刑事责任时,如果公法责任优先,则权利人合法权益难以有效保护。而国家和个人承担财产损失的能力差别巨大,公法债权实现不了并不会导致国家发生经济困难,但民事债权实现不了则可能使民事主体陷入困境乃至绝境。④ "在这些责任无

---

① W. D. 拉蒙特.价值判断[M].马俊峰,王建国,王晓升,等译.北京:中国人民大学出版社,1992:14,16.

② 阮青.价值哲学[M].北京:中共中央党校出版社,2004:100.

③ 马俊峰.评价活动论[M].北京:中国人民大学出版社,1994:17.

④ 黄薇.中华人民共和国民法典总则编释义[M].北京:法律出版社,2020:496-497;全国人大常委会法制工作委员会.中华人民共和国侵权责任法释义[M].北京:法律出版社,2010:33;全国人大常委会法制工作委员会.中华人民共和国消费者权益保护法释义[M].北京:法律出版社,2013:298;李适时.中华人民共和国民法总则释义[M].北京:法律出版社,2017:585-586;阚珂,蒲长城,刘平均.中华人民共和国特种设备安全法释义[M].北京:中国法制出版社,2013:352-353.

法兼顾时,民事责任优先可以取得良好的社会效果,也更能体现法律的人道和正义",①"体现以人为本的立法理念"。② 民事主体与国家相比是弱势群体,两者的权益发生冲突的时候,应当优先保护弱者的利益,"民事赔偿优先原则所隐含的价值标准就是市场主体的权利救济高于政府的罚没收入。"③"在公司领域,违法行为所造成的直接后果是广大股东和投资者的损失。公司通过非法牟利给他人造成损失,则必须通过相应的民事赔偿才能实现真正的公正。"④司法解释制定者也赞同"财产刑执行劣后于私法债权的执行,具有法律上的正当性和实践中的正义性。"⑤

这里可以将上述立法理由梳理一下。赔偿性民事债权是为了救济被侵害的民事权利、弥补所失利益而存在,所以归根到底其仍是等价有偿的,而罚没收入对国家而言,却是无偿取得的额外利益。如果惩罚性的公法财产权优先,等于国家发了老百姓的"遭难财",所以不公平、不正义、不人道。非赔偿性民事债权,虽然并非为了救济权利、弥补损失而存在,但也是公民安身立命的根本,而罚没收入对于国家而言则是可有可无的收入来源,如果惩罚性的公法财产权优先,等于国家与民众争夺蝇头小利,所以一样不公平、不正义、不人道。从实现公平、正义、人道这些法的价值目标来评价,民事债权比惩罚性公法财产权更重要,应优先实现。

(2)维护市场交易秩序和交易安全

"民事主体在民事活动中依法取得的权利,应当具有法律保障。如果一方当事人对另一方当事人依法享有的损害赔偿请求权,因另一方当事人财产承担行

① 黄薇.中华人民共和国民法典总则编释义[M].北京:法律出版社,2020:497;李适时.中华人民共和国民法总则释义[M].北京:法律出版社,2017:586;全国人大常委会法制工作委员会.中华人民共和国侵权责任法释义[M].北京:法律出版社,2010:33;全国人大常委会法制工作委员会.中华人民共和国消费者权益保护法释义[M].北京:法律出版社,2013:297.
② 阚珂,蒲长城,刘平均.中华人民共和国特种设备安全法释义[M].北京:中国法制出版社,2013:352-353;全国人大常委会法制工作委员会行政法室.《中华人民共和国食品安全法》释义及实用指南[M].北京:中国民主法制出版社,2015:388.
③ 宋燕妮,赵旭东.中华人民共和国公司法释义[M].北京:法律出版社,2018:401.
④ 宋燕妮,赵旭东.中华人民共和国公司法释义[M].北京:法律出版社,2018:401.
⑤ 肖建国.论财产刑执行的理论基础——基于民法和民事诉讼法的分析[J].法学家,2007(2):127.转引自最高人民法院执行局.最高人民法院关于刑事裁判涉财产部分执行的若干规定理解与适用[M].北京:中国法制出版社,2017:179.

政、刑事责任后丧失赔偿能力而无法实现"，[1]必然造成民事活动的当事人为防止此类情况出现而事先调查对方是否违法、犯罪，这将会影响交易的信心和速度，不符合维护市场交易秩序和交易安全的法律保障性需要。[2] 这是官方释义给出的又一立法理由。也就是说，立法者认为按照维护市场交易秩序和交易安全的评价标准，赔偿性民事债权比惩罚性公法财产权更重要，所有应当优先实现。

实际上，不管是赔偿性民事债权人还是非赔偿性民事债权人，为了避免自己利益受损，都会作出上述选择。所以，用这个立法理由去论证整个民事债权优先受偿制度也说得通，只是在《刑法》的官方释义、《刑事涉财产执行规定》的官方解读中并没见到这个立法理由。不过，真正值得反思的是"维护市场交易秩序和交易安全"能否直接作为评价标准，对此本章第二部分会予以讨论。

2.财产性民事责任比财产性公法责任更重要的价值判断

立法者面对财产性民事责任和财产性公法责任这对价值冲突，作出的是财产性民事责任比财产性公法责任更重要的价值判断。立法者的评价标准如下：

(1)法律责任目的的重要程度不同

"违法行为发生后，法律的首要目的是要恢复原状，即恢复到违法行为没有发生前的状况，在有损害发生的情况下，这一目的就表现为弥补受害人的损失，然后才涉及对侵害人进行惩罚的问题。"[3]实际上，财产性民事责任与财产性公法责任和赔偿性民事债权与惩罚性公法债权，基本上属于分别从责任角度和权利角度描述的同一对概念，只不过评价标准的选择一个从责任出发，一个从财产权利出发而已，而且归根到底评价标准是相同的。上文谈赔偿性民事债权比惩罚性公法财产权更重要时说到立法者的评价标准是公平、正义、人道，而此处立法者直接运用"法律责任目的的重要程度不同"作为评价标准，却并没有说透该评价标准本身是依据什么评价标准得出的价值判断，其实归根结底其评价标准还是公平、正义、人道。

① 全国人大常委会法制工作委员会.中华人民共和国侵权责任法释义[M].北京:法律出版社，2010:33;全国人大常委会法制工作委员会.中华人民共和国消费者权益保护法释义[M].北京:法律出版社，2013:298;李适时.中华人民共和国民法总则释义[M].北京:法律出版社，2017:586;黄薇.中华人民共和国民法典总则编释义[M].北京:法律出版社，2020:497.

② 全国人大常委会法制工作委员会.中华人民共和国侵权责任法释义[M].北京:法律出版社，2010:33;全国人大常委会法制工作委员会.中华人民共和国消费者权益保护法释义[M].北京:法律出版社，2013:298;李适时.中华人民共和国民法总则释义[M].北京:法律出版社，2017:586;黄薇.中华人民共和国民法典总则编释义[M].北京:法律出版社，2020:497.

③ 卞耀武.中华人民共和国产品质量法释义[M].北京:法律出版社，2000:132.

因为立法者是在同一行为引起民事赔偿责任和财产性公法责任竞合的语境中"法律责任目的重要程度不同"为评价标准来评价两种责任的重要性,所以结论并无错误。但对于非竞合即非因同一行为引起的财产性民事责任和财产性公法责任的冲突就不能用这一评价标准得出相同的价值判断,因为从具体法律关系的角度来看,此民事责任的补偿目的和彼公法责任的惩罚目的没有直接关系,无所谓谁更重要。所以,要想证明前者比后者重要,只能从权利冲突的角度而非责任冲突的角度着手选择别的评价标准。

(2)责任的可替代程度不同

立法者认为民事责任的补偿目的实现手段单一,如果不能用责任主体的责任财产承担赔偿责任,则不能实现民事责任补偿损失、救济权利的目的。而行政责任、刑事责任的惩罚目的则在手段上具有多样性和可替代性,不实施经济制裁,还可以实施人身制裁,就算同时对行为人施加人身制裁和经济制裁,未施加经济制裁也不影响施加人身制裁。[①]

(3)对实现立法目的的作用不同

《公司法》官方释义提到,公司法上的责任制度以民事责任为主,以罚金、罚款等公法责任为辅,规定后者的目的不是为国家增加国库收入,而是为了遏制违法行为,保障公司正常运行。[②] 违法者最终都承担民事责任,才能有利于市场主体自治、自律,[③]公法责任无法起到这个作用。《证券法》和《证券投资基金法》的官方释义也强调,只有侵害证券投资者、证券基金投资者合法权益的违法行为人实际承担民事赔偿责任,才能让投资者获得安全感和投资信心,才能促进证券市场、证券投资基金市场长久发展。[④]

其实,上文立法者阐释的"维护市场交易秩序和交易安全"的评价标准也是一种立法目的标准,只不过立法者是从权利角度阐释的,所以没有归入此处。评价财产性民事责任和财产性公法责任重要性的评价标准,从权利的角度来表述,往往也能用于评价民事债权和惩罚性公法债权的重要性。但是,根据刚才的分

---

① 全国人大常委会法制工作委员会.中华人民共和国侵权责任法释义[M].北京:法律出版社,2010:33-34;全国人大常委会法制工作委员会.中华人民共和国消费者权益保护法释义[M].北京:法律出版社,2013:298-299;李适时.中华人民共和国民法总则释义[M].北京:法律出版社,2017:586-587;黄薇.中华人民共和国民法典总则编释义[M].北京:法律出版社,2020:497-498.

② 宋燕妮,赵旭东.中华人民共和国公司法释义[M].北京:法律出版社,2018:401.

③ 宋燕妮,赵旭东.中华人民共和国公司法释义[M].北京:法律出版社,2018:401.

④ 卞耀武.中华人民共和国证券法释义[M].北京:法律出版社,1999:311;李飞.中华人民共和国证券投资基金法释义[M].北京:法律出版社,2003:201.

析可知,两种评价标准并非完全重合,有些评价标准不能互相替代。

3.民事债权重要程度不同的价值判断

《刑事涉财产执行规定》第13条对民事债权的执行顺序进行了排列,依据的是民事债权重要程度不同的价值判断。司法解释制定者评价标准如下:

(1)医疗费债权居于首位的评价标准

司法解释制定者将医疗费债权位列第一的原因有二:其一,以保护人权的标准来评价,人的生命、健康比什么都重要,医疗费属于被害人生命、健康受到现实威胁后为了挽救生命、恢复健康而已经支出的"救命钱""保命钱",显然最为重要,应该位列第一;其二,就算医疗费优先受偿,由于通常其数额不大,对其他次后债权影响不大,这是一种功利评价标准。①

(2)对特定执行标的有优先受偿权的债权屈居其次的评价标准

《刑事涉财产执行规定》第13条规定对特定执行标的有优先受偿权的债权,仅就该特定执行标的,而位于医疗费之后、刑事退赔之前获得执行。优先于刑事退赔好理解,这一规定实际上是出于对民法秩序的尊重,对特定执行标的有优先受偿权的债权向来优于其他民事债权获得执行。但位于医疗费之后,却是一个创新,究其评价标准,恐怕还是在目的价值上考量,民法秩序标准显然不能跟生命、健康的人权标准抗衡。

(3)刑事退赔优于普通民事债权的评价标准

以救济手段的多寡为评价标准,司法解释制定者认为刑事退赔不能提起刑事附带民事诉讼或另行起诉,具有救济手段的唯一性,所以应使其优先于救济手段多样的普通民事债权。司法解释制定者还认为刑事退赔不是债权请求权,而是或者说被视为"物权请求权",所以要高于普通民事债权的位阶受偿。② 这一点实际上是经不起推敲的,后文会分析责令退赔的债权属性,此处不赘述。实际上,救济手段单一性为"因",赋予刑事退赔"物权化"效力只是"果"而已。

(4)要求债权取得执行依据的评价标准

该司法解释要求请求优先执行的民事债权,除了对特定执行标的享有优先受偿权的以外,均须取得执行依据,这其实与民事诉讼法规定的民事参与分配条

---

① 最高人民法院执行局.最高人民法院关于刑事裁判涉财产部分执行的若干规定理解与适用[M].北京:中国法制出版社,2017:173.

② 最高人民法院执行局.最高人民法院关于刑事裁判涉财产部分执行的若干规定理解与适用[M].北京:中国法制出版社,2017:177-179.

件一致,目的是防止被执行人与案外人串通虚构债权债务,①评价标准应该也是相同的,即是否有利于维护民法、民诉法的秩序和保护正当债权。

　　而如果按照《全国法院破产审判工作会议纪要》第28条的规定,对于法律没有明确规定清偿顺序的债权,即使同是民事债权,也要按照人身损害赔偿债权优先于财产性债权,补偿性债权优先于惩罚性债权的原则清偿,但是,不论是人身损害赔偿债权,还是补偿性债权,似乎均可被《企业破产法》第113条第1款第(三)项的普通民事债权所涵盖,不属于"法律没有明确规定清偿顺序的债权",从而导致这个规定对确定民事债权的清偿顺序意义不大。反而是该条中段规定的因债务人侵权行为造成的人身损害赔偿可以参照《企业破产法》规定劳动债权的序位优先清偿,还有一些实际意义。对此,制定者的评价标准可能也是出于人道主义。但两相比较,《刑事涉财产执行规定》第13条规定的医疗费,其范围是小于《全国法院破产审判工作会议纪要》第28条规定的人身损害赔偿的。这种法条间的不一致可能也没有什么充足的理由,但这恰恰反映出立法的不足。

二、我国民事债权优先受偿制度价值选择现状

　　"虽然选择的事项不一,有的事关活动目标,有的事关活动手段或实现目标的行为方式,但它们在实质上都是一样的,即都是对好的选择,因而选择的实质,就是要选择出好的活动目标、好的手段。"②民事债权优先受偿制度的价值选择亦是如此,其重视人权的价值取向代表着中国法治的进步,但其现有价值选择也存在不够"好"的地方,仍有很大的完善空间。

(一)对价值冲突的成因重视不够

　　"价值困境的形成,是由内外两个方面的因素共同造成的,需求多元和利益多元属于内在因素或主体方面的因素,规则多元和某些自然因素或人为因素的出现则属于外在因素或主体之外的因素。"③不分析造成选择困境的价值冲突所产生的原因而直接去解决价值冲突,正好比医生不查清病人的发烧原因,直接开退

---

①　最高人民法院执行局. 最高人民法院关于刑事裁判涉财产部分执行的若干规定理解与适用[M]. 北京:中国法制出版社,2017:180-181.
②　韩东屏. 人是元价值 人本价值哲学[M]. 武汉:华中科技大学出版社,2013:168.
③　韩东屏. 人是元价值 人本价值哲学[M]. 武汉:华中科技大学出版社,2013:173.

烧药一样,治标不治本。正如治病要标本兼治,解决价值冲突,也要积极寻找价值冲突的成因,只有"去因方能免果"。① 有一些价值冲突属于不可避免的冲突,还有一些则属于本不该发生的冲突。对于不可避免的价值冲突,应把精力放在解决冲突本身,而对于本不该发生的价值冲突,则以消灭引起冲突的原因为主要任务。

我国的民事债权优先受偿制度是为了解决民事债权与惩罚性公法财产权、财产性民事责任与财产性公法责任在责任主体责任财产不足时产生的价值冲突而设计的制度。该制度的现有规定基本属于"治标",而非"治本"。必须承认,此种价值冲突的发生不可避免,但冲突在多大范围和多大程度发生却并非无法改变。探究我国民事债权与惩罚性公法财产权、财产性民事责任与财产性公法责任价值冲突的成因,便会发现这种价值冲突的发生在很大程度上缘于我国的财产刑、财产罚等财产性公法责任制度缺乏正当性或合理性,如果能去除这些"因",则将在很大程度上减少这种价值冲突的发生。

1. 没收财产刑缺乏正当性

"没收财产刑发源于奴隶制社会,兴盛于封建制社会,在资产阶级革命胜利后开始走向衰落,到 20 世纪已为大多数国家所废除。"②我国刑法学界主张废止没收财产刑的呼声由来已久且愈发高涨,其中一个最重要理由就是按照现代法治理念,其缺乏正当性,而作为一种公法手段,如果缺乏正当性,就等于宣判了这种手段的"死刑",至于其必要性、合理性均免谈。没收财产刑缺乏正当性,有如下原因。

(1)没收财产刑不符合法的人权价值规范

法的价值规范也就是法的价值目标,是法所追求的最基本、最普遍的价值。③ 人权是最重要的法的价值规范。财产是自然人生存之基,"无财产者无人格",④人无论作为生物人还是社会人,离开财产无以生存。人格平等以私权神圣为保障,如果法律无法践行后者,前者也不过是句华丽空洞的口号,而保障私

---

① 韩东屏.人是元价值 人本价值哲学[M].武汉:华中科技大学出版社,2013:173.

② 万志鹏.外国刑法中的没收财产刑[J].涪陵师范学院学报,2007(1):131.

③ "'法律的价值规范'这个提法,确认了法律本身包含着一套价值规范的系列。这个系列曾被法学家们表述为'法所促进的价值'(沈宗灵)、'法所中介的价值'(孙国华)、'法所追求的价值'(郑成良)、'法的价值目标'(卓泽渊)等等。它们的实际内容,都是指法律条文和法律体系中所规定或体现的,被认为最具基础性、普遍性的一些'价值',如理性、人权、民主、秩序、效率、安全、幸福、自由、公平、正义等等。它们作为'法律所追求的价值'或'法律的价值目标',对于法律的构成恰恰具有实质的意义。"参见李德顺.试论法律的价值——基于哲学价值论的思考[M]//俞学明.法治的哲学之维:第 2 辑.北京:当代中国出版社,2014:7.

④ 尹田.无财产即无人格——法国民法上广义财产理论的现代启示[J].法学家,2004(2):46.

权神圣又何止是私法的使命？反观没收财产刑，实际是对犯罪人在民事财产关系领域的主体资格的实质剥夺，一个人即便丧失政治权利仍能生存，但如果在民事领域"贫穷"得仅剩下人身权，其生存就受到很大的威胁。当其刑满释放后出卖劳动力而不得时，贫穷和饥饿就足以逼迫其为了生存重新犯罪，即便放诸刑法视域，没收财产刑也显然不符合刑罚的预防犯罪功能。

（2）没收财产刑破坏民法秩序

广义财产与人格互为表里，债的一般担保完全仰赖债务人的责任财产。债务人以其现有和将有的全部积极财产担保其全部消极财产即全部债务。[①] 没收财产刑实质是独取犯罪人之积极财产而置其消极财产而不顾，至此，其殃及范围已突破家庭，破坏之剑已直插民法交易安全与交易秩序之腹地，以至于如果不动用民事债权优先受偿制度，会使已经深受犯罪之害的受害人成为陪葬品，以至于即使兴师动众的规定债权人在没收财产前得请求实现债权而优先受偿，仍不能保证挂一漏万，迟来一步的债权人只能望国库而兴叹。

（3）没收财产刑违背刑法本身的原则

假使犯罪人出狱后家庭或者社会能对其救助供养，那也等同于将其个人罪恶株连于家庭成员甚至社会之上，违背了刑法罪责自负的原则。即便犯罪人被判处死刑或无期徒刑，无须回归社会，正如学者所言，"若已经对犯罪人判处了死刑，其严厉程度已经无以复加，或者判处无期徒刑，已经严厉到剥夺人的终身自由的时候，仅以生命刑和自由刑，已经完全实现了刑罚的公正性要求，不再需要其他的刑罚附加来实现这种公正。"[②]更何况没收财产数额不确定，"具有一定的超刑事责任范围的任意处置的违反罪刑法定原则基本精神的倾向"，[③]也违背罪责刑相适应原则，并造成贫富有别的犯罪人之间的不平等。可见，不从公法财产权角度考虑，仅将没收财产刑作为一个刑罚来考量，也是显然缺乏正当性的。

刑罚的本质是"以恶制恶"，但刑罚的恶要公平、平等、有度而有效，而且，刑法的恶制的是犯罪人的恶，如果殃及无辜，变成"以恶致恶"，那么刑罚本身又与犯罪何异？刑法学家贝卡利亚早就说过，"没收财产是在软弱者头上定价，它使无辜者也忍受着罪犯的刑罚，并使他们沦为必然也去犯罪的绝境。"[④]事实上，由

---

① 尹田.无财产即无人格——法国民法上广义财产理论的现代启示[J].法学家,2004(2):48.
② 李洁.论一般没收财产刑应予废止[J].法制与社会发展,2002(3):99.
③ 李洁.论一般没收财产刑应予废止[J].法制与社会发展,2002(3):97.
④ 贝卡里亚.论犯罪与刑罚[M].黄风,译.北京:中国法制出版社,2002:62.

于没收财产刑存在种种弊端,其在我国司法实践中适用率和执行率都很低,[①]这也是现实中其对民法秩序的冲击并不十分明显的一个原因。

2.罚金刑缺乏合理性

(1)罚金设置违背刑罚轻缓化的价值取向

罚金刑本是典型的轻刑,适于惩罚轻微犯罪,现代各国刑法推行罚金刑的目的大多是为了部分替代短期自由刑以实现刑罚的轻缓化。而我国规定罚金刑的目的并非如此,表现在:罚金刑主要适用于贪利性犯罪;规定有罚金刑的故意犯罪罪名多于过失犯罪;规定有罚金刑的重罪多于轻罪;多采必并科罚金制。[②] 罚金刑的滥用使其俨然成为变本加厉地惩罚犯罪的重刑主义工具,为其与民事债权的相互冲突埋下了祸根。

(2)罚金数额规定不合理

首先,我国刑法中2/3左右的罚金刑的数额确定方式采无限额罚金制,尤其是单位犯罪的罚金刑,除骗购外汇罪、逃汇罪规定了倍比罚金制外,[③]几乎全部采取无限额罚金制。粗糙的无限额罚金制除了依赖司法机关的自由裁量,根本无法顾及自然人与单位两种犯罪主体的巨大差别和不同性质的犯罪行为的社会危害性差异,而事实上,无限额罚金制由于无法避免法官的主观擅断从而不符合罪刑法定原则,故各国甚少采用。

其次,作为补充方式的限额罚金制和倍比罚金制也缺陷明显。我国的限额罚金制所规定的罚金最低限额为1万元,最高限额已达到50万元,这与我国国民实际收入水平不符,不具有可行性;而倍比罚金制的倍数或比例设定基准缺乏合理根据,可能导致罚金刑数额过高而不符合适度性原则,甚至与自由刑轻重关系不成比例。[④] 试想,如果罚金数额设置合理,即便对其先予执行,对民事债权的影响又能有多大?所谓"千金散尽还复来"那是诗人的豪言壮语,但倘若"片金散去还复来"又有何难?但如果犯罪人须倾其所有甚至用尽一生都缴纳不起的

---

① 姚贝.没收财产刑研究[D].北京:中国政法大学,2009:92-105.

② 叶睿.罚金刑的适用与反思[D].成都:西南财经大学,2012:48-52.

③ 《全国人民代表大会常务委员会关于惩治骗购外汇、逃汇和非法买卖外汇犯罪的决定》第1条、第3条,《刑法》第190条.

④ 邢绍红.韩国罚金刑的特色及其对我国的启示[J].东疆学刊,2013,30(03):89.

罚金从天而降时,民事债权又怎么可能不受排挤?①

（3）罚金刑无行刑时效

与《行政强制法》规定的"三年免于执行"规定相比,②《刑法》规定罚金刑可"随时追缴"意味着罚金刑的执行没有期限限制,③这不但有悖于"排斥绝对不定期刑"的现代刑法基本理念,④而且一旦严格执行,必然会造成对犯罪人的民事债务的长期排挤。如果犯罪人在民事交往中不主动提及自己尚有罚金未缴纳完毕,交易相对人也很难想到去调查犯罪人是否存在这种问题,一旦法院突然来强制执行罚金刑,对债权的冲击显而易见。而一旦交易相对人均知道犯罪人有罚金尚未缴纳完毕,那只有两种可能,一种是避之而不及,这样犯罪人就很难进行民事交易,另一种可能是与犯罪人串通规避追缴罚金,显然这均非立法者所乐见。而目前之所以没有发生这种问题,恰恰"得益于"罚金刑的"空判",这极具讽刺意味。

（4）单位犯罪的罚金刑对民事债权暗含冲击

首先,我国刑法对单位犯罪仅规定罚金刑一种刑罚,这意味着无论单位犯罪的社会危害性有多大,也仅能通过罚金刑这一种手段来惩罚,难免会出现就算罚到"倾家荡产"也起不到惩罚和预防犯罪的"黔驴技穷"的情况,不但事与愿违,而且其副作用是还可能排挤民事债权,事倍功半。

其次,单位犯罪不等于法人犯罪,"单位"在具体罪名下还可能包括非法人组

---

① 例如曾备受争议的郴州农民李清销售假冒注册商标的羊毛衫遭遇"天价罚单"一案,一审被判罚金 2151 万,重审后罚金改判为 199 万,但对于其家庭而言仍是"几代也赔不完"的"天文数字"。参见徐德荣,曾彩云.农民卖山寨羊毛衫被罚 2151 万 重审后处罚 199 万[EB/OL].(2012-05-21)[2014-06-25]. http://news.sohu.com/20120521/n343663556.shtm.

② 《行政强制法》第 39 条规定:"对没有明显社会危害,当事人确无能力履行,中止执行满三年未恢复执行的,行政机关不再执行"。按照该条第 1 款第(一)项的规定,"当事人履行行政决定确有困难或者暂无履行能力的"是中止执行的情形之一。

③ 《刑法》第 53 条:"罚金在判决指定的期限内一次或者分期缴纳。期满不缴纳的,强制缴纳。对于不能全部缴纳罚金的,人民法院在任何时候发现被执行人有可以执行的财产,应当随时追缴。"

④ 王衍松,吴优.罚金刑适用研究——高适用率与低实执率之二律背反[J].中国刑事法杂志,2013 (6):13.

织,①而非法人组织在民法上均不具备民事责任能力,作为公法债权的罚金刑是否也要追究出资人的无限连带责任呢?如果追究,是否有违刑责自负呢?如果不追究,又应对非法人组织作何处置呢?刑法对此不置可否。

最后,自然人是有生命的人类个体,对其刑罚的设计必须考虑人权、人道,"罚得倾家荡产"肯定不利于其回归社会,所以,对自然人罚金数额的设计要谦抑。而法人不过是法律所拟制的人,是自然人实现某种目的的工具。"法人的人格赋予纯粹是经济生活发展之需求的产物,并不包含自然人的人格所表现的人类尊严、人人生而自由平等之价值观念。"②固然,出于不影响社会经济生活正常发展的考虑,刑法在设计法人犯罪之罚金数额时要考虑此类主体的一般承受力,不应一味追求"罚得倾家荡产",但在司法实践的具体案件中某个法人犯罪人完全可能被"罚得倾家荡产",这本身并不大可能像自然人被"罚得倾家荡产"那样引发人权、人道危机,可是,法人一旦被"罚得倾家荡产",之后对该法人应该作何处理呢?法律没有给出下文。虽然这已经不属于罚金刑本身的内容,但作为罚金刑的可能后果,却是需要法律给个"交代"。试想,法人者为何?法人者何为?仅凭法人的权利能力立足于、行为能力依靠于和责任能力托付于法人财产之上这一不争事实,就完全可以想象一个将被"罚得倾家荡产"的法人放回到市场之中的后果,这不啻将一个被吸干了血的僵尸放逐于人群之中,其对交易安全的破坏作用不容忽视。

3.刑事涉案财物处置措施存在不正当、不合理之处

(1)不当的查封、没收侵害民事债权

对于犯罪嫌疑人的财产,司法机关和公安机关随意查封、扣押、冻结甚至随意没收,将直接侵害犯罪嫌疑人的财产权,从而影响其履行债务能力因此间接影响其民事债权人的民事债权实现。这种现象在针对民营企业违法犯罪行为的刑事司法程序中表现得尤为突出,不规范、超范围、超期限的查封、扣押、冻结,没收

---

① 根据《最高人民法院关于审理单位犯罪案件具体应用法律有关问题的解释》(法释〔1999〕14号)第1条的规定,合作经营企业可以作为犯罪主体,而按照《中外合作经营企业法》的规定中外合作经营企业可以非法人形式存在。而根据《乡村集体所有制企业条例》第10条、第14条的规定,作为"我国社会主义公有制经济的组成部分"的乡村集体企业,既可以是法人也可以是非法人,而根据该司法解释,其显然可以成为单位犯罪主体。除此之外,有学者认为我国《个人独资企业法》第42条规定了个人独资企业可以犯妨害清算罪。参见李希慧.论单位犯罪的主体[J].法学论坛,2004(2):72。另外,最高人民法院《全国法院审理金融犯罪案件工作座谈会纪要》将单位犯罪的范围有条件地扩大到分支机构,甚至内设机构、部门。

② 尹田.民法典总则之理论与立法研究[M].北京:法律出版社,2010:391.

不应没收的企业合法财产甚至企业经营者个人财产,往往使举步维艰的民营企业停产倒闭、职工失业,其负面社会影响很大。

(2)以责令退赔和返还财产剥夺被害人民事诉权

根据《刑诉法解释》的规定,被害人只有对人身被侵害或财产被毁坏造成的物质损失能提起刑事附带民事诉讼,①而如果被害人财产被被告人非法占有或处置,只能通过刑事涉案财物处置措施来退赔、返还,不能提起刑事附带民事诉讼。② 而2013年10月21日发布的《刑法第六十四条批复》则不但否定了被害人因财产被犯罪嫌疑人非法占有或者处置而提起附带民事诉讼请求返还财产的权利,连同另行提起民事诉讼的权利也给否定了。③ 其实早在1999年,最高人民法院《全国法院维护农村稳定刑事审判工作座谈会纪要》就将被害人财产被非法占有、处置的物质损失排除在刑事附带民事诉讼的受案范围之外,而列入《刑法》第64条"追缴赃款赃物、责令退赔"的解决范围之内。④ 我们把前后出台的几个司法解释或司法解释性质文件结合在一起,得出的结论就是,被犯罪人或者刑事被告人非法占有、处置的被害人财产,只能通过刑事涉案财物的处置措施即追缴和责令退赔来寻求救济,而不能通过刑事附带民事诉讼或另行提起民事诉讼来请求返还原物、返还不当得利或者赔偿损失。

上述立法中,人为地将在民法上看来与人身损害赔偿请求权、因财产被毁损而导致的损害赔偿请求权一样都是民事责任请求权的返还财产请求权和因财产

---

① 《刑诉法解释》第175条第1款:"被害人因人身权利受到犯罪侵犯或者财物被犯罪分子毁坏而遭受物质损失的,有权在刑事诉讼过程中提起附带民事诉讼;被害人死亡或者丧失行为能力的,其法定代理人、近亲属有权提起附带民事诉讼。"

② 《刑诉法解释》第176条:"被告人非法占有、处置被害人财产的,应当依法予以追缴或者责令退赔。被害人提起附带民事诉讼的,人民法院不予受理。追缴、退赔的情况,可以作为量刑情节考虑。"

③ 《刑法第六十四条批复》规定:"根据刑法第六十四条和《最高人民法院关于适用〈中华人民共和国刑事诉讼法〉的解释》第一百三十八条、第一百三十九条的规定,被告人非法占有、处置被害人财产的,应当依法予以追缴或者责令退赔。据此,追缴或者责令退赔的具体内容,应当在判决主文中写明;其中,判决前已经发还被害人的财产,应当注明。被害人提起附带民事诉讼,或者另行提起民事诉讼请求返还被非法占有、处置的财产的,人民法院不予受理。"

④ 最高人民法院《全国法院维护农村稳定刑事审判工作座谈会纪要》(法〔1999〕217号)在"(五)关于刑事附带民事诉讼问题"中规定:"人民法院审理附带民事诉讼案件的受案范围,应只限于被害人因人身权利受到犯罪行为侵犯和财物被犯罪行为损毁而遭受的物质损失,不包括因犯罪分子非法占有、处置被害人财产而使其遭受的物质损失。对因犯罪分子非法占有、处置被害人财产而使其遭受的物质损失,应当根据刑法第六十四条的规定处理,即应通过追缴赃款赃物、责令退赔的途径解决。如赃款赃物尚在的,应一律追缴;已被用掉、毁坏或挥霍的,应责令退赔。无法退赃的,在决定刑罚时,应作为酌定从重处罚的情节予以考虑。"

被非法占有、处置而导致的损害赔偿请求权排除在刑事附带民事诉讼和另行提起民事诉讼之外,这种立法的价值在于:其一,能更好地保护受害人,因为公权机关追赃的措施在效率和效果上远胜被害人提起的民事诉讼;其二,为了提高司法效率,既然涉案财物处置措施已经解决了被害人的退赔和财产返还问题,就没必要再通过刑事附带民事诉讼或者被害人另行提起民事诉讼的方式来重复解决。

然而,其负价值也如影随形,体现在:其一,司法机关依职权为之而排斥受害人行使诉权,实践中反而可能损害受害人民事权益。这是因为,民事主体追求自身利益时必然尽心尽力,而司法机关因为有返还办案经费的利益驱动,[①]对没收涉案财物上缴国库更为积极,而缺乏对没有返还办案经费的责令退赔被害人或返还被害人财产的工作动力,对被害人财产权的救济效果不尽人意,这种情况下还不允许被害人附带或另行提起民事诉讼主张权利,显然实际是损害了被害人的民事权益。其二,司法效率并不一定真正提高。除了审前返还或违法所得足额追缴到案或足额退赔的以外,按《关于进一步规范刑事诉讼涉案财物处置工作的意见》(中办发〔2015〕7号)等相关规范性文件和司法解释,[②]人民法院在进行刑事审判时应当对权属有争议的被害人合法财产返还问题予以处理以及判决继续追缴或者责令退赔,也就是说,这些情形下,审判机关必须处理、必须审理、必须判决,既然如此,为什么不能通过附带民事诉讼的程序审理呢?其三,犯罪嫌疑人、被告人逃匿、死亡案件违法所得的没收程序只解决违法所得和其他涉案财产的没收和返还问题,不解决责令退赔的问题。[③] 那么,此类案件中,对于那

---

① 王志超.刑事诉讼涉案财物管理中存在的问题及对策[EB/OL].(2015-08-03)[2018-12-08].http://cdzy.chinacourt.org/article/detail/2015/08/id/2133897.shtml.个别规范性文件还规定涉案财物入库后的经费返还,参见《关于进一步规范刑事诉讼涉案财物处置工作的意见》(中办发〔2015〕7号)10条。

② 《关于进一步规范刑事诉讼涉案财物处置工作的意见》(中办发〔2015〕7号)规定:"六、完善涉案财物审前返还程序。对权属明确的被害人合法财产,凡返还不损害其他被害人或者利害关系人的利益、不影响诉讼正常进行的,公安机关、国家安全机关、人民检察院、人民法院都应当及时返还。权属有争议的,应当在人民法院判决时一并处理。""九、完善违法所得追缴、执行工作机制。对审判时尚未追缴到案或者尚未足额退赔的违法所得,人民法院应当判决继续追缴或者责令退赔,并由人民法院负责执行,人民检察院、公安机关、国家安全机关、司法行政机关等应当予以配合。"《人民检察院刑事诉讼涉案财物管理规定》(高检发〔2015〕6号)第22条第2款规定:"在诉讼过程中,对权属明确的被害人合法财产,凡返还不损害其他被害人或者利害关系人的利益、不影响诉讼正常进行的,人民检察院应当依法及时返还。权属有争议的,应当在决定撤销案件、不起诉或者由人民法院判决时一并处理。"

③ 《刑事诉讼法》第四章"犯罪嫌疑人、被告人逃匿、死亡案件违法所得的没收程序"第300条第1款规定:"人民法院经审理,对经查证属于违法所得及其他涉案财产,除依法返还被害人的以外,应当裁定予以没收;对不属于应当追缴的财产的,应当裁定驳回申请,解除查封、扣押、冻结措施。"

些不能通过违法所得的返还而得到救济的损失,被害人又可否另行提起民事诉讼来主张?是否仍受《全国法院维护农村稳定刑事审判工作座谈会纪要》的被害人财产非法占有、处置的物质损失只能通过刑事涉案财物处置措施而不能通过刑事附带民事诉讼或另行提起民事诉讼救济的规定约束呢?其四,如果判决继续追缴,虽然人民法院应当予以执行,但受害人却不能申请执行,不但如此,由于《刑事涉财产执行规定》第 13 条规定的只是"退赔被害人的损失"优先于财产刑,而未对追缴违法所得与财产刑的关系加以规定,所以会出现同案罚金已经执行,而被害人损失却未得到弥补的情形,如"周某某非法吸收公众存款案"的判决就属此类。① 尽管最高人民法院建议人民法院在刑事裁判中尽量减少"继续追缴"的判项而尽可能判处"责令退赔",以维护被害人合法权益,②但这种建议并非法律规定,仅具指导意义。

4.罚款的规定缺乏合理性

我国规定了罚款的立法可谓多如牛毛,2005 年的研究就指出在地方性法规所规定的法律责任中,罚款占比达 68.6％。③ 在北大法宝网站的法律法规数据库搜索全文中包含"罚款"的现行有效的中央法规司法解释、地方法规规章,显示结果是中央法规司法解释 5565 篇,地方性法规规章 41362 篇,④即使排除一部分不完全相关的搜索结果,数量也相当可观。相较而言,罚金仅由一部刑法典统一规定,尚且难谓完善,那么,立法中这浩如烟海的罚款规定可以说几乎庞杂和分散到了失控的程度。虽然罚款本身的价值无可厚非,但这股强大的、无孔不入的以剥夺私人财产权为直接结果的公权力仍弊端种种:

(1)罚款与罚金的制度功能定位不清

从我国行政处罚与刑罚的设置目的来看,适用行政处罚的违法行为其社会危害程度应轻于适用刑罚的具有严重社会危害性的犯罪行为。《行政处罚法》第 5 条也明确规定了过罚相当原则。⑤ 但现实中,不构成犯罪的违法行为所遭受

---

① "周某某非法吸收公众存款案"参见贵州省贵阳市中级人民法院刑事裁定书(2016)黔 01 刑终 937 号。

② 最高人民法院执行局.最高人民法院关于刑事裁判涉财产部分执行的若干规定理解与适用[M].北京:中国法制出版社,2017:23.

③ 阎锐.行政处罚罚款设定普遍化研究[J].行政法学研究,2005(2):64.

④ 以上数据为在"北大法宝"网站法律法规数据库 2019 年 2 月 11 日的检索结果,网址:http://www.pkulaw.cn/.

⑤ 《行政处罚法》第 5 条第 2 款规定:"设定和实施行政处罚必须以事实为依据,与违法行为的事实、性质、情节以及社会危害程度相当。"

的惩罚甚至重于刑罚，[①]这在以金钱多寡来衡量惩罚轻重的行政罚款和罚金这里体现的十分明显。行政罚款中的"天价罚单"屡见不鲜，所惩处的却仅仅是"行政违法行为"，既然惩罚如此严重，说明行为的社会危害性严重，那为何不入刑法调整？如果行为本身社会危害性不够严重，那么又为何开出"天价罚单"？可见，行政法和刑法在罚款和罚金的功能定位和制度协调方面处理得不尽如人意。这与我国行政权过度扩张密切相关，与巨大的经济利益驱动不无关系。行刑衔接拆强人意和"以罚代刑"现象泛滥早已备受诟病，[②]而"罚重于刑"是一种在立法上堂而皇之地"以罚代刑"，比行政执法中的"以罚代刑"危害还要大。更有学者一针见血地指出："单位犯罪的立法和司法实践都充分证明，对单位财产进行刑罚处罚，仅仅只是一个名称或换了一个符合的行政处罚而已。"[③]

（2）罚款设定权泛滥

根据《行政处罚法》，法律、行政法规、地方法规、部门规章、国务院授权其直属机构制定的立法以及地方政府规章中均可设定罚款，这与该法中人身罚仅能由法律设定的规定大相径庭。行政罚款是一种直接剥夺私法主体的财产权的行为，而且由于其不经司法审判和非法律另有规定不停止执行的特点，其对私法秩序的破坏力更大。而规章这一位阶的立法，其立法程序简单且不能充分体现民意，如此低位阶的立法就可以设定罚款，无疑增大了罚款不当剥夺私有财产进而冲击民法债权的概率。

（3）罚款数额的规定随意性过大

第一，罚款限额缺乏统一尺度约束。根据《行政处罚法》第 11 条至第 14 条的规定，法律、行政法规、地方法规、国务院、省级人大常委会都不同程度上享有对罚款限额的立法权。[④] 只要不突破上位法的规定，即使是部门规章、国务院授

[①] 如《刑法》第 140 条规定对生产、销售伪劣产品罪处以销售金额 50%以上 2 倍以下罚金，而《产品质量法》对相同性质的行为则规定处以违法生产、销售产品货值金额 50%以上 3 倍以下的罚款。

[②] 早在 1986 年，张明楷教授就在文章中分析了"以罚代刑"现象。时至今日，"以罚代刑"仍然是理论界、实务界及官方十分关注的法律顽疾。参见张明楷.经济犯罪与刑法适用的几个问题[J].中南政法学院学报,1986(4):14-21.

[③] 谢治东.法人犯罪立法的国际经验及其中国的借鉴[J].法治研究,2013(8):89.

[④] 总结《行政处罚法》第 11 条到第 14 条对罚款限额（幅度）规定如下：在法律已经作出规定的情况下，行政法规在制定具体规定时应遵守；在法律、行政法规已经作出规定的情况下，地方性法规、部门规章、国务院授权其直属机构制定的立法作出具体规定时应遵守；尚未制定法律、行政法规的，部门规章、国务院授权其直属机构制定的立法中的罚款限额应符合国务院对罚款限额的规定；法律、法规对此作出规定的，地方政府规章在制定具体规定时应遵守；尚未制定法律、法规的，地方政府规章应符合省级人大常委会对罚款限额的规定。

权其直属机构制定的立法和地方政府规章也可以针对具体行政违法行为规定罚款数额。而且在《国务院关于贯彻实施〈中华人民共和国行政处罚法〉的通知》（国发〔1996〕13 号）以及《国务院关于进一步贯彻实施〈中华人民共和国行政处罚法〉的通知》（国发〔2021〕26 号）中，虽然对于国务院各部门制定的规章中的罚款限额作出规定，但同时规定超过上述限额的报国务院批准亦可，很多地方人大也有类似的规定。① 罚款限额"政出多门"虽然有利于立法针对不同领域、不同性质、不同地区的行政违法行为灵活设定罚款数额以贯彻过罚相当原则，但同时由于缺乏缺少统一尺度的约束，各行其道的后果可能恰恰是背离过罚相当原则。

第二，罚款数额确定方式缺乏科学性、过于随意。《行政处罚法》对罚款数额的确定方式未作具体规定，学界总结的立法中对特定违法行为的罚款数额的确定方式包括：固定数值式、固定倍率式、数值数距式、倍率数距式、数值封顶式、倍率封顶式、数值保底式、概括式，上述方式在立法中时而"独用"，时而"并用"、"选用"或"复用"。② 这些方式看上去丰富多样，但实则罚款数额的确定存在较大的随意性，执法人员自由裁量权过大，并且调整机制相对欠缺。③ 这就导致在某类案件中或某一个案中，违背过罚相当原则。

第三，罚款数额的规定没有充分考虑行为主体和行为类型的区别。很多行政违法行为是自然人、法人和其他组织都可以实施的，但自然人对财产性公法责任的承受能力一般弱于法人和其他组织，所以，一些立法上也对实施同种违法行为的"个人"（或"公民"）与"单位"（或"机构"）在罚款数额的确定方式和限额上区别对待，对前者的惩罚轻于后者，如：《固体废物污染环境防治法》第74条、《动物防疫法》第83条、《城镇排水与污水处理条例》第49、53及56条、《铁路安全管理条例》第88、90及95条、《气象设施和气象探测环境保护条例》第24、25条等立法中对"个人"和"单位"实施的同一种违法行为，对前者的罚款数额均低于后者。然而，并非所有立法都能对"个人"（或"公民"）和"单位"（或"机构"）实施同一种违法行为的罚款数额做出区别规定，比如《期货交易管理条例》对于单位和个人均可实施的期货违法行为的罚款数额确定标准就是相同的，只不过对于单位实

---

① 如《上海市人民代表大会常务委员会关于市人民政府制定规章设定行政处罚罚款限额的规定》规定："个别规章对某些违反行政管理秩序的行为设定罚款，确需超过上述限额的，由市人民政府提请市人民代表大会常务委员会审议决定。"

② 徐向华，郭清梅.行政处罚中罚款数额的设定方式——以上海市地方性法规为例[J].法学研究，2006(6)：89-101.

③ 李海婷.罚款数额的确定及调整机制[J].广西政法管理干部学院学报，2010，25(01)：64-66，129.

施的期货违法行为,额外还要对该单位的"直接负责的主管人员和其他直接责任人员"施以罚款等行政处罚。同时,罚款所制裁的行政违法行为类型多种多样,其社会危害性也相应不同,对不同类型违法行为的惩罚力度也应有所不同。这在我国立法中自然有所反映,比如,《治安管理处罚法》中对"黄、赌、毒"类的违法行为的罚款限额高于一般治安违法行为。但是,并非所有规定罚款的立法在这方面都处理得很好,尤其是地方规章更是充满隐忧。比如,2014年修订的《上海市人民代表大会常务委员会关于市人民政府制定规章设定行政处罚罚款限额的规定》,笼统地规定在无相应法律法规的情况下,上海市规章设定罚款的限额为30万元,同时,规章设定的罚款幅度应根据过罚相当原则对不同类型行政相对人、不同行为类型有所区别。① 原则阐述得确实非常正确,但这条规定无疑是把关乎全上海民事主体财产权的罚款数额设计大权毫不犹豫地赋予了上海市政府,这么规定方便是方便了,但问题是这么低的一级立法机构能担此重任吗?上一次即2006年修订该规定时,尚且还有区分不同种类违法行为之表述,②2014年的修改更像一种倒退。

(4)对法人和其他组织的罚款同样面临责任承担与善后的问题

即作为公法债权的罚款是否也要追究出资人的无限连带责任?如果追究,是否有违责任自负?如果不追究,又应对非法人组织作何处置呢?法人因为缴纳罚款而资不抵债时,法律是否也应采取什么措施?这些问题在前述罚金刑中已然存在,但由于行政罚款的"触角"触及的社会领域更深更广,而且与判决刑罚的法院的单一性相比,行使行政罚款权的行政机关可谓五花八门,所以,这些问题表现得更为突出且更为复杂。

5.行政没收缺乏合理性

行政没收的标的包括违法所得和非法财物,但二者均未被《行政处罚法》明确界定。这直接导致行政机关没有统一的执法标准,严重侵害行政相对人财产

---

① 《上海市人民代表大会常务委员会关于市人民政府制定规章设定行政处罚罚款限额的规定》第3条规定:"市人民政府制定规章时,可以在罚款限额的规定范围内,根据过罚相当的原则,对公民、法人或者其他组织设定不同的罚款幅度;根据经营活动中违反行政管理秩序行为的不同情况,规定适当的罚款计算方法。"

② 2006年修改后的《上海市人民代表大会常务委员会关于市人民政府制定规章设定行政处罚罚款限额的规定》规定:"对违反行政管理秩序的行为设定罚款的限额为三万元。但对涉及公共安全、人身财产安全、生态环境保护、有限自然资源开发利用方面违反行政管理秩序的行为,可以设定不超过十万元的罚款。"

权,间接侵害行政相对人的债权人利益。与刑事涉案财产处置措施相比,由于立法粗糙,行政机关在执法过程中随意查封、扣押、冻结乃至随意没收行政相对人财产,直接侵害行政相对人财产权,从而影响其履行债务能力因此间接影响其民事债权人的民事债权实现的现象并不少见。由于刑侦执法机关的数量庞大,所以其负面社会影响可能更大。

6.财产刑、财产罚执行所得归属国家欠缺正当性

国家可以对违法行为人、犯罪人施以财产性公法责任,不等于国家就理所当然地可以将财产刑、财产罚执行所得收归自己所有。这是两种完全不同的价值关系。

(1)目的的正当不能证明结果的正当

国家实施财产罚、财产刑的目的是惩罚违法、犯罪行为,即其正当性源于国家通过刑罚、行政处罚保护个人利益、社会利益、国家利益。惩罚犯罪或者违法行为的正当性只能证明财产性公法责任的正当性,不能证明国家取得财产刑、财产罚执行所得的正当性。不能说执行财产罚、财产刑使国库充实就实现了公共利益,就是正当的,"如此对人民财产权之保护,似嫌不足",[1]这种充实国库的财产来源对于国家和国家所代表的人民不是必需的。如果认为将执行财产刑、财产罚的财产上缴国库的正当性在于以此作为对国家开展刑事司法活动或者行政活动成本的补偿或者经费来源,[2]那么受害人要为警察追逃报销差旅费似乎就更加"正当",即便是没有规定财产刑的故意杀人罪的犯罪人似乎也有理由交一笔费用补偿国家了,但这显然很荒谬。

(2)正当与否取决于作何用途

正如学者指出的,"当处罚与特定利益集团的利益相衔接,如增加收入、扩大税收基础、弥补财政收入不足时,罚款的正当性便丧失殆尽。因此,明确设定罚款的目的,并保证其始终服务于公共利益,应当是立法者的责任。"[3]罚金亦是同理。当该财产刑、财产罚保护的是个人利益、社会利益时,国家只是代理人,在不挤占特定受害人个人利益情况下,必须将取得的财产利益用于社会利益(最终还原为个人利益)的实现,将财产利益用于救济所保护的法益或至少用于防止所保

---

[1]　胡锦光,王锴.论我国宪法中"公共利益"的界定[J].中国法学,2005(1):26.

[2]　实践中存在地方财政对执法单位的罚款返还现象。再比如,引起广泛争议的国家对违反计划生育者征收社会抚养费行为,其纳入国库之正当性和用途不明问题备受指责,事实上这种征收行为本身连目的的正当性都值得探讨。

[3]　阎锐.行政处罚罚款设定普遍化研究[J].行政法学研究,2005(2):69.

护的法益遭受损失,才是正当的。当受害人的填补利益损失需要能在罚没款这一价值客体上实现,民事债权与惩罚性公法财产权、财产性民事责任与财产性公法责任之间的价值冲突就被化解了。

(二)对部分价值冲突未予解决

虽然在整体上可以说,我国的民事债权优先受偿制度是解决民事债权和惩罚性公法财产权、财产性民事责任和财产性公法责任的价值冲突,但审视具体规定,会发现目前该制度所作的价值选择对上述两种价值冲突的解决是不全面的,也就是对某些民事债权和惩罚性公法财产权、财产性民事责任和财产性公法责任的价值冲突未作解决。严格地讲,民事债权和惩罚性公法财产权对应、财产性民事责任和财产性公法责任对应,价值冲突应该在权利对权利、责任对责任的语境中讨论才是严谨的,但这样不太符合学界相关讨论的表达习惯,而且显得比较啰唆,所以在本章第一部分之外讨论民事债权优先受偿制度所要解决的价值冲突时,就不严格使用权利对权利、责任对责任的表达方式了,特此说明。

1. 对刑事特别没收与民事债权的价值冲突未予解决

一提到刑法中的民事债权优先受偿制度要解决的价值冲突,一般人能想到的就是罚金、没收财产两种财产刑,很少有人会想到刑事特别没收。没收财产和刑事特别没收虽同名为"没收",共存于刑法,但二者并不相同。没收财产又称"一般没收",按照《刑法》的规定,没收财产和罚金同属财产刑,是承担刑事责任的方式,由人民法院判决适用。《刑法》第59条规定没收的财产只能是犯罪分子个人所有的合法财产。而《刑法》第64条的刑事特别没收并非刑罚,属于一种刑事涉案财产处置措施,可以在审判阶段由人民法院判决适用,也可以在侦查、审查起诉阶段由公安和人民检察院决定适用。特别没收的财产有三类:违法所得、违禁品和用于犯罪的本人财物。

《民法典》第187条规定的民事责任优先原则中,民事责任优先的对象是"刑事责任"和"行政责任",显然不包括刑事特别没收。《刑法》第36条规定的民事赔偿责任优先原则和第60条规定的民事债权优先受偿原则也不适用于刑事特别没收。唯有《刑法》第64条的规定似能得出受害人的返还不当得利之债优先于没收违法所得的结论。本书第一章已经指出,根据现有法律和司法解释,只有因犯罪人非法占有或处置受害人合法财产所导致的返还不当得利债权和损害赔偿债权能够优先于没收违法所得获得清偿,其他的民事债权无此"殊荣"。虽然全国人大常委会在 1995 年公布实施的《关于惩治违反公司法的犯罪的决定》的第 13 条规定的是民事赔偿责任优先于没收违法所得,但该决定随着 1997 年《刑法》的出台已被废止。这个规定中的民事赔偿责任并没有局限于责令退赔中的赔偿。但实际上,现行规定中,立法者、司法解释制定者都不是从民事债权和刑事特别没收存在价值冲突的角度看待问题和制定规则的,而是从物权或者准物权的角度来看待退赔和返还财产,在他们看来,返还原物和在原物无法返还的情况下返还不当得利或赔偿原物的损失性质是一样的,责令退赔不属于民事债权。① 但是,刑事特别没收与民事债权的价值冲突是确实存在,民事债权优先受偿制度应对其加以处理。

(1)刑事特别没收属于财产性公法责任

追缴违法所得或没收犯罪物品虽不属于刑罚的种类,但却是国家对犯罪人所有或占有的财产的强制剥夺,在民法效果上与财产刑并无不同。

再与行政没收比较。我国《行政处罚法》第 9 条将没收违法所得和没收非法财物规定为行政处罚,在立法上将这两种行政没收界定为对违法行为人的惩罚。而在刑法中却并未将刑事特别没收规定为刑罚,《刑法》第 64 条以及《刑事诉讼法》第 245 条、第 292 条等相关规定,是将刑事特别没收作为刑事诉讼中涉案财物的处置措施予以规定的,《刑事诉讼法》第 4 章还针对犯罪嫌疑人、被告人逃匿或者死亡的案件专门规定了没收违法所得的特别程序。除了上述规定,《刑事诉讼法》第 177 条还规定了人民检察院对于决定不起诉的案件,对于已被采取强制措施的涉案财物需要移送有关主管机关以没收违法所得的规定,从这条规定也能看出刑事特别没收和行政没收实际属于相同的手段。虽然,对于刑事特别没收,有相当一部分学者认为其不具有惩罚性,但这只是和刑罚相比较得出的结论,若从对犯罪人既有的合法或非法的财产或财产利益的剥夺的角度来看,刑事特别没收与行政没收一样,都是具有惩罚性的,都是"对相对人构成不利的法律后果",因此都属于财产性公法责任的范畴。

(2)刑事特别没收与受害人债权存在价值冲突

违禁品是禁止流通物,无论如何都不适合作责任财产,只能予以没收。但违法所得和犯罪财物与其不同,若不是取得途径违法或者用途违法,与普通财产无异,应当被纳入犯罪人的责任财产范畴,只不过不同于一般的责任财产。

---

① 最高人民法院执行局. 最高人民法院关于刑事裁判涉财产部分执行的若干规定理解与适用[M]. 北京:中国法制出版社,2017:177-179.

没收违法所得和受害人的债权很容易产生价值冲突。《违法所得没收程序规定》第6条对违法所得作出了界定，①除此之外，《非法集资办案意见》第5条也做出类似的规定。② 在刑事司法实践中，"违法所得"和"赃款赃物"的含义基本相同，③《刑事涉财产执行规定》第10条对赃款赃物的作出了基本相同的界定。违法所得来源于犯罪行为，用其作为担保所有民事债权的责任财产并不合适，但违法所得可能来自犯罪人的违约、侵权或者不当得利等行为，关乎上述民事责任的承担，如果犯罪行为导致被害人遭受损失而犯罪人其余的合法财产又不足以承担，以违法所得赔偿被害人损失显然比上缴国库要更人道。既然因犯罪人非法占有和处置被害人财产导致的债权都能优先于没收违法所得获偿，其余的因犯罪人违法行为给被害人造成的损失又为什么不能优先于违法所得获偿？

而同理，没收犯罪物品和被害人债权也容易产生价值冲突。那些不属于禁止流通物的犯罪人个人所有的犯罪物品，虽然因为被用于犯罪，所以不合适用其作为担保所有民事债权的责任财产，但被害人的损失恰恰与犯罪财物用于实施犯罪行为有直接关联，如果犯罪行为导致被害人遭受损失而犯罪人其余的合法财产又不足以承担，以犯罪物品来赔偿被害人损失而不是归国家所有，又有何不可？

2. 对部分民事债权与财产罚的价值冲突未予解决

《刑事涉财产执行规定》确立的刑事参与分配制度虽然规定的是民事债权优先而非民事责任优先，但也只是解决刑事领域民事债权与惩罚性公法债权之间的冲突问题。《民法典》等法律规定的民事责任优先制度考虑到了行政法领域民事债权与财产罚的价值冲突，但仅解决财产性民事责任和财产性行政责任之间

---

① 《违法所得没收程序规定》第6条："通过实施犯罪直接或者间接产生、获得的任何财产，应当认定为刑事诉讼法第二百八十条第一款规定的'违法所得'。违法所得已经部分或者全部转变、转化为其他财产的，转变、转化后的财产应当视为前款规定的'违法所得'。来自违法所得转变、转化后的财产收益，或者来自已经与违法所得相混合财产中违法所得相应部分的收益，应当视为第一款规定的'违法所得'。"

② 《最高人民法院、最高人民检察院、公安部关于办理非法集资刑事案件适用法律若干问题的意见》（公通字〔2014〕16号，本书简称《非法集资办案意见》）规定："五、关于涉案财物的追缴和处置问题 向社会公众非法吸收的资金属于违法所得。以吸收的资金向集资参与人支付的利息、分红等回报，以及向帮助吸收资金人员支付的代理费、好处费、返点费、佣金、提成等费用，应当依法追缴。集资参与人本金尚未归还的，所支付的回报可予折抵本金。"

③ 最高人民法院执行局. 最高人民法院关于刑事裁判涉财产部分执行的若干规定理解与适用[M]. 北京：中国法制出版社，2017：18,132.

的价值冲突,那些不符合"行为同一性"的民事责任,以及非民事责任性质的民事债权与财产罚之间同样存在价值冲突,却未加解决,这就造成新的不公平。

虽然《全国法院破产审判工作会议纪要》规定了劣后债权,提供了终局性处理不符合"行为同一性"的民事责任以及非民事责任性质的民事债权优先于财产罚受偿问题的基础性制度支撑,但是行政处罚迅捷,而破产程序缓慢,如果立法者不在行政法领域建立切实可行的、具体的民事债权优先制度,不能搭建行政处罚与破产程序的有效衔接,那民事债权人的权益还是难以保障,民事债权优先受偿制度的价值将大打折扣。

事实上,行政处罚领域的天价罚单层出不穷,民事债权和财产罚的价值冲突十分激烈,比如本书绪论部分介绍的快播案中,在快播公司收到行政机关的"天价罚单"时就已经资产不足,无力缴纳了。如果其资产不是因为该公司又遭遇涉黄案而被公安机关"先下手为强"地查封了,恐怕早就被行政机关"捷足先登"地强制执行了,如果这样,那些对快播公司享有的劳动债权、侵权债权、合同债权等等民事债权全都会落空。

(三)对价值目标冲突的处理不够全面

法的价值目标,也就是法所追求的价值,亦是法的价值规范,很多时候也被法学家称为"法的价值"。上文谈到,价值冲突分为价值实在冲突和价值观念冲突。在法学领域,权利、利益冲突属于价值实在的冲突,法的价值目标、价值取向的冲突,属于价值观念冲突。民事债权优先受偿制度以解决权利(力)、利益的价值实在冲突为直接目的,但权利(力)、利益的价值冲突反映了法的价值目标冲突,而且在解决权利(力)、利益的价值冲突中还要处理更多的法的价值目标冲突。所以,解决权利(力)、利益冲突是民事债权优先受偿制度价值选择的直观体现,而解决法的价值目标冲突才是民事债权优先受偿制度价值选择的灵魂所在。不重视解决法的价值目标的冲突,缺乏明确的法的价值目标冲突处理原则,就容易在民事债权优先受偿的构建过程中缺乏全局意识,仅把目光放在解决价值实在冲突上,最后反而造成更多、更大的价值冲突,事与愿违。

1.现有制度对价值目标冲突的处理不够全面

(1)评价标准的选择忽视对价值目标冲突的处理

上文谈到官方释义在作出民事债权比惩罚性公法财产权更重要的价值判断时运用的评价标准之一是维护市场交易秩序和交易安全。官方释义在作出财产性民事责任比财产性公法责任更重要的价值判断时,运用的评价标准之一是两种责任对实现立法目的的作用不同,而将这些民商法、经济法的立法目的概括一下,都是保护私权、维护私法秩序。但问题是,私法秩序重要,公法秩序也重要;交易安全重要,社会公共安全也重要;民商法立法目的重要,刑法、行政法的立法目的也重要,那么立法者是根据什么评价标准评价后选择让前者而非后者作为评价民事债权与惩罚性公法财产权何者重要、财产性民事责任与财产性公法责任何者重要的评价标准的呢?还有那些因为财产性公法责任劣后于财产性民事责任而被牺牲掉的公法立法目的、公法价值目标以及作为它们直接表现形式的公法权利(力),是不是就不用再想办法实现了呢?相关法律、司法解释的官方释义、解读对于这些问题并没有给出答案,似乎这是不证自明的,但这恰恰是需要证明的。实际上以一定评价标准来评价、选择那些用来评价权利(力)、利益等价值实在冲突的法的价值标准的过程,就是解决法的价值目标冲突的过程,这恰恰是在当前制度中被忽视的。没有对法的价值目标冲突的价值评价过程,得出的价值判断以及作出的价值选择,因缺少充足的法理依据,都不能足够令人信服。

(2)刑事参与分配对价值目标冲突的处理顾此失彼

《刑事涉财产执行规定》第 13 条在规定民事债权优先于财产刑执行的同时,还剥夺了未取得执行依据的民事债权的优先受偿机会,排列了民事债权执行顺序,可以说不但管了刑法和刑事诉讼法的"份内事",还管了民法和民事诉讼法的"闲事"。其违背了《刑法》第 60 条的立法目的,同时也破坏了债权平等原则,引起了不必要的价值冲突。

第一,《刑事涉财产执行规定》剥夺了未取得执行依据的民事债权的优先受偿机会,违背《刑法》第 60 条的立法目的。

《刑法》第 60 条的立法目的是化解没收财产对民事秩序的不当冲击,所以规定犯罪人的正当债务如需以没收的财产偿还,经债权人请求,可以优先获偿。《适用财产刑规定》第 7 条的规定犯罪人在没收财产刑判决生效前所负他人的合法债务,可以在财产刑执行中请求优先受偿。由于需要债权人请求,有些债权人可能因为不知情而错失良机,其后果往往比较严重。因为没收财产刑是配合重刑(特别是死刑、无期徒刑)使用的,如果犯罪人被执行了死刑,根据《民法典》继承编,其继承人也会以未继承犯罪人的积极财产为由不予承担债务;如果犯罪人被执行无期徒刑,漫漫无期的牢狱生活中极低甚至于无的劳动报酬怎么可能为其提供赚取足以清偿债务的财产的机会?如果犯罪人须服漫长的自由刑,虽其终将获释,那在债权人实现债权的道路上尚有民法最长诉讼时效这只"拦路虎"。

如果罚金与重刑并科也会遇到同样问题。

尽管如此，《刑法》第 60 条和《适用财产刑规定》第 7 条都没有对债权是否取得执行依据作出要求，可以理解为只要在犯罪人在没收财产刑判决生效前就对其享有又需要以被执行的财产偿还的正当债权，债权人均可请求优先偿还。但到了《刑事涉财产执行规定》第 13 条这里，虽然民事债权优先受偿不再局限于没收财产刑案件，却规定只有那些取得了执行依据的民事债权才能申请进行刑事参与分配。[①] 没有取得执行依据的债权人就算明知债务人被判处和将被执行财产刑，也没有请求优先受偿的途径。这意味着未起诉或未申请仲裁、起诉未判决或申请仲裁未裁决、判决未生效的民事债权统统被排除在外。哪怕这些债权是人身损害赔偿债权或者劳动债权也不能幸免。甚至刑事附带民事赔偿也有可能因为附带民事诉讼后审理，或者附带民事诉讼一审后上诉了还未判决而刑事诉讼因未上诉而生效，而不符合取得执行依据这一硬性条件，从而不能得到优先清偿。至于那些未到期债权，除非债权人能信息灵通且有先见之明地通过诉讼或仲裁主张债务人预期违约并得到法院或仲裁机构支持，不然更是只能"望执行标的兴叹"了。

《刑事涉财产执行规定》本身就是一个关于刑事执行的规定，其第 13 条规定的刑事参与分配参照民事诉讼法中参与分配的规定，要求债权应取得执行依据本来无可厚非，但司法解释制定者忘记了民事执行中的债务人可不是被投监入狱甚至被判死刑的人，他们是不断创造财富的自由人，债权人这次分配不到，还有下次。而刑事参与分配错过了这次，恐怕就没有下次了。出现这种情况主要的原因就是《刑法》规定的民事债权优先受偿原则没有具体规则来支撑，《刑事涉财产执行规定》作为司法解释也只能在执行程序中做文章，目的虽好，但结果就是造成了债权不平等，背离了《刑法》第 60 条的初衷。

第二，《刑事涉财产执行规定》排列了民事债权执行顺序，破坏债权平等原则。

债权平等原则的基本内涵是债权无论发生先后，相互之间地位平等，无排他效力，无先后顺位。"债务人应以其全部财产对每一个债务的履行，负其责任。某债权人先为强制执行而受清偿时，其他债权人，纵其债权发生在前，亦仅能就

[①]　如"石××、迟××掩饰、隐瞒犯罪所得一案执行裁定书"（黑龙江省大庆市中级人民法院执行裁定书(2016)黑 06 执复 12 号)中，债权人在执行异议中主张民事债权优先受偿，法院以其未取得执行依据作为理由之一予以驳回。

剩余财产受偿。债务人破产时,债权人不论其发生先后,均依此比例参加分配。"①用价值选择的理论来分析,就是民法认为普通民事债权间的价值冲突是一种正常的状态,是市场经济下的常态,所以对它们的冲突不作选择,平等对待。究其缘由,是因为债权具有相对性且无公示方式,为了交易安全和公平,才做此制度安排。但为了实现实质正义,出于保护公共利益或共同利益的目的,追求形式正义的债权平等原则在公法或私法中有时也会被突破,留置权、船舶优先权等法定担保及破产法中对破产债权清偿顺位的规定便属于这样的情形。②

但是,财产刑执行程序显然不是破产程序,并非终局执行。我国民法和民事诉讼法在非终局执行中对除享有优先受偿权的民事债权以外的民事债权采取一视同仁的态度,在先执行则在先清偿,参与分配则平等清偿,可见就算是实际起着破产制度作用的参与分配制度也奉行的是债权平等原则。试想一下,如果债务人没有被判处财产刑,按照民事参与分配的规定,对执行标的享有优先受偿权的债权人优先受偿,普通债权人则在其后平等受偿,而一旦债务人被判处财产刑,适用刑事参与分配的规定时,普通债权人和对执行标的享有优先受偿权的债权人均不得不接受差别对待和顺序受偿。顺序就是利益,不同的规定对债权人意味着什么不言而喻。为了人道,为了照顾"弱者",把医疗费赔偿排在首位,让对执行标的享有优先受偿权的民事债权屈居次位,可不可以?可以,但要看由什么法来规定,由破产法规定可以,因为规定破产债权清偿顺序是破产法的"分内之事",而且破产是终局执行,但由刑事执行司法解释规定显然缺乏对民事立法起码的尊重。而规定责令退赔先于其他民事债权执行更是不当,不让责令退赔优先之所以对被害人不利,那是《刑法》和刑事诉讼的司法解释一手造成的,因为它们剥夺了被害人通过刑事附带民事诉讼或另行提起民事诉讼主张返还不当得利、赔偿损失的机会,将责令退赔变成一个纯粹的刑事诉讼措施,这样做本来就已经是不尊重民事权利、民法秩序了,现在为了化解其不良后果,又要牺牲债权平等这一民法原则,这无疑是对民事权利、民法秩序的"二次伤害"。《刑事涉财产执行规定》对民事债权执行顺序的差别化规定,其不公平性已经显现,大量案例体现了民事债权强制执行之间的不公平"竞争"对民事案件执行的影响。

---

① 王泽鉴.债法原理1基本理论 债之发生[M].北京:中国政法大学出版社,2001:11.
② 孙新强.破除债权平等原则的两种立法例之辨析——兼论优先权的性质[J].现代法学,2009,31(6):178-187.

2.兼顾公法、私法价值目标应作为价值选择的原则

(1)公法、私法的价值目标无绝对优劣之别

首先,公法与私法在保护权利方面殊途同归。

"殊途",体现在公法与私法内容各有侧重、手段方法差异明显以及直接目的各有不同。私法以直接调整平等的私人或私人团体间的私权关系为内容;手段上是多采取任意性规范,权利被侵害时需要权利人主动诉请救济,私法责任的内容可协商并以财产责任为主和终局表现形式,责任请求权可抛弃;私法直接保护和平衡私人利益,这种私人利益在具体民事法律关系中是十分具体的,直接表现为特定民事主体享有的特定内容的民事权益。公法则以直接调整国家和公民之间不平等的公权关系为内容;手段上强制性规范为主,公共秩序遭到破坏时,不待受害人请求甚至在没有直接受害人的情况下,权力机关仍可依职权主动启动对公共秩序的强制恢复并追究责任主体的公法责任,对责任人的人身或者财产施以程度不同的制裁直至剥夺生命,公法责任不具可协商性,受害人无权豁免责任主体公法责任;公法直接保护公共利益,与私人利益相比,公共利益则是抽象的。但从价值论角度看,不论公法或者私法均是以权利为本位,此乃现代法之共性,也正是公法与私法在保护权利方面的"同归"之处。"法的本位"本身是一个多种含义的概念,将其理解成法的"主要内容"或者"调整重心"和将其理解为法的"价值目标"将会得出完全不同的结论。只有从后者理解,才能得出法以权利为本位的结论,若从前者理解,只能得出公法和私法本位不同的结论。"就权利本位观实质而言,它是一种价值陈述,它所回答的是'应当是什么',而不是或主要不是回答'是什么'的问题。"[①]"权利本位论通常不是在一种绝对的意义上论证权利在价值上的本位地位或优先地位,而是在'权利与××'的关系框架下论证权利在价值上的本位地位或优先地位。"[②]如果从价值论的角度看待权利和义务、权利和权力的关系,不论是私法还是公法,均应以保护权利为根本目的,而义务和权力都只是法实现这一目的的手段。权利是法存在的目的和归宿,是法的本位。

其次,公法和私法具有共同的价值目标但各有侧重。

虽然法的价值目标究竟包括哪些众说纷纭,但有一点可以肯定,不论公法抑

---

① 郑成良.权利本位论——兼与封日贤同志商榷[J].中国法学,1991(1):31.
② 黄文艺.权利本位论新解——以中西比较为视角[J].法律科学(西北政法大学学报),2014,32(5):18.

或私法,作为法,二者自然具有共同的价值目标。本书无意于探讨法的价值目标应当包括哪些,但认为,至少秩序、自由、平等、公正、效率、安全以及人权应该是公法和私法共同的价值目标。

秩序是各个时代的法均追求的价值目标,现代法如此,古代法亦如此。以现代法观之,私法力图维持市民社会的生活秩序与交易秩序,公法力图维持政治国家的公共秩序。

古罗马法学家西塞罗说过:"为了得到自由,我们才是法律的臣仆。"民法以意思自治为核心原则,自由已经内化为民法的灵魂。人身自由、行为自由、精神自由、交易自由、商人自治、社会自律等体现在私法的不同制度领域。公法中,宪法是人民自由的"白皮书"无需多言。刑法、行政法,对于自由予以保护,对妨碍和破坏自由的违法犯罪行为予以制裁。[①] 无论公法、私法所确认和保护的自由,又都通过诉讼法以公正的程序予以保障。并且,公法所设置的"公权力只能为了自由而限制自由"。[②]

平等和自由是西方资产阶级革命的战斗口号,并被载入作为资产阶级革命"战果"的 1804 年《法国民法典》,其第 8 条规定:"所有法国人都享有民事权利。"平等是现代民法得以存在的前提,是民法的基本原则。公法中的平等则主要体现在法律面前人人平等,平等保护、平等遵守、平等适用和平等制裁。[③]

公正,在民法中主要体现在对于权利对等的公平的追求。在公法中,则主要体现在对公民权利、义务设置的公平及对违法犯罪者责任追究能否达到权利救济和惩罚违法犯罪目的的正义的追求。与实体法追求的实体正义相对,程序法则以实现程序正义为己任。"由于公法以公权力为主要规制的对象,因而程序正义就成为在分权、责任、监督之后一项更为重要、更为普遍的原则,公权力不但在实体上遵循法律之规制,同时也要在程序上以法为约束。换言之,公法将国家机关职权、职责,公民的权利、义务,进行了合理的安排,以严谨的程序规范,架构起便于操作的制度模式。"[④]

效率虽然不是民法的最高价值目标,但也是被经常被作为具体制度设计的价值标准。比如权利私力救济制度、物权公示、公信原则都蕴含着效率价值的考量。至于商法,更是以效率为基本原则。公法中的行政法和诉讼法也是在公正

---

① 卓泽渊.法的价值论[M].3 版.北京:法律出版社,2018:242.
② 刘平.行政执法原理与技巧[M].上海:上海人民出版社,2015:426.
③ 卓泽渊.法的价值论[M].3 版.北京:法律出版社,2018:265.
④ 莫于川,田文利.公法共同价值论要[J].法学论坛,2007(4):14.

价值目标的基础上格外重视效率价值目标。

人身安全、财产安全和精神安全是私法和公法共同致力保护的对象。私法中的人身权和物权、债权制度细致入微地保护着民事主体的三种安全。商法对于交易安全更是格外专注。而公法不但对公民个人的上述安全进行加强的二次保护，还对国防安全、政治安全、经济安全等不直接体现为私权利，但却最终对私人利益造成重大影响的公共安全进行保障。

人权是人之为人的权利。主张民事主体地位平等的民法为人之为人提供了最基础的保障。毫不夸张地说，所有的民事权利都可以看作是人权在民法中的实体化权利。而公法不但要实体化人权中的政治权利，以强制力保护私权利和公权利，还要通过不断完善自身无限趋近正义价值目标，以避免其本身对人权的侵害。"对于人来说，最终的目的就是人自身，具体地说就是人的生命、尊严等肯定性存在状态。生命和尊严的价值是目的价值，它们是人借助各种手段用以追求和维护的美好目标。"①"尊重和保障人权是全人类共同的最高价值，更是法治的核心价值。"②可以说，判断民事债权与惩罚性公法债权、财产性民事责任与财产性公法责任这两对价值冲突的所有评价标准是否合理，全都要用是否符合人权价值目标这一法的终极价值目标为评价标准。

由此可见，公法和私法虽具有共同的价值目标，但也各有侧重。并且不可避免地，在具体法律关系中，会发生公法价值目标与私法价值目标的碰撞。最受关注的莫过于私法追求的自由价值目标与公法追求的秩序价值目标，私法追求的安全价值目标与公法追求的效率价值目标，以及私法追求的人权价值目标与公法追求的公正价值目标的冲突。

（2）民事债权优先受偿绝对化之否定

保护权利这一法的神圣使命，要靠公法和私法协力方能完成。二者差异种种，但也只是分工不同，最终目的并无不同。"当过分强调公法秩序的功用或者片面抬高私法自治的价值时，公共利益和个人权益的边界就会模糊，公法秩序和私法自治的冲突就会加剧，社会治理的成本就会增加，公法秩序的初衷和目标也就难以实现。"③从保护权利角度来看，不论是私法还是公法均是手段。虽然对于私法规定的权利而言，公法对其只进行间接的保护，所以公权之于私权只能称

---

① 兰久富.中国价值哲学的现状和定位[J].当代中国价值观研究,2016(1):27.
② 刘小冰.综合法理学——法的理论、形式、价值与事实[M].北京:中国方正出版社,2008:259-261.
③ 贺小荣.权利是权力的价值归属——论公法秩序与私法自治[J].中国法律评论,2016(4):147.

之为手段,但并不意味着私法因此就比公法优越,更不意味着具体法律关系中的私权与具体公法关系中的公权发生冲突时就应当公权直接让位于私权。

首先,公法对私权利进行间接的保护,所以公权之于私权只能称之为手段,这只能说明私权利受到私法、公法的二重保护,说明权力是权利的保护手段而已。但权利不仅仅只有私法规定的私权利,还有公法规定的公权利,后者不但包括传统的政治权利,还包括向政府请求为或不为一定行为的权利。无论哪一种权利,均有权力作后盾。权力的设置不仅仅为了保护私权利,还有公民的公权利。

其次,权利与权力,如同权利与义务一般,是一体两面的关系,一项正当的权力总有其相应的意图保护的权利。正因如此,表面看起来是权利和权力的冲突,归根到底是权利和权利的冲突。当然,不具正当性的权力以维护公共利益之名侵害正当私人利益,这不是权利和权力的冲突,而是权利和特权的冲突。此时权力发生异化,这种权力不但不能与权利"平起平坐",还应当"斩草除根"。公共利益不等于国家利益,国家的存在只是维护公共利益的手段。

再次,正如前文所言,对于法的"本位"的含义解释不同,会得出截然相反的结论。法以权利为本位,这个论断只能从价值论的角度得出。若从法的"主要内容"和"调整重心"的角度来解读法的本位,那么"在公权力领域,仍然是公权力本位及公共利益优先,私权利和私法自治都要让步。① 从价值论视角解读的法的权利本位和通常所说的民法的权利本位实际上也是有区别的。从价值论视角说"法以权利为本位",此处的"权利"更多是在自然权利或人权的意义上而非法定权利的意义上使用的。而民法语境中"权利本位"中的"权利"则更多是局限于民事主体的民事权益(主要是法定民事权利)而言,故而民法以权利为本位的判断就不仅仅是一个以人为本、使人之为人的价值判断的问题,也包含民法学科和民事立法的逻辑起点和体系结构的问题。② 可见,此"权利"非彼"权利",法哲学上的法的权利本位理论,不能推导出实体法上私法优于公法、私权优于公权的结论。然而,因为民法与"权利"概念的天然亲密关系,容易使人在不知不觉中混淆了概念,得出私法较公法优越,私权较公权优越的错误结论。

具体法律关系中的公权和私权冲突之时,究竟是公权让渡于私权,还是私权让渡公权并不是只有唯一答案,要看具体情形。既使出于价值判断,公权应当让

---

① 刘平.行政执法原理与技巧[M].上海:上海人民出版社,2015:451.
② 李永军.民法总论[M].北京:中国政法大学出版社,2015:36-38.

位于私权,也必须是在有立法对于实体和程序加以具体明确规定的情况下依法开展的。虽然允许存在一定的司法、执法自由裁量权,但绝对不允许无任何具体依据的任意裁决。否则,公法秩序必然紊乱,公共利益必然受损,由于"公法秩序是社会存在与发展的必要条件",①所以,最终损害的还是私人利益。

学者詹森林在评价"民法草案总则编"第 97 条(对应的是《民法典》第 187 条)时不无顾虑地说:"建立'民事赔偿优先性'原则,用心良苦,固可体会,但如何执行,仍待考量。倘若执行成本过高,是否仍值得维持该原则,更应三思。"②这种顾虑并非多余。民事债权优先受偿的绝对化就是不分情形、不设条件的民事债权优先受偿。片面强调私法价值,否定公法价值,片面强调私法规定的具体的个人权利,而否定公法保护的抽象的个人权利,片面地强调个人利益,而否定公共利益,这种价值判断是错误的,民事债权优先受偿制度必须兼顾私法价值目标和公法价值目标。这意味着,设计具体制度需要作出价值选择时,不能一味以私法价值目标为评价标准,是私法价值目标优先,还是公法价值目标优先,应按照遵从基本价值,考虑适当成本和争取补偿有余的原则反复衡量后确定。③ 就算是选择了私法价值目标优先,也要尽可能地通过其他可行的制度手段对实现公法价值目标进行弥补。此乃"兼顾"的本意。民事债权优先受偿制度的构建,尤其应避免损害两种重要的公法价值:一是司法权与行政权相分离所体现的公正价值,不能为了推行民事债权优先受偿原则,让行政机关代行对民事债权实体法律关系的"审判"职权;二是司法执行、行政执行的效率价值,不能为了民事债权的优先实现让执行机关承担难以完成的工作,拖延刑事、行政案件的执行效率。

虽然刑事诉讼领域建立了刑事执行参与分配制度,破产领域引入了劣后债权制度,证券法领域率先出台了通过退库方式实现民事赔偿责任优先的规定,但我国民事债权优先受偿制度的建设才刚刚起步,原则性规定多,而具体规则少,规则和规则之间衔接不足,并存在冲突。用价值选择的术语来表达,就是我国的民事债权优先受偿制度完成了对"好的活动目标"的选择,而缺乏对"实现好的手段"的选择。某种意义上,这才是目前我国民事债权优先受偿制度价值选择最大的不足。如同在固有的世界版图上安插一个新的国家,民事债权优先受偿制度作为一项全新的法律制度,是对原有各项法律制度所形成的固有格局的打破,其

---

① 贺小荣.权利是权力的价值归属——论公法秩序与私法自治[J].中国法律评论,2016(4):144.
② 詹森林.民事法理与判决研究:第 5 册[M].北京:中国政法大学出版社,2009:259-260.
③ 卓泽渊.法的价值论[M].3 版.北京:法律出版社,2018:545-553.

具体化过程中所面临的价值冲突远不止其试图解决的那么一点价值冲突。构建民事债权优先受偿制度,就是要在公法、私法价值目标兼顾的价值选择原则指导下,借助好的立法技术,找到好的制度手段,实现好的制度目标。

第三章　与刑事财产责任并存之民事债权的优先受偿

解决价值冲突问题,应标本兼治。民事债权与惩罚性公法财产权发生冲突的一个重要原因是我国的财产刑、财产罚和刑事涉案财物处置措施缺乏正当性、合理性。民事债权优先受偿制度不得不发挥"代偿性"功能,不但要解决民事债权与惩罚性公法财产权不可避免的冲突,还要解决二者本可通过合理立法予以避免的冲突。只有在立法上对财产刑、财产罚、刑事涉案财物处置措施加以正当化、合理化改造,才能在实践中避免其对民事债权的不当排挤,以缩减公法财产权利与私法债权价值冲突的范围和程度,从而防患于未然,此为"治本"。但即便如此,有些民事债权和惩罚性公法财产权的价值冲突仍不可避免,这时就需要制定合理的民事债权优先受偿制度来"治标"。设计的具体制度,应彼此相互配合,与其他法律制度相协调,并兼顾公法、私法的价值目标。

一、财产刑、刑事涉案财物处置措施正当化、合理化

"现行公法处于失衡状态,这集中表现为社会关系因公共权力的越位、错位、缺位和不到位而无法得到全面理顺,社会因此出现一定程度的失调。"[①]在刑事领域,清除公权力侵犯私权利的源头,必从财产刑、刑事特别没收正当化、合理化开始。

---

① 罗豪才,宋功德. 和谐社会的公法建构[J]. 中国法学,2004(6):3.

(一)财产刑正当化、合理化

我国财产刑制度中的没收财产刑缺乏正当性并且难于操作,而罚金刑缺乏合理性,所以,刑法应最大限度地以罚金刑取代没收财产刑,并完善罚金刑。

1.刑法应最大限度地以罚金取代没收财产

(1)没收财产刑弊端明显

2002年,德国联邦宪法法院以刑法的没收财产刑规定不以责任大小而以财产多寡确定承担财产刑金额以及裁判基本不明确为由,宣告其违反德国《基本法》第103条第2项确立的罪刑法定原则而无效。① 这也正是本书第二部分所论述的没收财产刑因缺乏正当性而在他国立法上被废除的例证。而事实上,从民法财产权变动角度考察,没收财产刑也面临导致国家无权占有犯罪人的财产和影响刑罚目的实现的困境。

没收财产是一种能够引起物权法律关系变动的民事法律事实,能引起犯罪人财产权的绝对消灭及国家财产权的原始取得。没收财产这一公法行为欲发生财产权变动的法律效果,其公法意思表示中必须具备下列条件:首先,主体特定,要表明取得财产的民事主体是国家,丧失财产的民事主体是特定犯罪人;其次,客体特定,如果公法意思表示中未对没收的财产予以特定化,没收财产的公法表意行为就没有成立,不会发生财产权变动;再次,法律效果明确,由于没收财产的刑法含义就是将犯罪人所有的财产强制无偿地收归国有,因此,公法意思表示中仅需表明对犯罪人所处的是没收财产刑即可。由于没收财产属于刑罚和对公民财产的强制剥夺,所以没收财产的意思表示只能在刑事判决中作出,这要求刑事判决中没收财产的公法意思表示具体明确,这也是现代诉讼法对执行名义的基本要求。② 虽然根据《民法典》第229条的规定,③本也可以在刑事判决生效时产

---

① 陈泽宪,向燕.没收财产问题的实证分析[M]//赵秉志.刑罚体系结构的改革与完善.北京:北京师范大学出版社,2012:170.

② 肖建国.强制执行法的两个基本问题[J].民事程序法研究,2016(2):2.

③ 《民法典》第229条规定:"因人民法院、仲裁机构的法律文书或者人民政府的征收决定等,导致物权设立、变更、转让或者消灭的,自法律文书或者征收决定等生效时发生效力。"

生物权变动的效力,①但如此安排将影响民事债权优先受偿,所以由执行机关根据刑事判决完成没收行为时才能实现财产权变动。《最高人民法院关于适用〈中华人民共和国民法典〉物权编的解释(一)》也确实未将没收财产刑事判决列入可引起物权变动的人民法院、仲裁委员会的法律文书之列。②

但司法实践中,由于普遍存在对犯罪人财产调查难、分割难的问题,故而没收财产案件长期、普遍地存在"糊涂审、糊涂判、糊涂执行"的情况。审判机关的刑事判决中没收财产的客体不特定,仅写"并处没收个人全部财产"或者"并处没收财产人民币×××元",待强制执行时方进行调查析产以确定没收客体,如此操作直接导致从审判到执行,根本就不能发生没收财产应有的财产权变动法律效果,相反,还使得国家无权占有犯罪人的财产。同时,由于没收财产难以易科、不得继续执行,其执行中一旦遵循民事债权优先受偿原则将会导致刑罚目的的落空,公共利益受损。

(2)罚金刑相对于没收财产刑的优势

应最大限度地以罚金取代没收财产,因为罚金不但同样具有经济制裁性,而且相比之下,更具有以下优势:

① 罚金更具明确性

判决没收财产旨在直接导致民事财产权变动,但受制于审判中犯罪人财产调查难、分割难的客观原因,没收财产判决长期、普遍存在没收客体不特定、缺乏明确性的弊端,造成财产权不能实际变动。而判处罚金等于在犯罪人和国家之间创设了一项公法上的金钱给付之债,主体是犯罪人和国家,其中犯罪人是债务人,国家是债权人;客体是给付一定数额金钱的行为;内容是犯罪人的给付金钱的义务和国家请求和接受金钱给付的权利。只不过与民事债权不同,国家的这项公法债权在犯罪人未按期足额缴纳时无须请求可以直接进入强制执行程序予以实现。罚金这种简单明确的公法债权关系,远胜于没收财产烦琐复杂的财产权变动关系。

---

① 比如我国台湾地区规定犯罪所得的所有权或其他权利,于刑事特别没收裁判确定时直接引发财产权变动,但第三人对没收标的之权利或因犯罪而得行使之债权均不受影响。这种规定以另一种思路在特别没收中实现民事债权优先受偿,有较大参考价值。特别没收可以如此,没收财产理论上也可以如此。

② 《最高人民法院关于适用〈中华人民共和国民法典〉物权编的解释(一)》(法释〔2020〕24号)第7条:"人民法院、仲裁机构在分割共有不动产或者动产等案件中作出并依法生效的改变原有物权关系的判决书、裁决书、调解书,以及人民法院在执行程序中作出的拍卖成交裁定书、变卖成交裁定书、以物抵债裁定书,应当认定为民法典第二百二十九条所称导致物权设立、变更、转让或者消灭的人民法院、仲裁机构的法律文书。"

② 罚金更具效率性

首先，一般刑法或诉讼法学者都把财产调查、分割难作为没收财产的执行难来论述，但按照财产权变动的原理，其不应是执行难，而应是判决难。尽管《刑事涉财产执行规定》第 4 条前半段的规定可以看作最高司法机关对之前财产刑审执乱象的回应，但从该条后半段的表述来看，也可以确定制定该条的主要目的是为了方便执行，避免财产刑落空，然而，不论怎么规定，审判阶段的财产调查难、分割难处境并不因此而发生改变。而当我们将目光投向罚金会发现，虽然根据《刑事涉财产执行规定》第 4 条，审判机关判处罚金也要对犯罪人进行财产调查，根据《适用财产刑规定》第 1 条，①审判机关判处罚金时也要考虑犯罪人财产状况，但由于罚金不针对犯罪人的特定财产，所以审判机关仅需大体了解犯罪人的基本财产情况即可，不必像没收财产那样必须详细调查、认真分割犯罪人的具体财产。与其在判决没收财产时给审判机关施压布置详细调查财产这种很难完成的任务，不如立法中换用更简单实用的罚金。

其次，罚金并不针对犯罪人的现有财产，也可以犯罪人未来所得财产为执行客体，所以即便犯罪人现在身无分文，也可以对其处以罚金，避免了判处没收财产时可能出现的没收无任何财产的犯罪人的"财产"的尴尬局面。

最后，由于判处罚金时，审判机关不需要进行烦琐的犯罪人财产调查和分割，所以审判效率得以保障，避免违反快速审判原则。

③ 罚金更具经济性

正因为适用罚金避免了审判中烦琐的调查、分割财产程序，司法成本被大大降低。而执行罚金如同执行民事金钱债权一样，可以执行货币、存款、价值相当的实物或其他财产性权利，更具灵活性。虽然跟自由刑的执行相比，罚金的执行更为复杂和困难，但这是财产刑乃至具有财产内容的民事强制执行均会遇到的问题。如果我们承认财产刑有其刑法价值，有存在的必要，那么与没收财产相比，显然同样作为财产刑但仅创设内容简单明确的公法金钱债权的罚金执行起来更为简单，这也意味着其执行成本相对较低。

④ 罚金具可易科性和可继续执行性

与没收财产难以易科不同，罚金的易科制度早已是各国立法常态。按照前

---

① 《适用财产刑规定》第 1 条规定："刑法规定'并处'没收财产或者罚金的犯罪，人民法院在对犯罪分子判处主刑的同时，必须依法判处相应的财产刑；刑法规定'可以并处'没收财产或者罚金的犯罪，人民法院应当根据案件具体情况及犯罪分子的财产状况，决定是否适用财产刑。"

文所说的司法"惯例",审判机关可能判处超过犯罪人实际财产数额的没收财产,导致执行机关无所适从,但罚金即便超过犯罪人的财产承受能力,仍可以通过易科这种刑罚执行替代手段保证刑罚的切实执行。当没收财产面临空判、难于最终执行的处境时,罚金完全可以通过易科实现刑罚的最终执行。而立法者仅需摈弃罚金是"以钱赎罪"的陈旧观念,积极借鉴国外立法经验,将易科制度写进《刑法》。

同时,因民事债权优先受偿,没收财产执行落空后只能不了了之。虽然罚金执行中民事债权仍优先受偿,但罚金即便因被劣后执行而暂时落空,根据《刑法》的规定,一旦执行机关发现犯罪人的其他财产,还可随时追缴。即便追缴有困难,还可通过易科制度作为第二道保障。

研究表明没收财产的适用率极低,规定有没收财产的 74 项罪名中,除了必并制的 14 项罪名审判机关不得不判处没收财产,其余情况下,法官并不倾向于适用没收财产。即便判决了,绝大多数也不能执行。没收财产在司法实践中已经名存实亡。① 更何况,司法实践中像"没收财产人民币××× 元"这类判决,已将没收财产偷梁换柱成了罚金。鉴于此,再考虑到没收财产在财产权变动过程中所面临的困境,建议《刑法》应最大限度地以罚金取代没收财产。即便出于国情考虑,不适合直接废除,建议也仅保留那些国家肯花也值得花大力气去调查、分割犯罪人财产的资敌罪、资助危害国家安全犯罪活动罪等个别国事犯罪。

2. 完善罚金刑制度

罚金刑虽然较没收财产刑正当,但正如本书第二部分所论述的,目前我国的罚金刑存在诸多不合理之处,对民事债权的实现造成很大影响。因此,有必要加以完善。

(1)罚金刑应严守刑罚轻缓化的价值取向

罚金刑的设定必须抛弃重刑主义思维模式,转而严守刑罚轻缓化的价值取向,立法上应使其回归到惩罚过失犯罪及轻微的故意犯罪的轻刑这一基本定位上来,把罚金刑无法承担的惩罚严重犯罪的任务交还给自由刑及至生命刑。

(2)科学合理的设计罚金刑的数额

首先,及早取消不符合罪刑法定原则的无限额罚金刑,逐步缩小缺乏合理性的倍比罚金制的适用范围。

---

① 陈泽宪,向燕.没收财产问题的实证分析[M]//赵秉志.刑罚体系结构的改革与完善.北京:北京师范大学出版社,2012:166-168.

其次,限额罚金制的设定应考虑犯罪主体和犯罪种类的不同。对于自然人犯罪,罚金数额应符合我国实际国民收入水平;对于单位犯罪,考虑到相较于自然人,单位的拟制性、单位犯罪较高的社会危害性和较强的财产承受能力,对于单位犯罪的罚金刑数额应在总体上和具体犯罪上设定的高于自然人,但罚金数额仍应考虑各类企业的一般承受能力与制裁的预期效果,并应借鉴美国、法国等国家的立法经验细化单位犯罪的罚金刑刑格,①确保罪责刑相适应。同时,应根据不同性质的犯罪的社会危害性和制裁的预期效果合理设计刑格。

(3)为罚金刑设定行刑时效

应为罚金刑的执行设定时效,一方面可以避免因罚金刑长期不获执行,形同虚设,而有损刑罚的严肃性,另一方面,更避免出现罚金刑对民事债权秩序的长期排挤作用。

(4)完善单位犯罪的刑罚制度

首先,如果仍在我国刑法中保留单位犯罪,则有必要参考美、日、法等国先例,除了罚金刑外,可以增加其他只适用于单位犯罪人的刑罚。② 这样,才不至于将惩罚单位犯罪的重任全部寄予罚金刑,导致罚金畸重冲击民事债权。

其次,明确非法人组织罚金刑的责任承担方式。作为公法制裁手段,行政处罚和刑罚并不存在本质区别,仅是程度不同。故而,可以作为行政处罚相对人即违法行为人的组织体也可以成为刑法上的犯罪主体,非法人组织是行政法所承认的行政处罚相对人,因此,如果刑法将其规定单位犯罪主体应无根本性的理论障碍。更何况根据上文提到的司法解释,既可以是法人也可以是非法人的中外合作经营企业、乡村集体企业乃至法人的分支机构、内设机构、部门均能成为单

---

① 美国量刑委员会制定的《组织量刑指南》规定非犯罪目的性组织的犯罪组织的罚金数额确定方式为等级点数制,具体按下列步骤操作:(1)确定犯罪等级;(2)确定基础罚金额;(3)确定责任点数;(4)确定罚金数额;(5)追赃;(6)缴纳;(7)偏离规则。详见叶良芳.美国法人刑事责任的认定与量定[J].南都学坛,2009,29(04):77-81.法国《新刑法典》规定"适用法人的罚金最高额为惩治犯罪之法律规定的对自然人罚金最高额的5倍(第131—38条)。在累犯场合,法人为重罪累犯、轻罪累犯或违警罪累犯时,其罚金最高额为当处自然人之罚金最高额的10倍。"参见马家福,黄伟明.法国新刑法典罚金刑制度研究[J].法学,1997(2):23-26.对于这两种模式,我国学者各有偏爱,亦有主张综合借鉴的。

② "如责令停业整顿、禁止某类营业活动、责令解散、吊销许可证和执照等。"参见谢治东.法人犯罪立法的国际经验及其中国的借鉴[J].法治研究,2013(8):89.

位犯罪主体，那么，具有相对独立财产的个人独资企业和合伙企业，①以及既可以是法人也可以是非法人的民办非企业单位等成为单位犯罪主体亦无不可。与此同时，公法上的责任主体不应等同于民法上的责任主体。在民法里，为了保护债权人利益，基于法律的明确规定，不同民事主体之间会承担连带责任，而民法所规定的连带责任可能是过错责任，也可能是无过错责任。普通合伙人对合伙企业的债务承担无限连带责任和个人独资企业出资人对个人独资企业债务承担无限责任本质上均是无过错责任。而在民法里，法人分支机构的财产属于法人，当分支机构经营管理的财产不足以清偿其自身债务时，法人应以其财产承担无限责任，②这也是一种无过错责任。由此可知，普通合伙人、个人独资企业出资人和法人的上述责任又均具有补充责任的属性。当然，民法根本不承认内部职能部门的民事主体地位。公法坚持责任自负，不存在连带责任，公法一旦将某组织体看作一个责任主体，就应将公法责任限定由该主体承担，③即便是与民事财产责任具有一定共性的财产性责任。同时，公法责任强调犯罪人或违法行为人主观方面具有罪过或存在过错，如果将非法人组织、分支机构、职能部门作为公法上的主体（犯罪人或违法行为人），则普通合伙人、个人独资企业出资人、分支机构、职能部门所隶属的法人均是独立于该单位的其他主体，对其施以包括罚金、罚款在内的所有刑罚、行政处罚的前提之一均应是其本身对某一行为（违法行为、犯罪行为）具有罪过或过错，并且施以该刑罚或行政处罚应有明确法律依据。否则，不可依据民法理论，想当然的让普通合伙人等独立主体对罚款或罚金承担连带责任、无限责任或补充责任。

最后，关于罚金还有一个要强调的就是要通过国家将罚金收入拨入相应的

---

① 《个人独资企业法》第2条规定："本法所称个人独资企业，是指依照本法在中国境内设立，由一个自然人投资，财产为投资人个人所有，投资人以其个人财产对企业债务承担无限责任的经营实体。"第31条规定："个人独资企业财产不足以清偿债务的，投资人应当以其个人的其他财产予以清偿。"从这两条中可以看出，虽然出资人在责任承担上对个人独资企业的债务承担无限责任，但从性质上，作为自然人的出资人和作为"经营实体"的个人独资企业是两个不同的主体，且根据该法第31条的规定，可以看出法律是承认"个人独资企业财产"存在的，且个人独资企业应先以其企业债务清偿债务。而《合伙企业法》第20条规定："合伙人的出资、以合伙企业名义取得的收益和依法取得的其他财产，均为合伙企业的财产。"第38条规定："合伙企业对其债务，应先以其全部财产进行清偿。"第39条规定："合伙企业不能清偿到期债务的，合伙人承担无限连带责任。"可见，普通合伙人对合伙企业的债务承担无限连带责任与合伙企业本身拥有财产并不冲突，且合伙企业应先以其企业财产清偿债务。

② 《民法典》第74条第2款。

③ 根据《行政强制法》第40条第1款第（二）项的规定，"法人或者其他组织终止，无财产可供执行，又无义务承受人的"，终结执行。如果把合伙企业的普通合伙人、个人独资企业的出资人以及分支机构所属的法人理解为"义务承受人"，从而成为行政强制执行的相对人，则责任自负在这里显然被突破了。

受害人救助补偿基金来实现罚金用途的正当化。由于财产刑、财产罚、刑事特别没收都存在用途正当化的问题,为了避免重复,关于国家罚没收入用途正当化将在本章第三部分统一论述。

(二)刑事涉案财物处置措施正当化、合理化

1.刑事诉讼涉案财物处置措施正当化

不论是责令退赔、返还财产还是没收违法所得、违禁品和犯罪物品,都属于刑事诉讼涉案财物处置措施的内容。刑事特别没收只是涉案财物处置措施的一个主要内容和主要结果,刑事特别没收的正当性取决于刑事诉讼涉案财物处置措施的正当性。在 2012 年《刑诉法解释》之中,就已经规定不得没收不能确定属于违法所得或者应当追缴的其他涉案财物的财产,但规定比较笼统。① 所幸的是,近年来,尤其是自 2017 年以来,党中央、国务院出台一系列明确保护产权、保护民营企业合法权益的政策,对于这些政策,司法机关、行政机关也出台了一系列举措予以贯彻落实。较 2012 年《刑诉法解释》第 364 条的规定而言,后出台的法律性文件更为详细。2021 年颁布的新的《刑诉法解释》在第 279 条对 2012 年《刑诉法解释》第 364 条进行了程序性的完善,使该制度更具有可操作性。②

2015 年 1 月 24 日,国家出台规范性文件对于刑事诉讼涉案财物处置工作予以详细规定,严禁立案前查封、扣押、冻结和查封、扣押、冻结与案件无关财物,及时审查发现与案件无关的财物及时解除、退还并通知当事人,减少因查封、扣

---

① 2012 年《刑诉法解释》第 364 条:"法庭审理过程中,对查封、扣押、冻结的财物及其孳息,应当调查其权属情况,是否属于违法所得或者依法应当追缴的其他涉案财物。案外人对查封、扣押、冻结的财物及其孳息提出权属异议的,人民法院应当审查并依法处理。经审查,不能确认查封、扣押、冻结的财物及其孳息属于违法所得或者依法应当追缴的其他涉案财物的,不得没收。"

② 《刑诉法解释》第 279 条:"法庭审理过程中,应当对查封、扣押、冻结财物及其孳息的权属、来源等情况,是否属于违法所得或者依法应当追缴的其他涉案财物进行调查,由公诉人说明情况、出示证据、提出处理建议,并听取被告人、辩护人等诉讼参与人的意见。案外人对查封、扣押、冻结的财物及其孳息提出权属异议的,人民法院应当听取案外人的意见;必要时,可以通知案外人出庭。经审查,不能确认查封、扣押、冻结的财物及其孳息属于违法所得或者依法应当追缴的其他涉案财物的,不得没收。"

押、冻结涉案财物给涉案单位正常生产经营造成的影响等。① 2015 年 3 月 6 日最高人民检察院公布实施的《人民检察院刑事诉讼涉案财物管理规定》（高检发〔2015〕6 号）也作了基本相同的规定。2016 年 11 月 4 日，《产权意见》发布，明确指出在我国"利用公权力侵害私有产权、违法查封扣押冻结民营企业财产等现象时有发生"，对此提出应"严格规范涉案财产处置的法律程序"，对"采取查封、扣押、冻结措施和处置涉案财物时，要依法严格区分个人财产和企业法人财产"，"严格区分违法所得和合法财产，区分涉案人员个人财产和家庭成员财产，在处置违法所得时不牵连合法财产"等作出了具体规定。② 2016 年 11 月 22 日实施的司法解释再次强调财产刑的审判、执行中不得随意认定违法所得和追缴合法财产。③ 2017 年 9 月 8 日，党中央、国务院发布规范性文件，强调贯彻《产权意见》精神，要求"依法保护企业家财产权"。④《最高人民检察院、公安部关于公安

---

　　① 《关于进一步规范刑事诉讼涉案财物处置工作的意见》（中办发〔2015〕7 号）第 2 条规定："规范涉案财物查封、扣押、冻结程序。查封、扣押、冻结涉案财物，应当严格按照法定条件和程序进行。严禁在立案之前查封、扣押、冻结财物。不得查封、扣押、冻结与案件无关的财物。凡查封、扣押、冻结的财物，都应当及时进行审查；经查明确实与案件无关的，应当在三日内予以解除、退还，并通知有关当事人。查封、扣押、冻结涉案财物，应当为犯罪嫌疑人、被告人及其所扶养的亲属留有必需的生活费用和物品，减少对涉案单位正常办公、生产、经营等活动的影响。公安机关、国家安全机关决定撤销案件或者终止侦查，人民检察院决定撤销案件或不起诉，人民法院作出无罪判决的，涉案财物除依法另行处理外，应当解除查封、扣押、冻结措施，需要返还当事人的应当及时返还。在查封、扣押、冻结涉案财物时，应当收集固定依法应当追缴的证据材料并随案移送。"

　　② 《中共中央、国务院关于完善产权保护制度依法保护产权的意见》（中发〔2016〕28 号，本书简称为《产权意见》）规定："五、严格规范涉案财产处置的法律程序 进一步细化涉嫌违法的企业和人员财产处置规则，依法慎重决定是否采取相关强制措施。确需采取查封、扣押、冻结等措施的，要严格按照法定程序进行，除依法需责令关闭企业的情形外，在条件允许情况下可以为企业预留必要的流动资金和往来账户，最大限度降低对企业正常生产经营活动的不利影响。采取查封、扣押、冻结措施和处置涉案财物时，要依法严格区分个人财产和企业法人财产。对股东、企业经营管理者等自然人违法，在处置其个人财产时不任意牵连企业法人财产；对企业违法，在处置企业法人财产时不任意牵连股东、企业经营管理者个人合法财产。严格区分违法所得和合法财产，区分涉案人员个人财产和家庭成员财产，在处置违法所得时不牵连合法财产。完善涉案财物保管、鉴定、估价、拍卖、变卖制度，做到公开公正和规范高效，充分尊重和依法保护当事人及其近亲属、股东、债权人等相关方的合法权益。"

　　③ 《最高人民法院关于在执行工作中规范执行行为切实保护各方当事人财产权益的通知》（法〔2016〕401 号）。强调："在财产刑案件执行中，要依法严格区分违法所得和合法财产，对于经过审理不能确认为违法所得的，不得判决追缴或者责令退赔。"

　　④ 《中共中央、国务院关于营造企业家健康成长环境弘扬优秀企业家精神更好发挥企业家作用的意见》规定："二、营造依法保护企业家合法权益的法治环境 3.依法保护企业家财产权。全面落实党中央、国务院关于完善产权保护制度依法保护产权的意见，认真解决产权保护方面的突出问题，及时甄别纠正社会反映强烈的产权纠纷申诉案件，剖析侵害产权案例，总结宣传依法有效保护产权的好做法、好经验、好案例。在立法、执法、司法、守法等各方面各环节，加快建立依法平等保护各种所有制经济产权的长效机制。研究建立因政府规划调整、政策变化造成企业合法权益受损的依法依规补偿救济机制。"

机关办理经济犯罪案件的若干规定》(公通字〔2017〕25 号)在其第六章"涉案财物的控制和处置"中再次强调公安机关依法处置涉案财物,"不得超权限、超范围、超数额、超时限查封扣押冻结。"①2018 年 1 月,最高人民法院发布通知再次要求人民法院在办案中谨慎判决追缴或责令退赔。② 2018 年 11 月 1 日,习近平总书记讲话指出"公有制经济财产权不可侵犯,非公有制经济财产权同样不可侵犯;国家保护各种所有制经济产权和合法利益"。③ 2018 年 12 月 4 日最高人民法院发布典型案例,④其中"天新公司、魏某国申请某某省某某市人民检察院国家赔偿案"正是贯彻了《产权意见》和《为企业家营造良好法治环境的通知》上述规定的典型案例,将对今后全国审判机关审判类似案例发挥重要的指导作用,也会间接地约束侦查机关。与此同时,最高法研究室主任姜启波在接受记者采访时表示最高人民法院将力争在 2018 年内"全面清理、完善司法政策和司法文件,'凡是有悖于平等保护民营经济的,要及时废止或调整完善'"。⑤ 由此可见,公安、司法机关随意认定和处置涉案财物的现象未来将有所遏制。

2.刑事涉案财物处置措施合理化

刑事涉案财物处置措施的一项重要内容就是追缴违法所得,返还、退赔被害人损失,但按照目前司法解释的规定,受害人因财产被犯罪人非法占有和处置的损失只能通过刑事涉案财物处置措施予以退赔、返还处理,不像受害人的其他损

---

① 《最高人民检察院、公安部关于公安机关办理经济犯罪案件的若干规定》(公通字〔2017〕25 号)第 46 条:"查封、扣押、冻结以及处置涉案财物,应当依照法律规定的条件和程序进行。除法律法规和规范性文件另有规定以外,公安机关不得在诉讼程序终结之前处置涉案财物。严格区分违法所得、其他涉案财产与合法财产,严格区分企业法人财产与股东个人财产,严格区分犯罪嫌疑人个人财产与家庭成员财产,不得超权限、超范围、超数额、超时限查封、扣押、冻结,并注意保护利害关系人的合法权益。"

② 《最高人民法院关于充分发挥审判职能作用为企业家创新创业营造良好法治环境的通知》(法〔2018〕1 号,以下简称《为企业家营造良好法治环境的通知》)规定:"二、依法保护企业家的人身自由和财产权权利。严格执行刑事法律和司法解释,坚决防止利用刑事手段干预经济纠纷。坚持罪刑法定原则,对企业家在生产、经营、融资活动中的创新创业行为,只要不违反刑事法律的规定,不得以犯罪论处。严格非法经营罪、合同诈骗罪的构成要件,防止随意扩大适用。对于在合同签订、履行过程中产生的民事争议,如无确实充分的证据证明符合犯罪构成的,不得作为刑事案件处理。严格区分企业家违法所得和合法财产,没有充分证据证明为违法所得的,不得判决追缴或者责令退赔。严格区分企业家个人财产和企业法人财产,在处理企业犯罪时不得牵连企业家个人合法财产和家庭成员财产。"

③ 习近平. 在民营企业座谈会上的讲话[R/OL]. (2018-11-01)[2018-12-5]. http://www.gov.cn/xinwen/2018-11/01/content_5336616.htm.

④ 《人民法院充分发挥审判职能作用保护产权和企业家合法权益典型案例(第二批)》。

⑤ 张素. 中国最高法发布六个案例给产权人和企业家吃"定心丸"[EB/OL]. (2018-12-05)[2018-12-05]. http://www.xinhuanet.com/legal/2018/12/05/c_1123807986.htm.

失能通过提起刑事附带民事诉讼或者另行提起民事诉讼来救济。这种规定表面保护、实际损害了受害人的权益,影响了民事实体法、程序法的秩序、公平、自由等价值目标的实现。为了纠正这种制度对受害人权益保护的不利后果,又在《刑事涉财产执行规定》中规定退赔被害人损失可以优先执行,又人为造成了民事债权之间的不平等,进一步破坏了民法秩序。这种以刑事涉案财物处置措施单一救济受害人特定财产损失的制度设计是引起不必要的价值冲突的成因,应当及早修改,应使其与民事诉讼一道共同承担起救济受害人权利的使命。

(1)救济受害人离不开刑事涉案财物处置措施。

公安机关、人民检察院在刑事诉讼侦查阶段追缴赃款赃物的行为属于目的在于收集证据的临时性刑事强制措施,从最终效果上看,又可以看作未来刑事审判处置赃款赃物的财产保全措施。而在刑事诉讼审判阶段,人民法院对赃款赃物的认定和处置则是对受害人的权利救济措施。[①] 不管是退赔还是返还,在犯罪分子或被被告人与被害人之间本质上都是民事侵权关系。同是侵权,毁坏财物的赔偿能附带民事诉讼和另行提起民事诉讼,而非法占有和处置被害人财产却只能被动等待刑事涉案财物处置措施来救济,这显然缺乏根据。但是否抛开刑事涉案财物处置措施而只依赖刑事附带民事诉讼或者另行提起民事诉讼就可以呢? 答案也是否定的,原因在于:

首先,涉案财物的处置不仅涉及被害人私人利益,还涉及公共利益。涉案财物的处置本身并非仅仅为救济被害人的民事权益而存在,恰恰相反,其存在的主要目的是为了恢复被犯罪破坏的财产归属秩序,是为了纠正犯罪人因犯罪而获利的不公正结果。返还或退赔只是其要解决的一个方面的问题,另一方面还有一个没收的问题。从民法上看不当得利请求权、返还原物请求权以及损害赔偿请求权都是民事主体自己的权利,似乎民事主体行使与否,公法无权干预,但从公法上看,因犯罪行为而获得的违法所得不具有正当性,应当予以剥夺,即便民事主体不请求,公法也不允许犯罪人继续占有这些不正当的利益,国家应予没收。[②]

其次,被害人的财产被犯罪分子或被告人非法占有或处分的,往往以原始赃或变态赃、原物赃和孳息赃等各类赃款赃物形态存在,客观上有由公安、司法机

---

① 最高人民法院执行局.最高人民法院关于刑事裁判涉财产部分执行的若干规定理解与适用[M].北京:中国法制出版社,2017:133-135.

② 刘宁,贾洪香.破产程序中刑事追缴或责令退赔财物的处理原则[J].中国律师,2010(3):67.

关于予以追缴用于返还或赔偿的可能。相较而言,"因人身权利受到犯罪侵犯或者财物被犯罪分子毁坏而遭受的物质损失"不存在赃款赃物的问题,而是直接就需要用犯罪人的财产来承担的,所以当然只能附带民事诉讼或者另行提起民事诉讼而别无选择。

再次,涉案财物的处置措施对于被害人权益救济有其优势。正如前文所言,与被害人提起的民事诉讼相比较,公权机关追赃的措施在效率和效果上更胜一筹。

(2)刑事涉案财物处置措施与民事诉讼的分工合作。

正因为被害人的财产被犯罪人非法占有或处置关涉公私两种利益,所以有刑事诉讼涉案财物处置措施和民事诉讼两种程序的适用理由,同时又由于涉案财物的处置措施与民事诉讼对于被害人财产权益的保护各有所长,所以二者应当分工合作,具体而言可从如下两个方面着手:

第一,审前涉案财物的处置措施与犯罪嫌疑人自愿承担返还、赔偿责任相结合。对于公安机关、人民检察院在刑事审判程序之前已经追缴的犯罪嫌疑人的违法所得,如果有证据证明属于被害人的合法财产或原合法财产的转化物,并且权属明确,不存在犯罪嫌疑人、被害人及案外第三人对权属的争议,返还不影响他人合法权益和正常刑事诉讼,则可于审前以该违法所得返还原物或返还不当得利。对此,立法实际上已经予以肯认。[①] 除此之外,犯罪嫌疑人以其个人合法财产自愿向被害人进行的损害赔偿也应被法律所允许。

第二,审中涉案财物的处置措施与刑事附带民事诉讼和另行提起民事诉讼相结合。应允许被害人就刑事被告人非法占有和处置其财产的侵权行为提起刑事附带民事诉讼,通过完整的行使民事诉讼的各项权利来主张和证明自己的权利,且不限于救济被害人遭受的直接财产损失,而应依据民事立法,要求被告人承担其应当向被害人承担的全部民事责任。属于涉案财产处置措施范围内的返还、赔偿固然应当返还、赔偿,不属于涉案财产处置措施范围内的返还、赔偿,被害人在取得执行依据后也可以就犯罪人的其他财产实现债权,而不至于其获得的救济反而不及普通民事诉讼中的债权人。同时,应允许未提起刑事附带民事诉讼的被害人就刑事诉讼中经追缴、责令退赔未获清偿的部分损失另行提起民

---

① 《刑诉法解释》第438条、《关于进一步规范刑事诉讼涉案财物处置工作的意见》(中发办〔2015〕7号)第6条以及《最高人民检察院、公安部关于公安机关办理经济犯罪案件的若干规定》(公通字〔2017〕25号)第52条。

事诉讼。对此,《最高人民法院关于刑事附带民事诉讼范围问题的规定》(法释〔2000〕47 号)第 5 条第 2 款曾作出肯定性的规定,①但该司法解释因 2012 年《刑诉法解释》出台已被废止。最高人民法院 2016 年在一起不当得利纠纷申请再审民事裁定书中,以刑事判决未通过追缴或者责令退赔对被告人非法占有、处置被害人财产的事项予以处置,因而不属于 2012 年《刑诉法解释》第 139 条(现《刑诉法解释》第 175 条)和《刑法第六十四条批复》所规定的被害人不得提起刑事附带民事诉讼或另行提起民事诉讼的情形为理由之一,支持了刑事案件被害人另行提起的返还不当得利民事诉讼的诉讼请求。② 这其实也间接证明了,民事诉讼与刑事涉案财物处置措施并非泾渭分明、彼此对立,而是相辅相成、殊途同归的。

二、与财产刑并存之民事债权的优先受偿

条条大道通罗马。要落实民事债权优先受偿原则或者民事责任优先原则,光有实体法的规定显然是不够的,必须实体法与程序法配合,但配合的路径该怎么选择? 大多数研究者执着于在刑事诉讼和行政执法或行政诉讼中寻求民事责任优先原则或者民事债权优先受偿原则的实现路径,但刑事诉讼、行政执法或行政诉讼各自有自身的公法价值目标要实现,不可能解决民事债权与惩罚性公法财产权之间全部的价值冲突。少数研究破产法的学者,一针见血地指出破产清偿是实现民事债权优先的最佳途径,③但没有关注被害人的民事责任请求权如何优先实现,也没有给出破产前已执行完毕的财产性公法责任应当如何处理的答案。在兼顾公、私法价值目标的原则指导下,制度设计应从上述两个不同的方向发力,为其可为,适当取舍,顺势为之。

在司法实践中和理论界,法律中规定的民事责任优先原则常常被扩大理解为民事债权优先受偿原则,尽管后者的用语很少被使用。但我们必须明确一点,民事责任优先原则虽为民事债权优先受偿的下位原则,但二者存在明显不同,应

---

① 《最高人民法院关于刑事附带民事诉讼范围问题的规定》(法释〔2000〕47 号)第 5 条规定:"犯罪分子非法占有、处置被害人财产而使其遭受物质损失的,人民法院应当依法予以追缴或者责令退赔。被追缴、退赔的情况,人民法院可以作为量刑情节予以考虑。经过追缴或者退赔仍不能弥补损失,被害人向人民法院民事审判庭另行提起民事诉讼的,人民法院可以受理。"

② 参见最高人民法院(2016)最高法民申 991 号"濮阳市利易生房地产开发有限公司、崔善录等与濮阳市利易生房地产开发有限公司、崔善录等不当得利纠纷申请再审民事裁定书"。

③ 如许德风.破产法论:解释与功能比较的视角[M].北京:北京大学出版社,2015:180-181.

有各自的适用空间。民事责任优先原则因为受公私法责任"行为同一性"要件约束,牵涉的法律关系较少,不会过分拖延刑事诉讼和行政执法的效率,所以在不违背审执分离、行政与司法相分离的法的公正价值目标的情况下,可以一定程度地在刑事或行政案件中落实。而民事债权优先受偿原则牵涉的法律关系过多,如果放入刑事诉讼或行政执法中去实现,将拖垮这两种制度,所以只能在专司终局性财产分配的破产程序中进行。在刑事、行政案件中适用民事责任优先原则,并不一定会启动破产程序全方位解决民事债权优先受偿问题,但破产清算程序中适用民事债权优先受偿原则,必然包含民事责任的承担。

(一)财产刑执行中的民事责任优先

1.财产刑执行中的民事责任优先承担的可行性

我国《民法典》第187条规定的民事责任优先原则仅适用于法律责任竞合情形,要求民事责任与公法责任具备"行为同一性"。有学者对此质疑,认为在责任主体财产不足以承担民事责任与公法责任的情况,非因同一行为发生的民事责任也应当被优先承担。[①] 应当说《民法典》规定民事责任优先原则"行为同一性"的要求本没错,不妥之处在于仅仅规定民事责任优先原则,而没有规定民事债权优先受偿原则,导致非同一行为引起的民事债权不能平等受偿。但恰恰由于要求"行为同一性",才使民事责任优先原则有了在财产刑执行中得以落实的可能,原因是:

(1)"行为同一性"使民事责任优先原则的适用范围缩窄到刑事诉讼中公安、检察和审判机关可查可控的范围

犯罪行为导致的民事责任往往也是该行为受到行政处罚或者承担刑事责任的前提,公检法在刑事诉讼各阶段中,不但对于犯罪人的犯罪行为了如指掌,对其犯罪行为导致的民事责任也十分了解,这使得人民法院在适用民事责任优先原则时能够有所准备并对结果有所预期,不至于过分影响审判活动和刑法、刑诉法价值目标的实现。

(2)刑事附带民事诉讼的审判与执行为民事责任优先提供了一定的条件

刑事附带民事诉讼的由同一个审判组织处理刑事和民事两种性质诉讼的特点,使其较好的避免了行政机关执行财产罚所面临的对于民事实体权利关系无审判裁决权的难题。刑事附带民事诉讼审判和执行一定程度的同步性,使得司

---

① 刘士国.论民法总则之民事责任规定[J].法学家,2016(5):146-147.

法机关在掌握犯罪人财产状况情况下,运用恰当的保全或执行手段贯彻民事责任优先原则的难度大幅降低。

当然,由于意欲以破产制度对民事债权优先受偿进行终局一体化处理,所以,在财产刑执行中,民事责任优先的请求可能会被随时启动的债务人破产程序终止,然后被动地融入破产清算的程序中与其他债权一道被统一处理。

2.财产刑执行中的民事责任优先承担方式

(1)财产刑执行中同案刑事退赔直接优先于财产刑获得执行

因为在我国,刑事退赔和财产刑是同一刑事审判程序中一体审理判决的,按照《刑事涉财产执行规定》第4条的规定,刑事审判机关对于可能判处财产刑和刑事退赔的案件,应当进行财产调查,并采取相应的保全措施。二者的同步一体性,为刑事退赔优先于财产刑承担创造了制度和现实条件。

(2)刑事附带民事责任优先的实现路径

首先,从优先执行提前至优先保全。对此,应将《刑事涉财产执行规定》第4条和《刑诉法解释》第189条有机结合起来。《刑事诉讼法》第102条规定,刑事案件中人民法院是在"必要的时候""可以"采取保全措施,附带民事诉讼的原告可以申请采取保全措施,①而《刑事涉财产执行规定》第4条则规定对可能判处财产刑、责令退赔的刑事案件,如发现可能隐匿、转移财产时,人民法院"应当"及时采取保全措施,从"可以"到"应当"意味着从"权力"变成"职责"。而《刑诉法解释》第189条则在附带民事诉讼原告人没有提出保全申请时,赋予人民法院在"必要时""可以"采取保全措施的权力。而事实上,不论是财产刑、责令退赔还是附带民事责任,有"必要"进行财产保全的原因都是相同的,既然人民法院在"应当"为财产刑、责令退赔而及时采取保全措施的时候也具备了"可以"为附带民事责任采取保全措施的条件,那么,莫不如针对这三类公私法责任一并采取保全措施,如果发现财产已然不够,那就优先保全刑事附带民事责任部分和责令退赔相应部分,将财产刑相应部分排在最后便可。

其次,对于刑事部分和附带民事部分均未采取保全措施的案件,如附带民事诉讼与刑事案件一并审理,判决一并生效,那就要保证二者一并执行。在执行中发现被执行人财产不足时,附带民事责任和刑事退赔优先于财产刑获得执行。

---

① 《刑事诉讼法》第102条:"人民法院在必要的时候,可以采取保全措施,查封、扣押或者冻结被告人的财产。附带民事诉讼原告人或者人民检察院可以申请人民法院采取保全措施。人民法院采取保全措施,适用民事诉讼法的有关规定。"

再次,如果刑事部分与附带民事部分均未采取保全措施,而附带民事责任又迟于刑事案件的审判和执行,则我国法律可以借鉴《德国刑事诉讼法典》第459条 a(一)关于允许犯罪人因弥补犯罪损失而宽限交付罚金的规定。① 这种规定的优点在于其并未赋予公权机关对私法债权关系的主动干预权,从而避免了公权对民事债权关系的不当干预,在这里,犯罪人主动弥补犯罪行为所造成的损失是出于其自愿的,仍属于民法中债务人的自愿清偿行为,但由于不宽限则会严重影响犯罪行为之损失弥补,也即弥补损失后交付罚金又存在困难,所以执行机关可以同意犯罪人宽限交付罚金,也可以要求犯罪人提供弥补的证明。这种规定也避免受害人申请犯罪人破产的烦琐程序及破产对犯罪人生活的不良影响。同时,配合罚金易科的规定,刑罚所代表的公共利益也能兼顾。但是没收财产则难以易科,②这是其先天缺陷,与民事债权优先受偿无关。《刑诉法解释》第536条规定如罪犯积极履行财产刑和附带民事裁判、积极退赃、退赔,可以认定有悔罪表现,在减刑、假释时从宽;而对于确有履行能力而不履行的,在减刑、假释时从严。③ 这一规定符合"打了不赔,赔了不打或者少打"社会一般心态,犯罪人基于自身利益考虑,也更容易做出履行财产刑、附带民事责任的选择,从而变相地推动了民事债权优先受偿原则的实现。但对于财产确实不充足,也没有亲友代为清偿的犯罪人,还是借鉴上述德国立法规定更可行。

如果犯罪人未基于上述理由请求宽限交付罚金,被害人或附带民事诉讼的原告人可以事后启动破产程序,由破产程序实现民事债权优先受偿。也可以向受害人救助补偿基金申请救助补偿。

尽管在刑事案件中通过上述方法可以在一定程度上实现刑事附带民事责任、刑事退赔的优先承担,但由于财产刑执行与破产程序各司其职,所以一旦事后犯罪人成为破产债务人,仍应允许破产管理人基于偏颇清偿的理由申请法院撤销上述清偿行为。另外,取得执行依据、不符合"行为同一性"的其他普通民事债权可以申请参与分配,但只能和罚金刑平等执行,如果债权人想获得优先清偿,可以申请启动破产程序。

---

① 《德国刑事诉讼法典》第459条 a(一)规定:"判决发生法律效力后,由执行机关决定是否给予罚金交付宽限(《刑法典》第42条)。如果不给予宽限则会严重影响受有罪判决人对犯罪行为所造成的损失作弥补的,执行机关也可以同意交付宽限,予以宽限时可以要求受有罪判决人提供作弥补的证明。"见德国刑事诉讼法典[M].李昌珂,译.北京:中国政法大学出版社,1995:173-174.

② 万志鹏.没收财产刑研究[D].重庆:西南政法大学,2010:159.

③ 《刑诉法解释》第536条。

(二)财产刑执行与破产程序的衔接

破产程序中解决民事债权优先受偿问题虽然再合适不过,却需要改造、完善和建立一些制度将财产刑执行和破产制度较好的衔接起来,才能发挥应有的作用。这些衔接制度,并不需要我国立法者去自己创造,很多制度都有他国的立法例可以学习借鉴。

1.建立财产刑执行公告制度

财产刑案件的审判和执行存在着法院与犯罪人的债权人双向信息不对称的问题。虽然惩罚犯罪人不应连累犯罪人的债权人,但财产刑有其自身的使命,就是以使犯罪人遭受经济损失的方式对其施以惩罚,故而财产刑判决不可能为了保护民事债权一味缩减数额。《刑事涉财产执行规定》第4条虽然规定了审判机关的财产调查职责,但其目的更多是为了摸清犯罪人的积极财产情况,以确保财产刑和责令退赔的执行,字里行间甚至连附带民事责任都不曾提及。进一步讲,就算审判机关了解了一些犯罪人的债务情况,跟破产法院通过债权申报所了解的债务情况比起来也逊色很多,毕竟各司其职,不可苛求。反过来,更可怕的是,民事债权人对于其债务人因犯罪被判处财产刑的情况更是可能一无所知。立法不能要求财产刑的审判、执行,但在兼顾公法、私法价值目标的情况下,建立合理的财产刑公告制度,使民事债权人在掌握信息后有自行决定是否申请债务人破产的机会,对于保护民事债权显得十分重要。

(1)建立没收财产执行公告制度

出于保护公民财产权的宪法理由,大部分国家刑法早已取消一般没收即没收财产刑,而仅规定特别没收。"在国外,实行特别没收制度国家为防止没收侵犯他人的财产权,也规定有公告制度。"[①]目前我国仅在犯罪嫌疑人、被告人逃匿、死亡案件的违法所得没收程序中规定有公告制度,而且是审判前公告而非执行公告。[②] 特别没收的客体是犯罪人违法所得和犯罪工具,而一般没收的客体则是犯罪人的合法财产,显然后者对民事秩序的影响更大。因此,如果执行特别没收有必要公告,执行没收财产更应该加以公告。

---

① 马登民,徐安住.财产刑研究[M].北京:中国检察出版社,2004:423.

② 《刑事诉讼法》第299条第2款:"人民法院受理没收违法所得的申请后,应当发出公告。公告期间为六个月。犯罪嫌疑人、被告人的近亲属和其他利害关系人有权申请参加诉讼,也可以委托诉讼代理人参加诉讼。"

（2）建立罚金刑执行公告制度

首先，一般情形仅对执行较大数额罚金进行公告。

从民事债权人的角度来考虑，较低数额的民事债权无法获得清偿对于债权人生产、生活的影响通常不大。在我国，罚金的最低数额为1000元，对未成年人判处罚金的最低数额则仅为500元，有时候能够被实际执行的犯罪人财产比判决的财产刑数额还要少，若为了照顾民事债权，在执行犯罪人几千、几百元的罚金刑时也要求执行机关进行公告，不但徒增执行机关工作量，还影响执行效率，得不偿失。法律可规定执行机关在执行数额较大的罚金时应当进行公告。

其次，自然人犯罪人死亡或被判处重刑时执行罚金应进行公告。

如果自然人在刑事判决生效后，财产刑执行完毕前死亡，其遗产能否足以清偿全部公私债务已经是终局性问题了。所以，无论执行财产刑数额多寡，都有必要予以公告，以利于民事债权人知情后申请遗产破产。

若非因破产而免责，自然人对其民事债务应终身付清偿义务，但债权请求权毕竟受20年最长诉讼时效期间的限制。而自然人犯罪人被判处死刑立即执行时，其丧失民事主体资格已近在咫尺；被判处无期徒刑或死刑缓期执行时，其重获自由遥遥无期；被判处5年以上有期徒刑时，其重返社会后能否再次积聚足够财富也未可知。因此，有必要在对判处5年以上有期徒刑、无期徒刑、死刑的犯罪人执行罚金时进行公告。

（3）公告方式和公告期限

立法规定的公告方式和期限应足以引起犯罪人的债权人注意为妥，但无需达到破产债权申报期限之长。其作用在于告知，而非消灭民事债权，因为对财产性公法责任的偏颇清偿仍然适用破产撤销制度。如公告期满有破产申请权的人未申请债务人或债务人遗产破产，再将执行所得上缴国库或依法划入专项救助补偿基金，以实现公共利益。如公告期间，有人申请债务人或债务人遗产破产，则财产刑执行中止，转入破产程序。

2. 建立个人破产、遗产破产制度及完善非法人组织破产制度

（1）建立个人破产及遗产破产制度

① 个人破产以及遗产破产制度对于实现民事债权优先受偿具有重要意义。

财产刑强制执行是个别的强制执行，而破产是概括的强制执行，是债权人自债务人的责任财产处获得公平清偿的制度保障，这对于自然人犯罪人的债权人显得尤为重要。在我国的财产刑并非刑罚轻缓化的标志，相反，没收财产和很多

情况下的罚金往往与较重的主刑甚至极刑并科。① 长期甚至永久丧失人身自由意味着一个已经责任财产不足的自然人通过民事行为增加个人责任财产的可能性趋近于零，而死亡则意味着民事主体资格的丧失。当一个承担财产刑的犯罪人同时要被执行较长时间有期徒刑、无期徒刑甚至死刑的时候，如果不通过个人破产及遗产破产制度，而仍寄托于蹩脚的刑事参与分配来落实民事债权优先受偿原则的话，民事债权的全面公平清偿几乎就是天方夜谭。

根据《行政强制法》第 40 条的规定，行政机关自行执行的财产罚，在"公民死亡，无遗产可供执行，又无义务承受人"时终止执行，②即被执行的公民死亡但有遗产可供执行时，继续执行。而申请人民法院强制执行的财产罚，出现同种情形应如何处理，《行政强制法》和《行政处罚法》均未规定，根据《行政诉讼法》第 101条的规定，人民法院审理行政案件可参照民事诉讼的有关规定，③而《民事诉讼法》对此种情况的规定跟《行政强制法》第 40 条的规定相同。④ 由此可见，申请人民法院强制执行的财产罚，在被执行的公民死亡但有可供执行的遗产时，也应该是继续执行的。《刑诉法解释》第 529 条对此种情况的规定也相同，⑤可见财产刑的执行遵循遇到被执行人死亡也是遵循一样的规则。人死不能复生，遗产只此一处，若民事债权人错过针对违法行为人、犯罪人遗产这最后一遭主张优先清偿的机会，则永无实现可能。然而事实上，目前行政处罚领域没有民事债权优先受偿的具体规则。而财产刑领域，根据《刑事涉财产执行规定》能通过刑事参与分配制度获得优先受偿的，只有那些已经取得执行依据的各类民事债权和对特定财产享有优先受偿权的债权，其他民事债权将全部落空。而自然人犯罪人被执行有期徒刑或者无期徒刑时，虽然其民事主体身份还存在，但如同"无财产者无权利"一样，其无财产事实上也就"无"义务了。在当下这种欲获减刑除了需

① 李洁.遏制重刑:从立法技术开始[J].吉林大学社会科学学报,2009,49(03):50.

② 《行政强制法》第 40 条。

③ 《行政诉讼法》第 101 条:"人民法院审理行政案件,关于期间、送达、财产保全、开庭审理、调解、中止诉讼、终结诉讼、简易程序、执行等,以及人民检察院对行政案件受理、审理、裁判、执行的监督,本法没有规定的,适用《中华人民共和国民事诉讼法》的相关规定。"

④ 《民事诉讼法》第 264 条:"有下列情形之一的,人民法院裁定终结执行:……(三)作为被执行人的公民死亡,无遗产可供执行,又无义务承担人的;……"

⑤ 《刑诉法解释》第 529 条:"执行刑事裁判涉财产部分、附带民事裁判过程中,具有下列情形之一的,人民法院应当裁定终结执行:……(二)被执行人死亡或者被执行死刑,且无财产可供执行的;……"

要良好狱中表现,尚且需要积极退赔、退赃、缴纳罚金才可以的体制环境下,①一个身无分文的犯罪人想获得减刑以自我救赎都难以做到,又怎么可能救赎他的债权人呢?显然在这些情况下,民事债权优先受偿宜早不宜迟,莫等以后,因为没有"以后"。

② 建立个人破产和遗产破产制度势在必行。

个人破产和遗产破产已经被我国理论界和实务界探讨多年,尤其是建立个人破产制度的呼声日高。深圳市已于 2020 年率先出台《深圳经济特区个人破产条例》,但国家层面尚无这方面的立法。个人破产否定论者多从传统文化观念、信用体系不健全、容易造成恶意逃债和导致滥诉四个方面加以论证。但这四方面理由均经不起推敲:

其一,违背传统文化观念说站不住脚。个人破产主要任务之一就是公平清偿债务,且破产免责并非必然发生,既要看法律规定的条件宽严与否,也要看债务人行为的诚信与否,因此与"欠债还钱,天经地义"的文化观念没有本质冲突。

其二,信用体系不健全说站不住脚。世界上还不存在信用体系时,就已经有个人破产的立法了,而且信用风险是产生个人破产的原因,但"信用与破产之间的关系并不能当然映射到个人信用体系与个人破产制度之间的关系上,二者不存在任何逻辑上的同质性",②况且,我国现在的个人信用体系日新月异,与几年前相比都不可同日而语。全国法院系统在"基本解决执行难"攻坚战中形成的联合惩戒体系、网络查控系统以及建立、规范适用终结本次执行程序这三项成果,为个人破产制度的建立奠定了一定的基础。同时,中国人民银行的个人征信系统也正逐步完善,《征信业管理条例》也已经颁布,社会保障体系也越发健全,这些也为个人破产制度的建立提供了技术条件。③

其三,个人破产容易导致恶意逃债一说更站不住脚。试问没有个人破产制度难道就不恶意逃债了吗?更何况现代破产制度对于恶意逃债的惩罚从债务人破产免责不能到施以刑罚早已有种种"对症下药"之法。"在进行周全的制度设计后,个人破产免责制度的建立,并不会被滥用以逃债。"④

---

① 《最高人民法院关于减刑、假释案件审理程序的规定》(法释〔2014〕5 号)第 5 条:"人民法院审理减刑、假释案件,除应当审查罪犯在执行期间的一贯表现外,还应当综合考虑犯罪的具体情节、原判刑罚情况、财产刑执行情况、附带民事裁判履行情况、罪犯退赃退赔等情况。"

② 沈俊森.我国个人破产制度研究[J].海南金融,2018(9):40.

③ 倪寿明.积极推动建立个人破产制度[N].人民法院报,2018-10-29(002).

④ 许德风.论个人破产免责制度[J].中外法学,2011,23(4):742.

其四,导致滥诉一说更是杞人忧天。没有个人破产制度倒是不会"滥诉",可是却正在"滥执"。2018 年 10 月 24 日,最高人民法院院长周强在报告中谈到,根据各国通例,"执行不能""并非法院执行不力所致,需要通过个人破产、社会救助等制度机制予以解决",我国应当积极探索个人破产制度,解决"执行难"问题。① 连最高人民法院都为解决执行不能这个"老大难"问题,不得不开出了个人破产的"药方",可见一斑。

遗产破产制度虽然相对个人破产讨论较少,但其对于保护债权人利益的重要性毋庸讳言。而"遗产破产并非一定得以自然人破产为前提",②而且由于当事人已经死亡,也不存在个人破产后面临的道德风险和进行人道主义制度安排的需求,更不存在债务人日后恢复履行能力以清偿债务的可能,所以遗产破产制度有更为充分的理由。

当然,遗产破产制度的建立应以完善的继承制度作为前提。《民法典》出台前,我国的继承关系主要依靠《继承法》和《继承法意见》调整,二者均出台于1985 年,相当陈旧。③ 在 80 年代的社会经济环境下,公民的遗产一般数量较少、种类单一,容易查清,"因而《继承法》对于遗产管理人、遗嘱执行人、遗产清单、遗产清算等制度都没有规定",④但影响不大。《继承法》及《继承法意见》对于被继承人债权人的保护不利,仅有《继承法》第 33、34 条和《继承法意见》第 62 条的简单粗陋规定。⑤ 由于采法定的限定继承主义立法模式,又没有遗产管理、遗产清单等制度,导致债权人向继承人提起请求以被继承人遗产清偿债务的诉讼,往往因遗产无法查清,继承人通过简单地表示无遗产可继承或者表示放弃继承,且不提供遗产的具体情况,就轻而易举地实际继承了遗产,又逃避了清偿被继承人的

①　周强.最高人民法院关于人民法院解决"执行难"工作情况的报告——2018 年 10 月 24 日在第十三届全国人民代表大会常务委员会第六次会议上[R/OL].(2018-10-24)[2018-12-26].http://www.court.gov.cn/zixun-xiangqing-124841.html.

②　李挺.我国遗产破产制度立法研究[D].杭州:浙江工商大学,2012:12.

③　本书将最高人民法院《关于贯彻执行〈中华人民共和国继承法〉若干问题的意见》(法(民)发〔1985〕22 号)简称《继承法意见》。

④　杨立新.民法分则继承编立法研究[J].中国法学,2017(2):70.

⑤　《继承法》第 33 条规定:"继承遗产应当清偿被继承人依法应当缴纳的税款和债务,缴纳税款和清偿债务以他的遗产实际价值为限。超过遗产实际价值部分,继承人自愿偿还的不在此限。继承人放弃继承的,对被继承人依法应当缴纳的税款和债务可以不负偿还责任。"第 34 条:"执行遗赠不得妨碍清偿遗赠人依法应当缴纳的税款和债务。"《继承法意见》第 62 条规定:"遗产已被分割而未清偿债务时,如有法定继承又有遗嘱继承和遗赠的,首先由法定继承人用其所得遗产清偿债务;不足清偿时,剩余的债务由遗嘱继承人和受遗赠人按比例用所得遗产偿还;如果只有遗嘱继承和遗赠的,由遗嘱继承人和受遗赠人按比例用所得遗产偿还。"

债务。① 在一个遗产范围和债务多少无需查明和公示,遗产债权人无需通知、公告,遗产与继承人固有财产难以分清的粗糙立法状况下,遗产的限定继承就成了继承人逃避债务的"保护伞"和被继承人债权人的"噩梦",不具有建立遗产破产制度的制度基础。《民法典》对继承制度做了相当多的完善,如建立了遗产管理人、遗产执行人和遗产清单制度,但这些规定不够具体明确,存在自相矛盾问题,难以确保遗产破产制度的建立,其本身也没有规定遗产清算制度。

(2)完善非法人组织破产制度

单位犯罪不等于法人犯罪,"单位"在具体罪名下还可能包括非法人组织。② 而行政罚款更是广泛适用于非法人组织。非法人组织是个组织体,有自己相对独立的财产,只不过不能像法人那样仅以自己的财产承担责任,而需要出资人或合伙人对组织债务承担无限责任或无限连带责任。这里姑且不讨论财产性公法责任应否如同民事债务一样由出资人或合伙人承担无限责任或无限连带责任,单凭一个组织体有相对独立的财产,及《个人独资企业法》和《合伙企业法》所规定的先以企业财产承担债务的规定,③当非法人组织财产不足以承担其民事债务和财产性公法责任时,运用破产清算程序实现民事债权优先受偿和全面公平受偿并无不妥。实际上,德、日、美等很多国家和地区的破产法均赋予非法人组织破产能力。而根据我国《合伙企业法》第 92 条和《企业破产法》第 135 条的规定,债权人可以向法院申请对合伙企业进行破产清算,④《个人独资企业破产清算程序的批复》也有类似的规定。⑤ 从长远看,在修订破产法时正式规定非法人组织破产制度实属必要,即便从短期看,目前这些规定也已经初步为非法人组织

---

① 林娴,陈中云.被继承人债务清偿问题的分析与对策[J].佳木斯职业学院学报,2018(9):171-172.

② 《最高人民法院关于审理单位犯罪案件具体应用法律有关问题的解释》(法释〔1999〕14 号)第 1 条。

③ 《个人独资企业法》第 31 条:"个人独资企业财产不足以清偿债务的,投资人应当以其个人的其他财产予以清偿。"《合伙企业法》第 38 条:"合伙企业对其债务,应先以其全部财产进行清偿。"

④ 《合伙企业法》第 92 条:"合伙企业不能清偿到期债务的,债权人可以依法向人民法院提出破产清算申请,也可以要求普通合伙人清偿。……"《企业破产法》第 135 条:"其他法律规定企业法人以外的组织的清算,属于破产清算的,参照适用本法规定的程序。"

⑤ 《最高人民法院关于个人独资企业清算是否可以参照适用企业破产法规定的破产清算程序的批复》(法释〔2012〕16 号),本书简称《个人独资企业破产清算程序的批复》,其规定:"根据《中华人民共和国企业破产法》第一百三十五条的规定,在个人独资企业不能清偿到期债务,并且资产不足以清偿全部债务或者明显缺乏清偿能力的情况下,可以参照适用企业破产法规定的破产清算程序进行清算。根据《中华人民共和国个人独资企业法》第三十一条的规定,人民法院参照适用破产清算程序裁定终结个人独资企业的清算程序后,个人独资企业的债权人仍然可以就其未获清偿的部分向投资人主张权利。"

"参照"《企业破产法》企业法人破产规定来实现民事债权的优先受偿提供了可能。

3.规定公司临界破产时董事申请破产义务

每个民事主体都比其他任何人更加了解自己的财产状况。公司是组织体,对于其财产情况,公司的董事比公司的债权人更加了解。但公司的存续与董事的利益攸关,"公司责任财产有限的保护及董事个人责任的欠缺,必然会带来董事极力保持公司存续而极易忽视债权人利益的后果。"①所以,在我国,很多已经濒临破产甚至实质破产的空壳公司、僵尸公司迟迟不能进入破产程序,即使最终进入到破产程序,债权人的清偿率也大打折扣甚至难以获得清偿,而最知情也最应对此负责的公司董事却对债权人无需承担任何个人责任,这不得不说是一种制度缺陷。根据我国《企业破产法》可以申请债务人破产的,仅为债务人自身和其债权人。但债务人自身申请破产的内在动力不足,而现实的破产案件中普通债权受偿率又很低,所以,债权人也没有足够动力去申请债务人破产,而倾向于选择个别提起民事诉讼进而强制执行。②

德国、西班牙、法国、日本、奥地利和俄罗斯等大陆法系国家和地区普遍规定公司临界破产时,董事负有申请破产的强制性义务。③ 如根据德国《破产法》第13条的规定,债务人和债权人有权申请债务人破产。而根据该法第15条第1款第1句的规定,法人代表机关的每一成员均有权申请该法人破产。与此同时,该法第15a条第1款规定法人代表机关成员承担申请法人破产的义务,当公司出现支付不能或者资不抵债的情况时,应当在最长三周的期限内申请该法人破产。④ 如果我国立法中也能规定公司董事在公司临界破产的一定期限内承担申请破产的强制性义务,如有违反导致损害公司债权人破产清偿中的利益的,由公司董事向债权人承担损害赔偿责任的话,则财产不足以同时承担财产性公法责任和民事债务的公司法人的董事更有可能主动申请公司破产,以免遭个人财产损失。这将更有利于终局性解决民事债权优先受偿问题。

---

① 胡晓静.公司破产时董事对债权人责任制度的构建——以德国法为借鉴[J].社会科学战线,2017(11):232.

② 马剑.2003—2012年人民法院审理破产案件的统计分析[J].法制资讯,2014(3):25.

③ 喻峰.公司临界破产时董事申请破产的强制性义务[D].泉州:华侨大学,2013:16.

④ 参见胡晓静.公司破产时董事对债权人责任制度的构建——以德国法为借鉴[J].社会科学战线,2017(11):233.

4.规定依职权执行转破产程序

执行程序与破产程序的有效衔接问题近年来受到理论界和实务界的广泛关注,最高人民法院院长周强的报告中也谈到,运用执行转破产程序对于解决强制执行难问题起着重要作用。① 但已有论述基本是围绕民事债权执行不能如何转破产程序的问题展开的,事实上,作为公法债权的罚金、罚款执行不能时也面临同样的问题。

2011 年出台的《企业破产法规定(一)》第 4 条第 1 款第(三)项规定,如果债务人经人民法院强制执行仍无法清偿债务,即便其账面资产大于负债,人民法院仍应当认定其明显缺乏清偿能力,这为执行不能转破产程序提供了一个实体法依据。对于执行转破产,我国司法解释有所规定。《民诉法解释》第 514 条规定的目的是"倒逼采取执行措施在后的债权人申请启动破产程序,使更多符合破产条件的案件顺利进入破产程序。"②但我国《企业破产法》所确立的破产程序申请启动主义并未被动摇,根据《民诉法解释》第 511 条、第 514 条和《关于执行案件移送破产审查若干问题的指导意见》(法发〔2017〕2 号)的规定,③法院在司法实践中必须动员《企业破产法》规定的适格破产申请人启动破产程序,④而不能依职权迳行进入破产程序。当前的当事人申请主义的执转破程序启动模式不能根本解决"僵尸企业"的退市难题,对此,除少数观点仍主张通过改良当事人申请主义模式来解决问题,其他大部分观点均主张应更大程度地发挥执行法院职权的作用。这又分为两种观点,其中一种为辅助职权主义,主张以重构的参与分配制度为主,以执行法院有限地依职权启动"执转破"程序为辅。另一种观点则主张

---

① 周强.最高人民法院关于人民法院解决"执行难"工作情况的报告——2018 年 10 月 24 日在第十三届全国人民代表大会常务委员会第六次会议上[R/OL].(2018-10-24)[2018-12-26].http://www.court.gov.cn/zixun-xiangqing-124841.html.

② 赵晋山,葛洪涛.《民事诉讼法》司法解释执行程序若干问题解读[J].法律适用,2015(4):23.

③ 《关于执行案件移送破产审查若干问题的指导意见》(法发〔2017〕2 号)规定:"4.执行法院在执行程序中应当加强对执行案件移送破产审查有关事宜的告知和征询工作。执行法院采取财产调查措施后,发现作为被执行人的企业法人符合破产法第二条规定的,应当及时询问申请执行人、被执行人是否同意将案件移送破产审查。申请执行人、被执行人均不同意移送且无人申请破产的,执行法院应当按照《最高人民法院关于适用〈中华人民共和国民事诉讼法〉的解释》第五百一十六条的规定处理,企业法人的其他已经取得执行依据的债权人申请参与分配的,人民法院不予支持。"

④ 《民诉法解释》第 511 条规定:"在执行中,作为被执行人的企业法人符合企业破产法第二条第一款规定情形的,执行法院经申请执行人之一或者被执行人同意,应当裁定中止对该被执行人的执行,将执行案件相关材料移送被执行人住所地人民法院。"该法第 514 条规定:"当事人不同意移送破产或者被执行人住所地人民法院不受理破产案件的,执行法院就执行变价所得财产,在扣除执行费用及清偿优先受偿的债权后,对于普通债权,按照财产保全和执行中查封、扣押、冻结财产的先后顺序清偿。"

所有的"执转破"程序都由执行法院依职权启动,而无须重构参与分配制度。①

从清理僵尸企业,实现企业的正常退市,避免实质破产企业危害债权人利益和社会经济秩序,破解人民法院执行难的角度看,改革破产法与民事诉讼法,建立人民法院依职权启动"执转破"程序是必要的。如果该制度能得以建立,那么,人民法院在强制执行财产刑的过程中,一旦发现企业法人已经符合《企业破产法》第2条所规定的破产条件,应依职权启动申请破产程序。进入破产程序后在破产清算中即可实现民事债权优先受偿。

而在现行的执转破模式下,人民法院如果在执行中发现被执行人符合破产条件,只有在经申请执行人之一或者被执行人同意之后,才能启动"执转破"程序。这在民事诉讼执行中没有人民法院依职权启动"执转破"程序的适用空间。但实际上,从民法的角度考察,罚金属于公法债权,其债权人是国家。从这个意义上来看,在执行罚金的时候亦可赋予人民法院以债权人的身份启动"执转破"程序,在理论上也是说得通的。

至于《刑法》的单位犯罪主体之中相对较少的非法人单位,对其适用"执转破"程序亦无不可,②因为虽然非法人组织往往有其他主体对其民事债务承担无限责任或无限连带责任,但毕竟该非法人组织本身的财产才是最近、最直接的利益客体。当然,罚金执行不能时,法院依职权启动强制执行程序仅是一种衔接制度,民事债权能否受到保护、受到何种程度的保护,均需要寄希望于破产法的制度完善尤其是包括各类公法债权在内的公私债权的清偿顺序制度的完善。

当然,还有一个个人破产和遗产破产能不能由人民法院依职权"执转破"的问题。探讨这个问题在我国尚未建立个人破产和遗产破产制度的情况下似乎有点超前。不过也不是无人问津,比如在探讨破解执行不能问题时,有地方法院的法官就主张,不管被执行人是个人还是法人,只要其已经具备破产条件,就应当转入破产程序。③ 如果从破解执行不能的角度来看,这种观点可谓正确。但是,考虑到自然人与法人和非法人组织的性质并不相同,其只要生命存在,就不可能

---

① 观点总结参见赵泽君,林洋."执转破"程序启动模式的分解与重塑[J].政法论丛,2018(3):65.

② 《个人独资企业破产清算程序的批复》规定:"根据《中华人民共和国企业破产法》第一百三十五条的规定,在个人独资企业不能清偿到期债务,并且资产不足以清偿全部债务或者明显缺乏清偿能力的情况下,可以参照适用企业破产法规定的破产清算程序进行清算。根据《中华人民共和国个人独资企业法》第三十一条的规定,人民法院参照适用破产清算程序裁定终结个人独资企业的清算程序后,个人独资企业的债权人仍然可以就其未获清偿的部分向投资人主张权利。"

③ 唐学兵.建立个人破产制度:畅通"执行不能"案件的退出机制[N].人民法院报,2018-12-19(008).

像组织体一样通过破产实现民事主体身份的剥夺,而且个人破产可能会导致其债务免除,因此会影响债权人的切身利益,所以,个人破产的启动程序包括"执转破"程序,还是依当事人申请主义为妥。当然,如果债权人不积极申请债务人破产或者同意执行法院启动"执转破"程序,则除了犯罪行为的被害人可以从执行程序中依民事责任优先受偿原则获得优先清偿以外,其他债权人应该在参与分配程序中与公法债权平等受偿。但在被执行人已经死亡或者被判处死刑立即执行的情形,因为其民事主体身份已经丧失或者即将丧失,所以有必要赋予人民法院依职权启动"执转破"程序的权力。

(三)破产程序中的民事债权优先受偿

2018 年下半年以来,随着一系列裁判文书的公之于众,"快播案"这部"鸿篇巨制连续剧"的"大结局"越发明朗。"百川东到海",从"中国裁判文书网"陆续发布的破产、行政、债权、劳动等方面的一系列相关裁判文书中大体可知,包括部分劳动债权在内的民事债权、行政罚款最终将在快播公司的破产程序中一体解决。截至 2019 年 1 月 2 日,从"中国裁判文书网"仍然查询不到快播公司刑事案件罚金刑的执行裁定书,如果这意味着快播公司的罚金刑尚未执行,那么,也就意味着民、行、刑三种公私债权的清偿将在破产程序中一体处理。当然,也有可能是快播公司已经主动缴纳了罚金。这种情况下,则破产程序不涉及罚金债权的问题。由于该案社会影响巨大,不排除整个案件的走向有一定的非司法因素的影响,有司法机关推迟行政诉讼二审判决至破产裁定作出之后的可能,但从案件最终走向破产这一结局来看,也可以得出公私债权冲突的最佳解决途径是破产制度的结论。

1.破产制度解决民事债权优先受偿问题的理由

刑事领域通过以《刑法》第 36 条、第 60 条以及《刑事涉财产执行规定》第 13 条为主的规定建立的刑事参与分配制度有比较大的局限性,必须把实现民事债权优先受偿的重任交给破产制度。

（1）参与分配制度的性质决定其无法实现民事债权的公平受偿

参与分配制度可溯至罗马法，蕴含债权平等思想。① 但德、法、日等大陆法系国家和地区所规定"执行分配"仅是为了解决多个债权人针对同一债务人的同一财产申请执行所引起的执行竞合问题，既不限制债务人主体资格，也不要求债务人的全部财产不足以清偿债务，德国立法也仅要求债务人的被执行的特定财产不足以清偿所有执行竞合的债务，②我国台湾地区的规定未限制债务人主体资格和财产状况，学者解读中虽将"须不足清偿全部债权"作为参与分配的要件，但其所谓的"不足清偿"也只是指执行债务人特定财产之所得金额不足清偿全部债权，③和德国的规定意思相同。

参与分配是执行竞合的表现和解决方法。④ 参与分配的性质是一种个别强制执行制度，但其只是处理执行竞合问题的方法之一。⑤ 其如何处理执行竞合，也存在平等主义、优先主义和折衷主义三种立法模式。采取平等主义立法模式的国家往往采取有限破产主义，采取优先主义立法模式的国家往往采取一般破产主义，而采取折衷主义立法模式的国家则是在其一般破产主义和执行优先主义的立法格局下，实现有限的债权人间的公平有序的受偿。⑥

我国《民事诉讼法》中并没有规定参与分配，自其由 1992 年《民诉法若干意见》确立以来，⑦该制度一直是通过司法解释加以规定的，到目前为止规定已几经变迁。目前民事诉讼的参与分配制度依据的是《民诉法解释》。根据该司法解

---

① 罗马法学家保罗在《论告示》第 59 编中指出："当债权人中的一人要求控制债务人的财产时，人们问：是否只有提出了要求的人才能够占有此财产？当只有一个人提出要求并且得到裁判官允许时，这是否使所有债权人均有了占有财产的可能性？确切地说，在裁判官允许占有之后，这不被看作是对提出要求者的允许，而被视为允许所有债权人占有财物。"参见斯奇巴尼.司法管辖权 审判 诉讼[M].黄风，译.北京：中国政法大学出版社，1992：80.

② 刘保玉.参与分配制度研究[M]//江必新，贺荣.强制执行法的起草与论证（三）.北京：中国法制出版社，2014：404.

③ 杨与龄.强制执行法论 最新修正[M].北京：中国政法大学出版社，2002：256.

④ 谭秋桂.民事执行原理研究[D].北京：中国政法大学，2000：214.

⑤ 执行竞合不一定发生财产不足清偿的后果，所以，在没有出现财产不足清偿的情况下，处理执行竞合适用顺位分配的方法，而就算出现财产不足清偿的情形，除了参与分配，还有破产分配也可以处理执行竞合问题。参见刘保玉.参与分配制度研究[M]//江必新，贺荣.强制执行法的起草与论证（三）.北京：中国法制出版社，2014：365.

⑥ 刘保玉.参与分配制度研究[M]//江必新，贺荣.强制执行法的起草与论证（三）.北京：中国法制出版社，2014：367-368，380.

⑦ 即《最高人民法院关于适用〈中华人民共和国民事诉讼法〉若干问题的意见》，本书简称《民诉法若干意见》，该司法解释已失效。

释 506 条和第 507 条，①参与分配的适用条件是：第一，被执行人只能是自然人或非法人组织，不适用于企业法人；②第二，普通债权申请参与分配必须取得执行依据，因优先权或担保物权可对执行标的优先受偿的债权除外；③第三，被执行人财产不能清偿所有债权；④第四，申请须在执行开始后、终结前提出。分配顺序上，普通债权平等分配。⑤

对于我国民事诉讼参与分配的立法目的或者说功能定位究竟是什么，存在不同理解，相当一部分人认为该制度是在我国有限破产主义立法模式下，为弥补自然人和非法人组织无破产能力导致其债权人在其财产不足情形下难以公平受

---

① 《民诉法解释》第 506 条规定："被执行人为公民或者其他组织，在执行程序开始后，被执行人的其他已经取得执行依据的债权人发现被执行人的财产不能清偿所有债权的，可以向人民法院申请参与分配。对人民法院查封、扣押、冻结的财产有优先权、担保物权的债权人，可以直接申请参与分配，主张优先受偿权。"第 507 条规定："申请参与分配，申请人应当提交申请书。申请书应当写明参与分配和被执行人不能清偿所有债权的事实、理由，并附有执行依据。参与分配申请应当在执行程序开始后，被执行人的财产执行终结前提出。"2015 年《民诉法解释》第 508、509 条规定相同。

② 这是对《最高人民法院关于人民法院执行工作若干问题的规定（试行）（2008 调整）》第 96 条规定的企业法人参照适用参与分配规定的修正。该第 96 条规定："被执行人为企业法人，未经清理或清算而撤销、注销或歇业，其财产不足清偿全部债务的，应当参照本规定 90 条至 95 条的规定，对各债权人的债权按比例清偿。"实际上，其前身《最高人民法院关于人民法院执行工作若干问题的规定（试行）》（法释〔1998〕15 号）第 96 条的规定与此相同。但在《最高人民法院关于人民法院执行工作若干问题的规定（试行）（2020 修正）》（法释〔2020〕21 号）中，该条规定已被删除。本书中，上述三个司法解释分别简称"1998 年《执行工作规定》"、"2008 年《执行工作规定》"和"2020 年《执行工作规定》"。

③ 1992 年的《民诉法若干意见》（已失效）第 297 条规定："被执行人为公民或者其他组织，在执行程序开始后，被执行人的其他已经取得执行依据的或者已经起诉的债权人发现被执行人的财产不能清偿所有债权的，可以向人民法院申请参与分配。"也就是只要债权人""已经起诉"也可以申请参与分配。但在1998 年《执行工作规定》第 90 条就已经明确规定能够申请参与分配的主体仅为"对该被执行人已经取得金钱债权执行依据的其他债权人"。

④ 这一规定是 2015 年《民诉法解释》（2022 年《民诉法解释》延续其规定）对 2008 年《执行工作规定》第 90 条（这也是 1998 年《执行工作规定》第 90 条，但在 2020 年《执行工作规定》中已经删除）的修正。2008 年《执行工作规定》第 90 条规定："被执行人为公民或其他组织，其全部或主要财产已被一个人民法院因执行确定金钱给付的生效法律文书而查封、扣押或冻结，无其他财产可供执行或其他财产不足清偿全部债务的，在被执行人的财产被执行完毕前，对该被执行人已经取得金钱债权执行依据的其他债权人可以申请对该被执行人的财产参与分配。"《民诉法解释》所作的"被执行人的财产不能清偿所有债权的"规定也存在"被执行的财产"和"所有债权"具体含义不清以及"不能清偿"由谁来确定的司法疑难问题，有法官撰文指出对该规定应从宽把握。参见黄宝生，陈雷."被执行人的财产不能清偿所有债权"应从宽把握[J].人民司法（案例），2017(26)：53-57.

⑤ 《民诉法解释》第 508 条："参与分配执行中，执行所得价款扣除执行费用，并清偿应当优先受偿的债权后，对于普通债权，原则上按照其占全部申请参与分配债权数额的比例受偿。清偿后的剩余债务，被执行人应当继续清偿。债权人发现被执行人有其他财产的，可以随时请求人民法院执行。"

偿的破产制度缺陷而创立的"准破产程序",①此说一定程度上是对我国参与分配制度的客观描述,但参与分配制度的制定者一直未曾忘记该制度是民事强制执行制度的属性,从 1992 年《民诉意见》到 1998 年《执行工作规定》再到 2015 年《民诉法解释》,可以清晰地看到参与分配适用范围的限缩轨迹,所以,本书赞同刘保玉教授对我国参与分配制度功能的定位,即其不是为了实现所有债权人的平等受偿,"而只是力所能及地解决参与分配之适格债权人就执行标的物所得价金的有限公平有序受偿问题。"②"力所能及""适格债权人""有限"这几个词使用的非常恰当,恰当地指出了我国参与分配制度效率优先、兼顾公平的价值取向,也反映了该制度在实现民事债权公平清偿方面的力不从心。

民事诉讼参与分配制度如此,《刑事涉财产执行规定》确立的刑事参与分配制度又能有什么过人之处吗? 也无非是力所能及地解决刑事参与分配之适格民事债权人就执行标的物所得价金的有限优先受偿问题罢了。而"力所能及"只是"力不从心"的另一种说法而已。

(2)民事债权优先受偿本身就是一个只有破产制度能解决的终局性问题

破产制度的使命就是在债务人出现资不抵债等破产事由时,以严谨、繁复的程序将债务人责任财产即破产财产公平地清偿公私债权。虽然,破产制度也追求效率,但公平才是其追求的首要价值,破产公告、债权申报、债权人会议、破产清算等一系列破产程序不厌其烦、有条不紊地进行,其目的就是要实现债权人的公平受偿。不论是有担保的债权还是无担保的债权,不论是优先债权还是普通债权,不论是到期的债权还是没到期的债权,不论是取得执行依据的债权还是没有取得执行名义的债权,不论是有争议的债权还是没有争议的债权,不论是公法债权还是民事债权,不论是尚未清偿的债权还是一定时间内已经清偿但属于偏颇清偿的债权,都会按照公平这一价值目标,在充满价值衡量的各个条文的规范下,按照法定的顺序获得清偿或者不清偿甚至撤销已有的清偿。

再看民事债权优先受偿原则本身,其适用的前提就是债务人的财产不足清偿,所以,其本身就是一个只有破产法才能解决的终局性问题。不但如此,也只有破产法能通过规定对公法债权偏颇清偿的撤销制度来消除因公权力对债务人责任财产"先下手为强"造成其后的民事债权受偿受到的严重负面影响,起到"亡

---

① 江必新.强制执行法理论与实务[M]. 北京:中国法制出版社,2014:686-687.

② 刘保玉.参与分配制度研究[M]//江必新,贺荣.强制执行法的起草与论证(三).北京:中国法制出版社,2014:382-383.

羊补牢,未为晚也"的事后补救作用。

即便在个人破产、遗产破产尚未建立的情况下,在判处没收全部个人财产和被判处死刑立即执行附加没收财产或罚金但财产不足以清偿全部债权的情况下,也有必要通过建立个人财产或遗产的清算制度代替破产制度的功能,对民事债权优先于惩罚性公法债权而获公平清偿。

2.破产法中民事债权优先制度的核心内容

(1)将财产性公法责任规定为劣后债权

将财产性公法责任规定为劣后债权外国早有立法例,如日本、德国、美国破产法等。① 虽然由于劣后债权的劣后性而在现实的破产案件中很难获得清偿,其制度效果与除斥债权看似差不多,但由于劣后债权仍是破产债权,所以会有以下好处:

首先,在衡量债务人是否达到破产界限时,劣后债权是同普通债权一样被考虑在内的。

"绝大多数国家都将支付不能作为当然的破产原因,一些国家还将债务超过和停止支付作为破产原因,但多数国家将停止支付作为推定支付不能的事由。"②我国《企业破产法》第2条第1款对破产原因则加了一些限定条件,③不能简单地归属于上述任何一类。但为了降低破产启动的"门槛",《企业破产法规定(一)》第2条将《企业破产法》第2条破产原因中的"不能清偿到期债务"即"支付不能"解释成了"停止支付"。④ 按照现行《企业破产法》第2条和《企业破产法规定(一)》第1条,对于破产原因的规定除了"债务人不能清偿到期债务"以外还至少要具备以下情形之一:"资产不足以清偿全部债务"(即"债务超过""资不抵

---

① 《德国破产法》第39条、《日本破产法》第99条、《美国法典》第11章第726条a款。

② 周美华.我国破产法关于破产界限的规定述评[J].集美大学学报(哲学社会科学版),2007(3):31.

③ 《企业破产法》第2条第1款规定:"企业法人不能清偿到期债务,并且资产不足以清偿全部债务或者明显缺乏清偿能力的,依照本法规定清理债务。"

④ 《企业破产法规定(一)》第2条:"下列情形同时存在的,人民法院应当认定债务人不能清偿到期债务:(一)债权债务关系依法成立;(二)债务履行期限已经届满;(三)债务人未完全清偿债务。"

债")，或"明显缺乏清偿能力"，该司法解释第 3 条、第 4 条还对这两者作出了界定。① 《企业破产法》第 2 条第 1 款规定的"到期债务"和"全部债务"是否包括财产性公法责任，将对判断那些同时承担民事债务和财产性公法责任的债务人是否达到破产界限影响很大。

　　快播案中，快播公司于 2014 年 6 月 26 日就已经收到 2.6 亿天价罚单，在预感到回天无力的情况下，在 2014 年 7 月份经公司内部协商后就以短信形式通知员工尽早申请劳动仲裁，以便在破产清算中优先受偿。② 作为用人单位，快播能做到这点，对于其劳动者而言已经算有情有义了。由于破产并非只是一个商事问题，所以不排除有其他因素促使快播公司存续到被追究刑事责任从而达到更强的警示效果和更大预防犯罪作用的可能。但如果抛开这些可能的外在因素不谈，单就破产而言，如果我国破产法将公私债权均纳入判断债务人是否达到"资不抵债"程度的债权范围的话，也许快播公司的破产程序会在收到天价罚单之后不久就能启动，而没必要拖到快播公司被追究刑事责任、缴纳大额罚金之后，直到 2018 年 8 月才由人民法院受理由债权人以快播公司"不能清偿到期债务"且"明显缺乏清偿能力"为由提出的破产申请了，这 4 年多的时间损失了各债权人、司法机关很多人力、物力、财力。

　　其次，劣后债权人也是债权人，这就为公法上的债权人享有破产申请权提供了前提依据，③虽然财产性公法责任常能快人一步获得执行，但若遭遇被执行人财产不足情况，即便作为劣后债权，仍可在"满足优先债权、普通债权清偿后且剩余的破产财产也能够清偿之下得到合理清偿"，④并有希望仰赖破产法对债务人破产前法定期间的赠与财产、免除债务及明显不合理低价转让财产等行为的撤

---

　　① 《企业破产法规定(一)》第 3 条："债务人的资产负债表，或者审计报告、资产评估报告等显示其全部资产不足以偿付全部负债的，人民法院应当认定债务人资产不足以清偿全部债务，但有相反证据足以证明债务人资产能够偿付全部负债的除外。"第 4 条规定："债务人账面资产虽大于负债，但存在下列情形之一的，人民法院应当认定其明显缺乏清偿能力：(一)因资金严重不足或者财产不能变现等原因，无法清偿债务；(二)法定代表人下落不明且无其他人员负责管理财产，无法清偿债务；(三)经人民法院强制执行，无法清偿债务；(四)长期亏损且经营扭亏困难，无法清偿债务；(五)导致债务人丧失清偿能力的其他情形。"
　　② 张棉棉.快播提醒员工提起劳动仲裁争取破产优先受偿[EB/OL].(2014-07-17)[2014-12-20].http://china.cnr.cn/ygxw/201407/t20140717_515875761.shtml.
　　③ 韩长印.破产法学[M].北京：中国政法大学出版社，2007：32.
　　④ 于新循，彭旭林.论我国破产债权例外制度——基于劣后债权的制度构建视角[J].四川师范大学学报(社会科学版)，2015，42(03)：46.

销制度获得清偿。如此,"可兼顾保护无辜债权人和维护公法权威"。①

再次,劣后债权是破产债权,而且是劣后的破产债权,这就为破产程序中撤销破产临界期内债务人主动或被动承担财产性公法责任的行为提供了前提依据。

《全国法院破产审判工作会议纪要》虽然规定了行政罚款、刑事罚金等惩罚性公法债权为劣后债权,但并没有明确这些惩罚性公法债权在衡量债务人是否达到破产界限时是否应被考虑在内,惩罚性公法债权人可否作为债权人提出破产申请也不明确,至于能否针对已被执行的罚款、罚金行使撤销权,则被《企业破产法规定(二)》直接否定了。② 这样的劣后债权规定在实现民事债权优先方面,并不能达到预期的效果。

(2)允许撤销破产临界期间债务人承担财产性公法责任的行为

根据《德国破产法》第129条的规定,破产管理人对于"在破产程序开始之前作出的损害债权人利益的法律上的行为"有权提出撤销,不论该行为是债务人的积极作为还是不作为,也不论是债务人本人的行为还是第三人对债务人实施的行为。且根据该法第141条,即使该法律上的行为"取得可执行的债务名义或因行为系由于强制执行所致",亦可以撤销。而"法律上的行为"就包括债务人支付罚金的行为。③ 美国的司法判例中法官也认为,国会基于某种立法目的,可以通过行使立法权来排除破产撤销权对于债务人偏颇清偿某类债务行为的适用,但那是属于国会的职权,既然国会没有通过立法排除撤销权对危机期间债务人偏颇清偿罚金、罚款、没收行为的适用,那么法院自然没有权力否认破产托管人有权提出这种撤销,只要债务人在危机期间支付罚金、罚款、没收的行为符合法律所规定的危机期间偏颇清偿的构成要件,就可以被撤销。④

虽然我国破产法规定人民法院受理破产申请前6个月内债务人在存在破产

---

① 徐振增,宫艳艳.破产法设置劣后债权的问题研究[J].广西民族大学学报(哲学社会科学版),2015,37(02):140.

② 《最高人民法院关于适用〈中华人民共和国企业破产法〉若干问题的规定(二)》(2020年修正,法释〔2020〕18号),本书简称《企业破产法规定(二)》,其第15条:"债务人经诉讼、仲裁、执行程序对债权人进行的个别清偿,管理人依据企业破产法第三十二条的规定请求撤销的,人民法院不予支持。但是,债务人与债权人恶意串通损害其他债权人利益的除外。"

③ 莱因哈德·波克.德国破产法导论[M].王艳柯,译.北京:北京大学出版社,2014:111.

④ The memorandum opinion of Liberty Mutual Insurance Company as fiduciary for t v. State of New York et al[EB/OL].(2015-01-25)[2017-02-11].https://www.gpo.gov/fdsys/pkg/USCOURTS-nyeb-8_09-ap--08126/pdf/USCOURTS-nyeb-8_09-ap--08126-0.pdf.

原因的情况下仍对个别债权所为的清偿行为可被撤销，①但一方面，我国的司法解释将财产性公法责任规定为除斥债权，另一方面，根据《企业破产法规定（二）》第 15 条的规定，破产管理人根据《企业破产法》第 32 条请求撤销"债务人经诉讼、仲裁、执行程序对债权人进行的个别清偿"将不获法院支持，②故按照现行规定，不可能撤销破产临界期间债务人主动或被动承担财产性公法责任的行为。

针对财产性公法责任往往快于民事债权得以执行的情况，完全可以运用破产法上的对破产临界期个别清偿行为的撤销制度，将在破产临界期实际缴纳的罚金、没收财产及罚款重新纳入破产财产范围，由全体债权人公平受偿。

三、刑事特别没收对民事责任优先原则的有限适用

以特别没收财产对被害人进行补偿，他国已有立法例。如依据《美国联邦法典》第 21 编第 853 条第 i 款和第 18 编 981 条第 e 款的规定，联邦总检察长享有将被没收财产用于补偿被害人的自由裁量权。补偿被害人是美国联邦司法部财产没收计划署的一项主要任务。被害人通常通过两种途径从被没收的财产中获得补偿。当被害人人数及损失数额明确，被没收的财产将根据法院作出的赔偿被害人的判决按比例分配给被害人；当法院因某种原因未作出赔偿被害人的判决，政府可在被害人的申请下，根据被害人的损失及没收财产的总额决定返还的财产数额。③ 在英国，如果被害人对于因犯罪行为所遭受的财产损害向法院提起赔偿诉讼，为了保障被害人的足额受偿，即便在检察官提出对涉案财物的没收申请后，法官也有权决定是否启动没收程序。④ 他国立法经验，在设计我国制度时均有一定的借鉴意义。

---

① 《企业破产法》第 32 条："人民法院受理破产申请前六个月内，债务人有本法第二条第一款规定的情形，仍对个别债权人进行清偿的，管理人有权请求人民法院予以撤销。但是个别清偿使债务人财产受益的除外。"

② 《最高人民法院关于适用〈中华人民共和国企业破产法〉若干问题的规定（二）》（法释〔2013〕22 号），本书简称《企业破产法规定（二）》，其第 15 条规定："债务人经诉讼、仲裁、执行程序对债权人进行的个别清偿，管理人依据企业破产法第三十二条的规定请求撤销的，人民法院不予支持。但是，债务人与债权人恶意串通损害其他债权人利益的除外。"

③ 陈丹．美国没收财产制度的类型、效益、挑战及启示[J]．江苏警官学院学报，2017，32（04）：43．

④ 蔡可尚，庞梅．《刑法》第 64 条的实然解读与应然重构[J]．刑法论丛，2016，46（02）：253 注释。

(一)适用条件

刑事涉案财物处置措施对于民事责任优先原则的适用过于狭窄。除了非法占有、处置被害人合法财产而导致的返还不当得利和赔偿损失的债权能够优先于没收违法所得以外，应允许受害人因犯罪行为侵害其人身或财产引起的其他债权也能够在犯罪人合法财产不足以清偿时，从犯罪人的违法所得中获得清偿，不但如此，还应把此种前提下优先清偿的客体从违法所得扩大到性质上属于非违禁品的供犯罪所用的犯罪人的本人财物，如作为流通物的汽车、电脑、房屋等。至于国家本该没收却因满足被害人民事责任优先承担而未实际没收的财产价值，则应转化为国家的公法债权，留待将来继续向犯罪人追征。

首先，之所以在刑事特别没收上适用民事责任优先原则，是因为不论被害人的上述哪种债权，均由犯罪行为所引起，所以以违法所得或供犯罪所用的犯罪人的本人财物来使其优先于没收上缴国库而获清偿，在因果关系上说得通。而其他债权人的民事债权与刑事特别没收之财物并不具有这种因果关系。因此，对于刑事特别没收不能普遍性地适用民事债权优先受偿原则。最高人民法院执行局法官所撰文章中称，作为特别没收对象的违法所得等涉案财产，并非被告人的合法财产，因此不能用来偿还债务，只能上缴国库、返还被害人。① 这种观点实际上没有认识到刑事被告人对被害人所负的债务和其他被告人债务的不同之处。司法实践中，有法院在执行被刑事判决认定为作案工具应予没收上缴国库的车辆拍卖所得价款优先用于实现了抵押权人的债权。② 这是一种尊重民事财产权利的做法。既然抵押权人能享受优先受偿权，被害人也应当有这个权利。

其次，所谓刑事特别没收有限适用民事责任优先原则之"有限适用"，指的就是对于除了因犯罪人非法占有、处置被害人合法财产而导致的被害人的返还不当得利和赔偿损失的债权以外的被害人因犯罪行为引起的对犯罪人享有的民事债权，适用民事责任优先原则的前提是犯罪人的合法财产不足以清偿这些债务。如果犯罪人的合法财产足以清偿这些债务，被害人的债权能得到实现，国家实施特别没收所追求的公法价值也能实现，互不干扰。

(二)具体设计

在同时进行的刑事附带民事诉讼并判决同时生效的情况下，比较好解决。

---

① 周加海,黄应生.违法所得没收程序适用探讨[J].法律适用,2012(9):12-15.
② 参见"李明波案",广西壮族自治区兴业县人民法院执行裁定书(2016)桂 0924 执 74-1 号。

可以在特别没收的执行中直接对符合适用条件的被害人民事债权优先清偿。

如果被害人另行提起民事诉讼，或者附带民事诉讼在刑事审判之后作出有效判决，则特别没收程序没必要等待，特别没收的财物应上缴拨付专项救助补偿基金之中。在后另行提起的民事诉讼或者在后审理判决的附带民事诉讼支持了被害人的诉讼请求，却在强制执行阶段无法获得清偿时，可以按照一定的标准向专项救助补偿基金申请救助补偿，基金赔付救济后，相应救助补偿款额转化为国家对犯罪人的公法债权，有权向犯罪人追偿。

下面着重谈一下国家罚没款收入拨入受害人救济补偿基金。前文指出，惩罚犯罪或者违法行为的正当性不能证成国家取得财产刑、财产罚的经济利益的正当性，国家必须将这些财产用于救济所保护的法益或至少用于预防所保护的法益遭受损失，才是正当的。孔子《大学》云，"国不以利为利，以义为利也"。某种意义上，司法机关和行政机关是代表国家替犯罪或违法行为的受害人来"讨债"的，而非来"争产"、"抢饭碗"的，所以，即便罚没收入国库也仅是暂存和代管的性质，其最终用途应是救济受害人、预防犯罪和违法行为，维护公共利益。这种思想在国外的立法中已有体现。

比如《奥地利行政罚法》第 15 条就明确规定："罚锾与没入之物，如行政法规无特别规定时，拨归地方（行为地）救济事业团体。"[1]正所谓"取之于民，用之于民"，只不过是取之于"恶"民，而用之于"善"民。

在美国，主要是通过将收缴的罚金、罚款投入各类救助补偿基金的方式来实现"把钱用在刀刃上"。根据美国 1984 年的《联邦犯罪被害人法》(The Victims of Crime Act of 1984，缩写 VOCA) 所设立的犯罪被害人基金 (The Crime Victims Fund)，其主要资金来源就包括：因违反联邦法律而被处以的罚金、被没收的出庭保证金、被没收的犯罪违法收益、对犯有轻罪和重罪的犯罪人按照不同比例征收的特别税以及他人的赠与、捐赠、遗赠等。[2] 而事实上，犯罪被害人基金是美国犯罪被害人国家补偿机制的一个重要组成部分，是犯罪被害人国家补偿的重要资金来源。根据《联邦犯罪受害人法》，[3]符合一定资格的被害人可以

---

[1]　萧榕. 世界著名法典选编 行政法卷[M]. 北京：中国民主法制出版社，1997：79.

[2]　参见美国司法部犯罪受害人办公室网关于 Crime Victims Fund 的介绍。Crime Victims Fund [EB/OL]. (2014-09-24)[2019-01-02]. http://www. ovc. gov/pubs/crimevictimsfundfs/intro. html # VictimComp.

[3]　相关内容集中规定于《联邦犯罪受害人法》第三章"被害人补偿"和第四章"被害人赔偿"。参见赵可. 犯罪被害人及其补偿立法[M]. 北京：群众出版社，2009：75-281.

向各州专门的补偿机构在一定限额内申请包括医疗费、收入损失、合理收益损失、护理费、合理的丧葬费等"因死亡或身体上、精神上或心理上的伤害引起的任何经济损失"的补偿,而且被害人是否已经申请赔偿令或另行提起民事诉讼在所不问,①只不过补偿机构因此而取得代位追偿权。即便事后被害人从赔偿令或民事诉讼中取得更多赔偿,也仅需扣除已从补偿机构获得的补偿即可。由此,不但实现了罚金的惩罚功能,也解除了被害人的后顾之忧,实现对被害人救济的人道、人权的立法目的。除了用于被害人国家补偿,犯罪被害人基金还用于一系列的联邦、州、印第安部落的受害人援助项目。而美国的罚款(Civil Penalty)本身就有政府替民"申冤讨债"的民事公诉属性,是美国政府监管的重要手段,广泛用于证券、环保、食品药品安全、汽车安全、反腐败等诸多领域,诸如葛兰素史克公司被罚款 30 亿美元、英石油因墨西哥湾原油泄漏被罚款 40 亿美元这样的天价罚单更是屡屡开出,但是,除了上交联邦或者州国库、奖励举报人、在严格监督下归入执法基金以外,②"民事罚款也用于公共利益,有时成立基金,有时直接拨付到地方",用于补偿和救助违法行为的受害人和弥补因违法行为而造成的公益损失。③ 正如时任美国联邦总检察长(司法部长)的埃里克·霍尔德(Eric Holder)在介绍美国联邦检察官办事处在 2013 财年从刑事和民事案件中征缴的特种税(Special Assessments)情况时说的:"司法部的执法行为不仅仅是为了匡扶正义,同时也要为美国人民带来有价值的回报。"④

事实上,前述刑事受害人国家补偿制度自 20 世纪 60 年代就在新西兰创设,此后几十年,包括英国、美国、加拿大、法国、德国、瑞典、意大利等欧美、大洋洲国家和日本、韩国、菲律宾、泰国等亚洲国家和地区纷纷在立法中确立了该制度,联合国在 1985 年《给犯罪和滥用权力的被害人以公正待遇的基本原则宣言》(Declaration of Basic Principles of Justice for Victims of Crime and Abuse of Power)也规定了国家补偿被害人原则。⑤ 而我国立法在这方面仍没有实质进

---

① 根据美国《联邦犯罪被害人法》第 407 条规定,刑事案件中的赔偿令不影响被害人另行提起民事诉讼。

② 陈太清.美国罚款制度及其启示[J].安徽大学学报(哲学社会科学版),2012,36(05):119-120.

③ 王静.丰田被美国狠罚的背后[EB/OL].(2010-04-15)[2014-09-25].http://www.legaldaily.com.cn/zmbm/content/2010-04/15/content_2112217.htm? node=7575.

④ U. S. Attorney's Office collects \$ 11. 6 million in civil and criminal actions for U. S. taxpayers in fiscal year 2013[EB/OL].(2014-01-09)[2014-9-24].http://www.justice.gov/usao/ct/Press2014/20140109.html.

⑤ 赵可.犯罪被害人及其补偿立法[M].北京:群众出版社,2009:167-168.

展。我国类似的规定凤毛麟角,如《道路交通安全法》第 98 条规定机动车所有人、管理人因未投保机动车第三者责任强制保险所处罚款全部纳入道路交通事故社会救助基金,这一规定有仿效美国做法的意味,但对受害人而言,可谓杯水车薪。以被害人弱小之力尚且不足以通过民事赔偿之诉自保,反而在国家的罚金、罚款、刑事特别没收面前大有"螳臂当车"的无奈。现行民事责任优先制度也仅是用国家的"谦抑"实现了两个个体间的利益平衡,是典型的"无为而治",且不论其他个体利益和公共利益被抛于何处,其有效的前提是犯罪人或者违法行为人的口袋里有钱且能"掏"得出来,而汇聚罚没收入的国家补偿制度,则能起到集零为整、分散风险的作用,而且对犯罪人、违法行为人财力的依赖弱,对于受害人而言,则可谓"东边不亮西边亮"。可见,在我国抓紧建立国家补偿制度,取罚款、罚金建立各种救助补偿基金是十分必要的。

第四章　与行政财产责任并存之民事债权的优先受偿

　　行政法领域的民事债权优先受偿与刑法领域的民事债权优先受偿既有联系又有区别。二者的联系主要表现在，都需要以破产法对民事债权优先受偿问题进行终局处理，所需要的强制执行和破产的衔接制度也大部分相同，二者的主要区别是在强制执行阶段的民事责任优先方法差别较大。由于有刑事附带民事诉讼、责令退赔等制度的存在，刑事诉讼凭现有的制度条件也是能将民事责任优先制度运转起来的，只是不够完善。但行政法领域的民事责任优先制度设计必须充分考虑行政强制执行的类型，必须兼顾行政法的效率价值目标，不能不计后果的推行民事责任优先。现行制度条件下，只有申请人民法院强制执行还有可能适用民事责任优先原则，行政机关自行执行情形基本没有适用该原则的可能。一是作出行政处罚的行政机关对民事实体法律关系没有审判裁决权；[①]二是行政处罚执行速度往往比民事诉讼快很多；还有一个最关键的问题是行政机关执行程序没有跟司法执行程序对接，民事主体没有进入行政机关执行程序主张民事责任优先的渠道。只有建立行政执行与民事、刑事执行的衔接制度，行政机关自行强制执行的程序中才能有建立民事责任优先制度的可能性，这是行政法领域建构民事债权优先制度的重点内容。

---

　　① 在我国，某些行政机关对特定民事关系有一定的裁决权，但范围很狭窄，往往跟行政处罚并不相关。至于《行政诉讼法》第61条规定的行政诉讼与民事争议一体审理的规定，根本不适用于行政处罚案件，所以没有讨论的必要。

一、财产罚合理化

行政法对罚款和行政没收的规定本身存在很多不合理之处,其结果不但损害了行政相对人的利益,还间接侵害了行政相对人的债权人的利益,在行政相对人责任财产不足的情况下,会直接与行政相对人债权人的债权发生价值冲突。去因免果,对罚款和行政没收的合理化改造是在行政法领域实现民事债权优先受偿的首要工作。

(一)罚款合理化

1.清楚定位罚款与罚金的制度功能

与日本等国家单纯或者主要根据行为类型区分刑事违法行为与行政违法行为的立法例不同,[①]"在中国,在相当多的场合,犯罪与其他违法行为不是行为类型的不同,而是行为程度的不同。"[②]虽然行政违法行为与犯罪不是也不应当是一一对应的关系,但"在行为类型上有中国特征的是,刑事违法与一般违法往往存在着重合的状态。"[③]对行政违法行为的惩罚机制为行政处罚,而罚款正是行政处罚之一种;对犯罪行为的惩罚机制是刑罚,而罚金正是刑罚之一种。一如对不同危害程度的同种犯罪行为规定高低落错的刑格一样,对同一类型而程度不同的行政违法行为与犯罪行为,应当在惩罚的严厉程度上体现法律作为一个整体对二者的不同态度。虽然罚款和罚金分别属于行政责任和刑事责任,但二者在本质上均是对危害社会秩序行为的金钱惩罚,正如行政处罚中的自由罚与刑罚中的自由刑,具有同质性但轻重明显有别,罚款和罚金在总体上也应当体现这种轻重有别,否则,连二者之间作为区分"犯罪"和"违法"的"形式上的符号性差

[①]　关振海.中外行政犯罪与行政违法行为界分模式述评[J].刑法论丛,2012(4):375-391.

[②]　高铭暄,孙晓.论行政犯罪与行政违法行为的界分[J].江海学刊,2008(5):135.

[③]　李洁.中日刑事违法行为类型与其他违法行为类型关系之比较研究[J].环球法律评论,2003(3):283.

别"都将丧失，[1]并会混淆中国民众心中刑罚为"最后、最严厉"的惩罚手段的法律认知。这就需要通过《刑法》和《行政处罚法》的修改完善做好这种轻重有别的立法衔接工作，做到罪责相适应和过罚相当。当然这只是总则性的规定，对各种类型相同而程度不同的行政违法行为和犯罪的行政处罚和刑罚的惩罚轻重程度的衔接工作必然依赖刑法和大量行政法的反复而漫长的修改完善工作，虽工程浩大，但别无他途。

2. 罚款设定权收归法律

从比较法上来看，"为了避免行政罚款滥用，大陆法系法域非常重视从规范层面对行政罚款设定权进行节制。其中，将行政罚款设定权仅赋予法律这一种规范性文件，是其共通的立法模式。"[2]而美国的行政罚款也限定为由国会立法创设。[3] 国外立法之所以如此，正是出于限制行政权力、保护私权利，防止滥用前者而侵害后者。我国也有必要将行政罚款设定权划归法律保留事项，只能由国家立法机关行使。一旦如此，其间接作用必然是减少罚款对行政相对人之债权人的冲击。

3. 合理设计罚款数额

（1）罚款限额收归法律设定，采取一般规定与特别规定相结合的方式

为实现对私人财产权的尊重和保护，与罚款设定权收归法律相对应，罚款限额的设置也应一并收归法律。但是，相较于一般违法行为，由于在经济法、环境法等特定领域往往须设置更高的罚款限额才能发挥其作用，故而，可以采取在《行政处罚法》中设置罚款限额的一般规定，同时规定"法律另有规定的除外"，以此将特别罚款限额的设置引致到诸如证券法、反垄断法、反不正当竞争法、消费者权益保护法、产品质量法、环境保护法等特定领域的法律中。在此基础上，法

---

① 冯亚东认为，罚金刑与罚款作为财产性责任，并无实质性差别，两种处罚的法律意义仅是区别"犯罪"和"违法"的形式上的符号，但不同符号并未记载不同的实质内容，最终结果是使人们认为这两个不同的语词（罚金和罚款）表达的是同一的概念（缴纳金钱）。该文进而认为，根据"以刑制罪"这种反向思维，在我国当前文化和法制背景之下，但凡仅适合施以单处罚金刑的违法行为均不适合纳入刑法调整，而立法上仍应将其限制为行政责任。本书赞同冯教授提出的罚金与罚款"同质符号论"，并认为如能完善立法，确保罚款限额合理、罚款数额确定方式明确、行政机关自由裁量权恰当约束和行政相对人权利救济途径有效畅通的情况下，立法上使仅适合单处罚金刑的违法行为退位为行政违法行为亦无不可。参见冯亚东.罪刑关系的反思与重构——兼谈罚金刑在中国现阶段之适用[J].中国社会科学，2006(5):125-134，208.

② 陈太清.规范行政罚款的基本思路[J].理论探索，2013(1):126.

③ 陈太清.美国罚款制度及其启示[J].安徽大学学报（哲学社会科学版），2012，36(5):120.

规、规章均应在法律所设定科处罚款的违法行为种类中和法律所规定的罚款限额之内进行细化与可操作化。

（2）完善罚款数额确定方式，使其具有科学性、严谨性

禁止使用概括式，慎用固定数值式及固定倍率式，将数值封顶式和倍率封顶式结合其他设定方式使用，并在立法前进行充分的实证研究和定量分析以符合不同类型违法行为的制裁需要，[1]同时，应参考德国《违反秩序法》，规定对过失违法行为比照故意行为按一定比例减少罚款数额。对环境保护、消费安全、反垄断等领域的持续性违法行为，可借鉴美国等国家和地区按日计罚的立法规定，保证其有效性。应借鉴美国《联邦民事罚款通货膨胀调整法》的立法经验，立法上建立罚款的定期调整机制。为约束执法者过大的自由裁量权，法规和规章应细化处罚标准，并可借鉴美国立法经验，规定行政机关有义务释明所处以的处罚额度的根据。[2]

（3）罚款数额的设定应充分考虑行为主体和行为种类的不同

在这方面，《西藏自治区人大常委会关于自治区人民政府规章设定罚款限额的规定》的做法值得肯定，其将违法行为人区分为公民与法人和其他组织两种，对前者的罚款数额少于后者，同时对两类主体的违法行为进一步分为违反国家安全、公共安全、生态环境保护、有限自然资源开发利用以及直接关系人身健康、生命财产安全方面的行政管理秩序的行为和违反其他行政管理秩序的行为，对前者的罚款数额多于后者。[3] 待罚款及罚款限额设定权收归法律后，这种区分行为主体和行为种类的罚款数额设定方式应当充分运用。

（二）行政没收合理化

1.明确界定没收标的

对于什么是违法所得，《行政处罚法》未作界定，学术界有三说：全部说、利润

---

[1]　李海婷.罚款数额的确定及调整机制[J].广西政法管理干部学院学报,2010,25(1):64-66,129.

[2]　陈太清.规范行政罚款的基本思路[J].理论探索,2013(1):127.

[3]　2018年修订的《西藏自治区人大常委会关于自治区人民政府规章设定罚款限额的规定》第2条规定:"西藏自治区人民政府制定的政府规章,设定罚款的,按下列规定执行:(一)对公民违反国家安全、公共安全、生态环境保护、有限自然资源开发利用以及直接关系人身健康、生命财产安全方面的行政管理秩序的行为,设定罚款不得超过2000元;除以上情形外,对公民违反其他行政管理秩序的行为,设定罚款不得超过200元。(二)对法人和其他组织违反国家安全、公共安全、生态环境保护、有限自然资源开发利用以及直接关系人身健康、生命财产安全方面的行政管理秩序的行为,设定罚款不得超过10万元;除以上情形外,对法人和其他组织违反其他行政管理秩序的行为,设定罚款不得超过3万元。"

说和折中说。① 各行政主管部门出台的规定对各自主管领域内的"违法所得"的界定各不相同,据学者总结,主要有以下几种:违法所得为从事相关违法活动所取得的全部收入;违法所得是违法从事相关生产、经营活动所取得的销售收入;违法所得为收入扣除合理支出的剩余部分;不同情形按不同标准认定违法所得;违法所得为被指定的经营者通过销售质次价高商品或滥收费用所取得的非法收益;违法所得为贿赂所得。② 没收违法所得这种行政处罚主要在各种行业监管和市场监管中适用,多被商法、经济法规定。正因如此,各行政主管部门界定的违法所得都侧重于违法行为的收益或者收入,不论具体如何计算,其主要表现形式为金钱,其次才是收取的有形物等。大多数情况下,违法所得并非源于直接侵占受害人财产,而是侵权所获收益或者不当得利。但公安机关对于违法所得的理解与各类市场监管部门的理解有所不同,根据《治安管理处罚法》③《公安机关办理行政案件程序规定》第 194 条第 3 款,第 195 条第 2 款和第 196 条第 1 款第(一)项的规定,可以看出公安机关办理行政案件中追缴的违法所得是包括应当最终返还(退还)给被侵害人的财物的,④因此,公安机关对于行政案件中的违法所得的理解和对刑事案件中违法所得的理解相同,是包括了非法占有的他人合法财产的。这与公安机关行政案件受案范围与行业监管或市场监管部门的行政案件受案范围区别较大,而与刑事案件受案范围更接近有很大关系,也跟公安机关本身也处理刑事案件有关。目前我国大多数相关行政立法是规定将违法所得直接没收而未规定退还受害人,仅有少数立法将向被害人退还违法所得作为行政没收的前置程序,如《国有土地上房屋征收与补偿条例》第 33 条和《制止牟取

---

① 迟冠男.行政处罚中的违法所得认定问题研究[D].长春:吉林大学,2016:15-17.

② 汪家元.行政处罚中的"违法所得"认定探究——基于相关判例的整理与研究[J].安徽行政学院学报,2015,6(02):90-91.

③ 《治安管理处罚法》第 11 条:"办理治安案件所查获的毒品、淫秽物品等违禁品,赌具、赌资,吸食、注射毒品的用具以及直接用于实施违反治安管理行为的本人所有的工具,应当收缴,按照规定处理。违反治安管理所得的财物,追缴退还被侵害人;没有被侵害人的,登记造册,公开拍卖或者按照国家有关规定处理,所得款项上缴国库。"

④ 2020 年修正的《公安机关办理行政案件程序规定》(公安部令第 160 号)第 194 条规定第 3 款:"违法所得应当依法予以追缴或者没收。"第 195 条第 2 款规定:"追缴由县级以上公安机关决定。但是,追缴的财物应当退还被侵害人的,公安派出所可以追缴。"第 196 条第 1 款第(一)项规定:"对收缴和追缴的财物,经原决定机关负责人批准,按照下列规定分别处理:(一)属于被侵害人或者善意第三人的合法财物,应当及时返还"。

暴利的暂行规定》第 12 条。① 《行政处罚法》并未界定违法所得的含义和范围，而各行政主管部门在各自领域对此又出台了数量众多、内容极不统一的各类规定，②使得行政处罚中的没收违法所得变得更加复杂，侵犯行政相对人合法权益进而影响其债权人利益的情况难以避免。要避免这一乱象，首先要做的就是对于"违法所得"这一涉及公民财产权的重要概念，由《行政处罚法》予以明确界定含义和范围。《行政处罚法》也未对"非法财物"作出界定，理论上将其分为违禁品和违法工具两类，《治安管理处罚法》第 11 条等规定并未将两种非法财物明确区分开。对于非法财物尤其是对违法工具的没收的范围和价值，立法没有明确的规定，导致行政执法随意性较大，容易侵害民事主体财产权，所以立法对于"非法财物"亦应明确界定。

2.规范行政强制措施和行政没收程序

规范行政强制措施和行政没收程序十分必要。虽然《公安机关办理行政案件程序规定》《公安机关涉案财物管理若干规定》《市场监督管理行政处罚程序暂行规定》《市场监督管理行政处罚听证暂行办法》等近年出台的部门规章对于本部门的行政没收的程序、讨论、听证等加以了规定，这是一种进步，但也要认识到没有对行政没收作出详细规定的部门更多，而且由于政出多门，行政没收中存在的问题仍十分复杂，短期内很难有实质性的改观。

二、与罚款并存之民事债权的优先受偿

（一）罚款执行中的民事责任优先

同上文主张在财产刑执行程序中以适当的方式实现同案民事责任的优先承担一样，行政罚款个案中也可以在一定的条件下以适当的方式对同案民事责任

---

① 《国有土地上房屋征收与补偿条例》第 33 条："贪污、挪用、私分、截留、拖欠征收补偿费用的，责令改正，追回有关款项，限期退还违法所得，对有关责任单位通报批评、给予警告；造成损失的，依法承担赔偿责任；对直接负责的主管人员和其他直接责任人员，构成犯罪的，依法追究刑事责任；尚不构成犯罪的，依法给予处分。"《制止牟取暴利的暂行规定》第 12 条："违反本规定第八条规定的，由价格监督检查机构予以警告，责令其向遭受损害的一方退还违法所得，违法所得不能退还的，予以没收，可以并处违法所得 5 倍以下的罚款；情节严重，构成犯罪的，依法追究刑事责任。"

② 汪家元.行政处罚中的"违法所得"认定探究——基于相关判例的整理与研究[J].安徽行政学院学报,2015,6(02):90-91.

适用民事责任优先原则。因为同案的民事责任恰恰是由行政违法行为所引起，与罚款的产生具有同源性，因此，民事责任优先有其适用的正当理由，而如果让其他民事债权也在行政罚款案件的执行程序中实现优先受偿，会严重影响行政效率或人民法院的执行效率，不符合价值判断，不宜适用。

1. 普通治安罚款不强制适用民事责任优先原则

在民事责任与行政罚款冲突发生概率偏高或者可能造成的后果很严重的领域，比如反垄断、反不正当竞争处罚、环境污染处罚、证券监管处罚等可能开出大额罚单的场合，有必要设计具体制度妥善处理民事责任优先问题。但如果发生概率不高而且后果不严重，那么，是否需要设计专门的制度都成疑问。比如普通治安罚款，根据《治安管理处罚法》的规定，最高数额为 5000 元，但仅有一处规定，[①]最高为 3000 元罚款的规定有 4 处，最高为 2000 元的罚款的规定有 3 处，最高额 1000 元罚款的规定为 18 处，最高额 500 元罚款的规定 48 处，最高额 200 元罚款的规定 7 处。由此可见，普通治安罚款数额基本上都很小，不足以对民事债权造成严重的冲击，因此没有必要以牺牲行政效率为代价，强制行政机关推行民事责任优先原则。但这并不影响债务人即行政违法人在自愿履行阶段以其有限财产主动承担民事责任，也不影响民事债权人在未来破产程序行使撤销权。

2. 罚款自愿履行阶段对民事责任优先原则变相适用

《行政处罚法》第 68 条、第 69 条规定了罚款可以当场收缴的三种情形，[②]对于这些本来就是为了简便易行才规定为可当场收缴的罚款处罚，为了行政效率，立法上不应要求执法者在当场收缴时不计成本的遵循民事责任优先原则。

罚款除了特殊情况下可以当场收缴，一般都有一个履行期限，也就是"行政机关决定的期限"。[③] 民事债权优先受偿的一个前提就是行为人的财产"不足以（同时）（全部）支付"惩罚性公法债权和民法债权，而是否出现这一情况，除了行

---

① 《治安管理处罚法》第 61 条："协助组织或者运送他人偷越国（边）境的，处十日以上十五日以下拘留，并处一千元以上五千元以下罚款。"该法中仅有此一条规定最高为 5000 元的罚款。

② 《行政处罚法》第 68 条："依照本法第五十一条的规定当场作出行政处罚决定，有下列情形之一，执法人员可以当场收缴罚款：（一）依法给予一百元以下罚款的；（二）不当场收缴事后难以执行的。"第 69 条规定："在边远、水上、交通不便地区，行政机关及其执法人员依照本法第五十一条、第五十七条的规定作出罚款决定后，当事人到指定的银行或者通过电子支付系统缴纳罚款确有困难，经当事人提出，行政机关及其执法人员可以当场收缴罚款。"

③ 如根据《行政处罚法》第 67 条的规定，当事人应当自收到行政处罚决定书之日起 15 日内，到指定的银行或者通过电子支付系统缴纳罚款。

为人自己最清楚,债权人很难确知,即便是执行机关也要开展财产调查后才能有所了解,因此,对于尚在履行期限内的罚款,要求作出处罚决定的行政机关负有调查债务人财产是否出现"不足以支付"情形是不公正和不效率的。而要求行政机关公告其作出的罚款处罚决定也是画蛇添足并且有损效率,因为如果违法行为人在履行期内缴纳了罚款,那也没有理由怀疑该违法行为人同样有能力或者有其他途径(如亲友赠与)清偿民事债务,而如果履行期内违法行为人没有缴纳罚款,下一步的强制执行机关完全可能不是该行政机关而是人民法院,这时处理民事债权优先的任务已经转交强制执行机关了,强制执行机关再发布公告也不迟。

但有一种情形可以在自愿履行阶段按照民事责任优先原则解决。第三章曾经介绍过的《德国刑事诉讼法典》第459条a(一)关于因弥补犯罪损失导致罚金宽限交付的规定值得借鉴。我国《行政处罚法》第66条对延期、分期缴纳罚款有所规定,有一定的修订空间。① 如果再修改该法或制定下位法时,可借鉴德国的上述规定,即规定在行政处罚决定的履行期限,违法行为人在举证证明缴纳罚款会严重影响其弥补违法行为所造成的损失(这必然需要对其自身的财产状况加以证明),并提供其已对自身违法行为所造成的损失予以弥补的证明(如赔偿协议、收条等)的情况下,有权向作出行政处罚决定的行政机关申请暂缓或者分期缴纳,行政机关对证据的真实性予以审查之后可以批准申请。即使不修改法律,实践中,将违法行为人因弥补损失导致交付罚金困难解释成"当事人确有经济困难"的情形之一也未尝不可,但修法或通过下位法细化更有利于规则的固化。这种比较缓和的、被动的方式部分地贯彻了民事责任优先原则,又不会对行政效率造成太大的影响,因为违法行为人是对行政机关本身经办的案件中的受害人进行赔偿,行政机关对案情熟悉,且民事赔偿双方无须行政机关处理争议,就避免了行政干预司法的情况发生,最终,行政处罚的效力未受影响,仅是履行时间有所变化,却给因罚款而陷入支付困境的违法行为人一个喘息的机会。

强制执行前的催告履行期间,上述规则也应适用,因为这个时间段仍属于作出罚款决定的行政机关所控制。

3.行政罚款强制执行阶段实现民事责任优先

行政罚款适用民事责任优先受偿原则的难点主要也在于行政罚款的实施时

---

① 《行政处罚法》第52条规定:"当事人确有经济困难,需要延期或者分期缴纳罚款的,经当事人申请和行政机关批准,可以暂缓或者分期缴纳。"

间往往远早于行政违法行为受害人的民事诉讼判决的生效时间。在有些领域，受害人的民事赔偿还必须以行政处罚决定或刑事裁判文书为前置程序。比如根据《关于审理证券市场因虚假陈述引发的民事赔偿案件的若干规定》，虚假陈述民事赔偿诉讼以行政处罚或刑事诉讼为前置程序，[①]这种做法在实践中"已经扩展至内幕交易、操纵市场等民事诉讼案件。"[②]在这种现状很难改变的情况下，出于行政与司法相分离、行政效率及执行效率的考虑，在行政罚款强制执行阶段，民事责任优先原则适用的空间比较有限。应当仅允许取得了执行依据却无法从违法行为人财产中获得足额清偿的违法行为受害人向行政罚款的强制执行机关，即有执行权的行政机关和被申请执行行政罚款的人民法院申请优先于行政罚款获得清偿。当然，大额行政罚款强制执行的公告制度以及行政执行与民事、刑事执行的衔接制度是必要条件。下面主要讨论一下民刑行强制执行衔接机制。

（1）由法院强制执行的行政罚款对民事责任优先原则的适用情况

由于民事诉讼强制执行和财产刑强制执行的执行机关均是人民法院，所以二者的衔接机制通过《刑事诉讼法》《民事诉讼法》和《刑事涉财产执行规定》等一系列司法解释的规范已经基本建立起来。而需要申请人民法院强制执行的行政处罚，由于与民事强制执行同为人民法院实施，所以二者难免会出现执行竞合，虽然尚未有专门的司法解释对二者执行竞合时如何处理作出明确规定，但司法实践中已经有判例从民事实体法规定的民事责任优先原则作出了民事债权优先执行的判决。

如在仁化县水务局与陈继发执行分配方案异议一案中，仁化县水务局向仁化县人民法院申请强制执行对被执行人张承志的行政罚款并获该院裁定准予强制执行，而后该院采取强制执行措施，拍卖张承志房屋获得一定数额的拍卖款。但对此拍卖款有多个债权人申请执行，该院根据 2008 年《执行工作规定》第 88

---

① 《最高人民法院关于审理证券市场因虚假陈述引发的民事赔偿案件的若干规定》（法释〔2003〕2号）第 6 条。

② 陈洁.证券民事赔偿责任优先原则的实现机制[J].证券市场导报,2017(6):58.

条的规定制定了分配方案,①在有担保的债权优先受偿后,将在先立案执行的、无担保的某民事主体的民事债权优先于在后立案执行的仁化县水务局的罚款债权而获得全额清偿,而排在最后的仁化县水务局的罚款债权未获全额清偿。仁化县水务局认为该分配方案适用法律错误,其不应适用 2008 年《执行工作规定》第 88 条,而应适用该规定第 90 条至第 95 条关于参与分配的规定。并认为自身的罚款债权为普通债权,应根据 2015 年《民诉法解释》第 508 条、第 509 条以及第 510 条等规定,与其他普通债权一样,按照其占全部申请参与分配的债权数额的比例获得清偿。如按这种方案分配,则某民事主体的民事债权将无法全额清偿,但仁化县水务局的罚款债权则能获得更多清偿。故而仁化县水务局向仁化县人民法院提起了执行分配异议之诉。该院在一审判决中援引《侵权责任法》第 4 条以及 2013 年修正的《公司法》第 214 条的民事责任优先原则规定之后,又进一步结合国不与民争利的法理,得出民事债权优先受偿的结论,②认为某民事主体的民事债权恰恰属于 2015 年《民诉法解释》510 条所规定的"应当优先受偿的债权",并据此驳回了仁化县水务局的诉讼请求。

　　姑且不论该案一审法院在此案中用实体法规定的"民事赔偿责任优先原则"和明确要求"行为同一性"的"侵权责任优先原则"加上法理所推导的"民事债权优先受偿原则"处理案件是否合法、合理,单就本案的审判可知,申请人民法院强制执行的财产罚案件至少具有了与民事强制执行衔接的管道。虽然和财产刑强制执行还没有衔接机制,但由于执行机构相同,也更容易通过制度完善比如出台司法解释予以衔接。司法解释可以明确规定,取得执行依据的、符合"行为同一性"的民事责任可以适用民事责任优先原则,其他民事债权如参与分配,则与行政罚款平等受偿,民事债权人亦可申请债务人破产,在破产程序中优先清偿。

---

　　①　2008 年《执行工作规定》第 88 条规定:"多份生效法律文书确定金钱给付内容的多个债权人分别对同一被执行人申请执行,各债权人对执行标的物均无担保物权的,按照执行法院采取执行措施的先后顺序受偿。多个债权人的债权种类不同的,基于所有权和担保物权而享有的债权,优先于金钱债权受偿。有多个担保物权的,按照各担保物权成立的先后顺序清偿。一份生效法律文书确定金钱给付内容的多个债权人对同一被执行人申请执行,执行的财产不足清偿全部债务的,各债权人对执行标的物均无担保物权的,按照各债权比例受偿。"

　　②　具体表述为:"若同一被执行人既有民事债权执行案件,又有行政处罚、司法罚款或者罚金刑、没收财产刑事执行案件,且被执行人的财产不足清偿全体债权人的债权时,民事债权应优先受偿。"案情详见(2017)粤 0224 民初 388 号"仁化县水务局与陈继发执行分配方案异议之诉一审民事判决书"。

（2）行政机关自行强制执行罚款与法院强制执行民事债权、财产刑发生执行竞合时缺乏衔接机制

① 缺乏轮候查封机制

我国现行法律禁止不同国家机关对同一财物重复查封。① 行政机关不得重复查封其他行政机关或司法机关等国家机关已经查封的财物，反之，司法机关也不能重复查封其他司法机关或行政机关等国家机关已经查封的财物。② 但是，根据现有规定，司法机关之间可以就同一财物轮候查封。③ 但不同国家机关间的轮候查封却缺乏规定。在没有法律规定，又没有不同部门联合发布相关规定的情况下，④不同国家机关之间的轮候查封就无法进行。在不同国家机关轮候查封无法可依的情况下，人民法院和有权的行政机关为了获取查封优先受偿权，常会违反禁止重复查封的规定，协助执行机构也无所适从。这必然导致司法查封和行政查封冲突带来的财产处分冲突。不但降低执行效率，还耗费了大量的司法资源。⑤ 因此，立法有必要规定不同国家机关之间的轮候查封规则，而且因为涉及多种国家机关，所以此类立法的位阶应以法律为宜。规定不同国家机关轮候查封不是最终目的，而是为下一步出现强制执行竞合、财产处分冲突时，通过参与分配制度公平清偿公私债权做准备的。

② 缺乏参与分配机制

在司法执行中，民事诉讼参与分配在民事诉讼司法解释中早有规定，刑事参

---

① 《民事诉讼法》第106条第2款："财产已被查封、冻结的，不得重复查封、冻结。"《人民法院办理执行案件规范》第669条第3款规定："财产已被查封、冻结的，不得重复查封、冻结。"《行政强制法》第23条："当事人的场所、设施或者财物已被其他国家机关依法查封的，不得重复查封。"

② 《民事诉讼法》第106条没有表明查封、冻结的权力机关包括哪些，而且由于《民事诉讼法》仅规范人民法院处理的民事纠纷的活动，所以有人认为《民事诉讼法》规定的只是人民法院之间禁止重复查封、冻结。参见史小峰.强制执行权并轨运行模式研究——以我国执行主管现状与完善为切入点[C]//中国行为法学会执行行为研究会."强制执行的理论与制度创新"——"中国执行论坛"优秀论文集.中国政法大学出版社，2017：127.

③ 《最高人民法院关于人民法院民事执行中查封、扣押、冻结财产的规定》（2020年修正，法释〔2020〕21号），本书简称《查封、扣押、冻结财产规定》。其第26条第1款规定："对已被人民法院查封、扣押、冻结的财产，其他人民法院可以进行轮候查封、扣押、冻结。查封、扣押、冻结解除的，登记在先的轮候查封、扣押、冻结即自动生效。"

④ 《最高人民法院、最高人民检察院、公安部等关于印发〈公安机关办理刑事案件适用查封、冻结措施有关规定〉的通知》（公通字〔2013〕30号）第43条规定："已被有关国家机关依法查封、冻结的涉案财产，不得重复查封、冻结。需要轮候查封、冻结的，应当依照有关部门共同发布的规定执行。查封、冻结依法解除或者到期解除后，按照时间顺序登记在先的轮候查封、冻结自动生效。"

⑤ 赵德林.司法查封与行政查封间的关系和处理[J].人民司法，2012（2）：42.

与分配也由《刑事涉财产执行规定》予以确立。包括申请法院强制执行的财产罚，也可以依据民事诉讼司法解释申请参与分配。但当行政机关自行执行罚款，由法院强制执行的民事债权或罚金却无法向行政机关申请参与分配。"也就是说法院相关执行案件难以在行政机关强制执行中受偿。"①

目前，最高人民法院的司法解释中规定了参与分配的主持法院，非主持法院应将案件移送至主持法院合并处理，以便对各债权人公平清偿。② 但是，由于缺乏行政执行与司法执行的衔接机制，有执行权的行政机关与司法机关各自执行，针对具有行政违法人及民事债权人双重身份的同一法律主体的特定财产，两种执行是冲突的。如果被执行人财产足以偿付取得执行依据的各公私债权，通过建立行政机关与司法机关轮候查封机制，除依法享有优先受偿权的权利以外，遵照查封优先则执行优先的原则来解决执行竞合，公私债权实质冲突不大。但在执行财产不足的情况下，有执行权的行政机关若先行执行，司法执行只能待行政执行之后就剩余价值执行，司法机关若先行执行，有执行权的行政机关也只能待司法执行之后的剩余价值执行。此种情况下，就算建立了行政机关与司法机关轮候查封机制，但如果没有参与分配制度，还按照查封优先则执行优先的规则处理，那么民事债权就有可能得不到或得不到足额清偿。

（3）应建立民刑行执行轮候查封、参与分配制度

① 建立民刑行执行的轮候查封制度

行政机关的查封、扣押、冻结措施与司法机关的查封、扣押、冻结措施虽然可能目的不同，比如前者可能多为保全证据，后者多为财产保全或强制执行，但根据法律的规定，查封、扣押、冻结的财产最终都可能成为强制执行的标的。为了实现行政执法和司法审判、执行活动的顺利开展，也为了避免不必要的执行冲

---

① 史小峰.强制执行权并轨运行模式研究——以我国执行主管现状与完善为切入点[C]//中国行为法学会执行行为研究会."强制执行的理论与制度创新"——"中国执行论坛"优秀论文集.中国政法大学出版社,2017:127.

② 2020年《执行工作规定》第56条规定："对参与被执行人财产的具体分配，应当由首先查封、扣押或冻结的法院主持进行。首先查封、扣押、冻结的法院所采取的执行措施如系为执行财产保全裁定，具体分配应当在该院案件审理终结后进行。"《人民法院办理执行案件规范》第481条："对参与被执行人财产的具体分配，应当由首先查封、扣押或冻结的法院主持进行，法律、司法解释另有规定的除外。被执行人的多项财产分别被不同法院查封，符合参与分配条件的，由各项财产的在先查封法院分别进行分配。相关执行法院协商一致并经申请执行人同意，也可以将各自查封的财产交其中一家法院进行处置和分配。共同上级法院也可以通过提级执行或指定执行将所有案件管辖权集中至一家法院，由该法院处置财产并主持分配。或者由共同的上级法院作出决定，确定其中一家法院对被执行人所有可供执行的财产或者价款统一处置，统一分配。"

突,有必要通过立法建立不同的有权国家机关之间的轮候查封制度。

如果出现终局执行与保全执行竞合的问题,即如果受害人虽然没有取得执行依据,但其提起的民事诉讼已经对违法行为人的财产进行了财产保全,而行政罚款的执行也以这些财产为执行标的,则可以规定行政罚款的执行应等待受害人提起的民事诉讼的裁判生效后再为之,这样也能一体处理民事责任优先问题。

②建立民刑行执行的参与分配制度

当被执行人财产不足以满足民事债权、财产罚、罚金的执行需要,公私债权何者优先? 对此大体有三种立法模式:公益优先模式、私益优先模式和平等对待模式。① 公益优先模式往往优先的公益是税收债权,而非惩罚性公法债权,大部分的国家采纳的是平等对待立法模式,理由是"债权平等是一项基本的法律原则,债务人的全部财产是其所有债务的一般担保,除个别债权因特殊担保的存在而优先外,其它债权应当按其所占比例对特定财产变卖的价款予以分配。"②私益优先模式为我国《民法典》第 187 条、《刑法》第 36 条、第 60 条等立法所创立。但在强制执行方面,由于行政执行与司法执行采取并行模式,除申请法院强制执行的行政罚有机会在执行中劣后于民事债权,否则,何者优先纯粹取决于有执行权的行政机关和执行民事债权的法院何者能"先下手为强"。所以我国实体法上的私益优先规定,只有在公私债权均进入司法执行程序才有适用的机会,且只有财产刑执行方面有较为详细却缺陷明显的规定。由最高人民法院执行局负责起草的《民事强制执行法草案》(第六稿)仅调整人民法院的强制执行行为,虽然其在第十六章"清偿与分配"中规定了参与分配,但规定的也只是司法执行中的参与分配。该草案第 217 条第 3 款重申民事债权优先受偿原则,规定:"对执行债务人执行民事债权的同时,又执行行政罚款或税收、司法罚款、刑事罚金、没收财产的,民事债权应当优先受偿。"③这款规定显然在民、行、刑的司法执行中能够实现,那在行政处罚由有权行政机关自行执行时又该如何实现呢? 更何况,即便是没有强制执行权的行政机关符合一定条件也可以"将查封、扣押的财物依法拍卖抵缴罚款"。④ 该草案并没有给出更好的答案,也只是在第 217 条第 2 款规

---

① 尤波,张明军.行政执行与民事执行的冲突与协调——以财产查封为例[J].人民司法,2008(17):95-96;杨解君.论利益权衡下的行政执行与民事执行衔接[J].中国法学,2007(1):47-49.

② 杨解君.论利益权衡下的行政执行与民事执行衔接[J].中国法学,2007(1):47.

③ 江必新,贺荣.强制执行法的起草与论证(三)[M].北京:中国法制出版社,2014:616.

④ 《行政强制法》第 46 条第 3 款:"没有行政强制执行权的行政机关应当申请人民法院强制执行。但是,当事人在法定期限内不申请行政复议或者提起行政诉讼,经催告仍不履行的,在实施行政管理过程中已经采取查封、扣押措施的行政机关,可以将查封、扣押的财物依法拍卖抵缴罚款。"

定:"执行人员发现执行债务人的财产已被行政执法机关查封又无其他财产可供执行的,应及时告知执行债权人向有关行政机关主张权利。"①至于执行债权人向有关行政机关主张什么权利和如何主张权利,完全不在该草案考虑范围之内。这样的规定显然解决不了实际问题。

本书认为应借鉴公法债权与私法债权均得申请参与分配的规定,②并应采纳大多数国家公私债权平等对待主义的立法模式,除因同案违法犯罪行为所生的民事债权秉承民事责任优先原则得优先于同案公法财产权受偿外,其他公私债权应平等受偿。理由是民事债权优先受偿本就是只有作为终局执行的破产制度才有能力妥善处理的难题,个案执行也仅适于解决同案民事责任优先的问题,这也是他国的立法经验。在建立了个人破产、遗产破产制度以及法院依职权执行转破产程序,并且在破产分配中将惩罚性公法财产权规定为劣后实现,以及允许撤销破产临界期间债务人主动或被动承担财产性公法责任的行为之后,民事债权人若想实现其债权优先受偿完全可以通过启动债务人破产程序的途径,而无须通过参与分配。若其不愿申请债务人破产,债务人又属于自然人而不能被人民法院依职权启动"执转破"程序,则债权人应对自己的债权不获或不获全额清偿自负其责。但也要认识到,在上述破产制度和"执转破"制度尚未建立之前,透过参与分配的顺位规定有限地实现民事债权优先受偿原则,虽弊端甚多,但也是无奈之选。

4.未取得执行依据的受害人事后可通过救助补偿基金优先受偿

商事、经济法领域的行政罚款往往金额较大,甚至开出巨额罚单也屡见不鲜,比如绪论中列举的"快播案"中的 2.6 亿"天价"罚款,再如 2018 年 4 月 9 日,证监会针对北八道集团操纵市场行为而对其处以罚款和没收违法所得共计 56.69 亿元,号称"证监会开出的史上最大罚单"。③ 如果没有取得执行依据的行政违法行为受害人不能在执行程序中主张优先受偿,而行政罚款仍像现在一样没入国库就完事大吉,不再理会受害人的权利诉求,那显然十分不公平。这时候,我们需要的是"曲线救国"式的民事责任优先实现路径。行政罚款适用民事责任优先原则,应把关注点放在终局结果上。所以,这些被执行的行政罚款放在

---

① 江必新,贺荣.强制执行法的起草与论证(三)[M].北京:中国法制出版社,2014:616.

② 杨与龄.强制执行法论 最新修正[M].北京:中国政法大学出版社,2002:256.

③ 邹煦晨.2018 年那些证监会开出的"天价罚单"[EB/OL].(2018-12-14)[2018-12-25].http://money.163.com/18/1214/07/E2VI6F4P00258152.html.

哪里和最终用在哪里就成为关键。与暂缓入库或者退库回拨等建议相比,建立受害人救助补偿基金是一条简便可行的途径。如针对证券违法行为,美国的"公平基金"(fair fund)制度值得借鉴。该制度"将美国 SEC 通过民事诉讼向证券市场违法者追缴的吐出违法所得(disgorgement)和民事罚款(civilpenalties)归入到一个基金中,进而分配给因证券违法行为受害的投资者或者奖励给举报人"。① 可以规定受害人基金补偿救济后,相应救助补偿款额转化为国家对犯罪人的公法债权,有权向犯罪人追偿。

而证监会、财政部出台的《关于证券违法行为人财产优先用于承担民事赔偿责任有关事项的规定》是采取退库的方式实现证券领域的民事赔偿责任优先承担,这种做法在目前我国的证券领域是可行的。理由是:其一,正如前文介绍的,根据《关于审理证券市场因虚假陈述引发的民事赔偿案件的若干规定》,虚假陈述民事赔偿诉讼以行政处罚或刑事诉讼为前置程序,实践中内幕交易、操纵市场等民事诉讼案件也准用这一个规则,正因如此,《证券法》民事赔偿责任优先原则所要求的民事赔偿责任与罚没款行政责任的违法行为同一性很容易判断,而且,《关于证券违法行为人财产优先用于承担民事赔偿责任有关事项的规定》也明确规定受害投资人申请退库时提交的民事判决书、刑事附带民事判决书、调解书中应查明这种同一性;其二,该规定要求提出退库申请的受害投资人必须提交民事判决书、刑事附带民事判决书、调解书,这样受害投资人通过申请退库所主张优先实现的民事赔偿权利也经过了司法审判并被裁判文书所确认,避免了证监会没有审判权和行政裁决,无权判断申请人对违法行为人是否享有权利以及享有多大数额的权利的难题;其三,该规定第 13 条规定了退库后对违法行为人的继续追缴机制,也保护了行政处罚所代表的公共利益,维护了行政处罚的严肃性。需要指出的是,虽然该规定在证券法领域有其可行性,但也必须看到我国证券法领域处理证券违法行为的特殊性——即公权力对私权保护的全程高度控制性,而行政处罚遍布各种领域,在其他领域很难具备证券领域这样的推行退库制度的环境。

(二)罚款执行与破产程序的衔接

行政罚款的执行机关,不论是行政机关或者被委托的司法机关,一般对被执行的违法行为人的债务情况并不了解,反过来,民事债权人对于其债务人因违法行为被实施财产罚的情况更是可能一无所知。立法不能要求行政罚款的执行程

---

① 张东昌.证券市场没收违法所得与民事赔偿责任的制度衔接[J].证券法苑,2017(5):15-416.

序发挥破产程序的作用,需要兼顾公法、私法价值目标。与刑事领域建立财产刑执行公告制度一样,在行政法领域,也要建立财产罚执行公告制度,使民事债权人在掌握信息后自行决定是否申请债务人破产,也不会让行政罚款的执行程序承担无法完成的民事债权优先受偿任务。当然,建立个人破产、遗产破产制度及完善非法人组织破产制度、规定公司临界破产时董事申请破产的强制性义务、建立依职权执行转破产程序也是必不可少。第三章已经论述过的内容就不再赘述,下面只简要谈一下财产罚执行公告和行政罚款执转破制度。

1.建立财产罚执行公告制度

正如上文指出的,在商事、经济法领域,行政罚款和行政没收往往金额较大,对于这种对于民事债权人或违法行为受害人潜在影响较大的较大金额财产罚,应当规定执行财产罚的执行公告制度,以便违法行为受害人或其他民事债权人在了解信息后,及时通过适当的法律途径主张民事责任优先或者通过申请债务人破产实现民事债权优先受偿。

立法规定的公告方式和期限应足以引起违法行为人的债权人注意为妥,但无需达到破产债权申报期限之长。其作用在于告知,而非消灭民事债权,因为对财产性公法责任的偏颇清偿仍然适用破产撤销制度。如公告期满有破产申请权的人未申请债务人或债务人遗产破产,再将执行所得上缴国库或依法划入专项救助补偿基金,以实现公共利益。如公告期间,有人申请债务人或债务人遗产破产,则财产刑执行中止,转入破产程序。

2.行政罚款执行转入破产程序

按照现行的执转破规定,人民法院如果在执行中发现作为被执行人的企业法人符合破产条件,只有在经申请执行人之一或者被执行人同意之后,才能启动"执转破"程序。从民法的角度来看,行政机关申请人民法院强制执行罚款的情况下,罚款属于公法债权,其债权人是国家。所以,在执行罚款的时候赋予申请强制执行的行政机关以债权人的身份启动或申请启动"执转破"程序,在理论上也说得通。只是,行政机关申请强制执行的目的是执行罚款,申请破产的结果只会与这个目的背道而驰,所以其应该不会主动申请启动"执转破"程序。如果规定人民法院依职权启动"执转破",则更容易进入破产程序。对于非法人单位,对其适用"执转破"程序亦无不可。但个人破产因会导致债务免除将影响债权人的切身利益,所以其"执转破"应当依当事人申请。在行政机关自行执行罚款的情况下,考虑到行政效率,也没必要强行规定行政机关在发现被执行人符合破产条件时依职权申请其破产的义务。

不管是行政机关自行执行还是申请人民法院强制执行,在建立了行刑民执行衔接机制的前提下,除受害人的民事责任优先于行政罚款受偿外,参与分配中取得执行依据的其他公私债权应当平等清偿,其他民事债权人如认为受害人的民事债权优先受偿对其不利和不公平,可以自行申请债务人破产,如有人申请破产,则在破产程序中按破产清偿顺位公平清偿。

(三)破产程序中的民事债权优先受偿

罚款和罚金一样属于国家享有的惩罚性公法债权,均需要债务人以责任财产承担。但由于罚款更追求效率价值目标,还要考虑行政和司法相分离的公正价值目标,所以在罚款执行中只能适用民事责任优先原则,而且适用的空间还比较狭窄,因此,罚款与民事债权产生价值冲突时,罚款执行阶段并非解决此种冲突的最佳环节,更多的工作需要由破产法和受害人救助补偿基金来完成。受害人救助补偿基金实现民事责任优先只能算"曲线救国"和间接适用,并且不能解决其他普通民事债权的优先受偿问题。所以,罚款与民事债权产生价值冲突时,破产法对实现民事债权优先受偿所起的作用更直接、也更重要一些。罚款在破产程序中也应当被规定为劣后于民事债权实现的破产债权,也应当允许破产管理人对破产临界期间债务人缴纳罚款的行为行使撤销权。甚至说,由于罚款执行往往很迅速,所以与罚款并存的民事债权的优先受偿能否实现,关键就看能不能对已缴罚款行使破产撤销权。本书第三章已经详细论述了破产程序中的民事债权优先制度设计,罚款同样适用,此不赘述。

三、行政没收对民事责任优先原则的有限适用

(一)适用条件

我国的行政没收大多情况下直接上缴国库,[①]而不是用于赔偿受害人,受害

---

① 《行政处罚法》第 74 条:"除依法应当予以销毁的物品外,依法没收的非法财物必须按照国家规定公开拍卖或者按照国家有关规定处理。罚款、没收的违法所得或者没收非法财物拍卖的款项,必须全部上缴国库,任何行政机关或者个人不得以任何形式截留、私分或者变相私分。罚款、没收的违法所得或者没收非法财物拍卖的款项,不得同作出行政处罚决定的行政机关及其工作人员的考核、考评直接或者变相挂钩。除依法应当退还、退赔的外,财政部门不得以任何形式向作出行政处罚决定的行政机关返还罚款、没收的违法所得或者没收非法财物拍卖的款项。"

人只能另行提起民事诉讼，维权成本过高，维权时间过长。对此，学术界、实务界早有诟病。尤其在商事领域，如证券法领域，对于证券违法行为的违法所得是直接没收上缴国库，[①]而非赔偿证券违法行为的受害人。如"琼民源"案件中，1.3亿元违法所得尽数没收上缴国库，广大证券投资者未能从中获偿。对此，有相当一部分学者主张应将行政违法行为人的违法所得用以返还、赔偿受害人，这实际上就是主张对行政没收适用民事责任优先原则。要注意的是，"琼民源"案发生在《证券法》实施之前，而1999年实施的《证券法》第207条规定的民事赔偿责任优先原则也仅针对罚款、罚金，而不包括违法所得，但2019年修订的《证券法》中，其第220条已将民事赔偿责任优先的适用范围扩大到了罚款、罚金和违法所得，一定程度上弥补了旧法的缺陷。但在《公司法》等法律中，并未将行政没收即没收违法所得纳入民事赔偿责任优先的适用范围，《行政处罚法》对民事赔偿责任优先也未作规定。本书认为，行政没收应当适用民事责任优先原则，但适用民事责任优先原则也是有条件的。

首先，行政没收应当适用民事责任优先原则。根据《行政处罚法》第9条的规定，行政没收属于行政处罚，是一种行政责任。而按照《民法典》第187条等法律的规定，民事主体因同一行为需要承担民事责任与行政责任而其财产不足支付的情况下，优先承担民事责任。表面上看，行政相对人被处以行政没收的似乎也适用民事责任优先原则，但实际上违法所得属不属于"民事主体的财产"都是存疑的，如果把"民事主体的财产"限定为合法财产，恐怕就没有民事责任优先原则适用的余地了，不过本书是倾向于对此进行目的性扩张解释的，也就是针对违法所得和非法财物，在行政没收与同一违法行为导致的民事责任之间的承担先后次序上对于民事责任优先原则是可以有限适用。理由在于，有一部分违法所得属于不当得利性质，将这部分违法所得返还被害人也就是不当得利债权人而非上缴国库，才是符合民法法理，也是对受害人最公平的。其他违法所得虽然难以归入不当得利之列，但也是侵权所得的利益，当受害人无法从违法行为人的合法财产中获得损害赔偿，用违法所得赔偿受害人损失而非上缴国库，更符合没收违法所得的制度价值。同理，对于违禁品以外的用以从事违法活动的违法行为人本人的财物也应当如此。

其次，适用民事责任优先原则也是有条件的。因违法行为而导致的受害人

[①] 《证券法》第222条："依照本法收缴的罚款和没收的违法所得，全部上缴国库。"

的不当得利债权以外的损害赔偿债权,应以该债权无法从违法行为人的合法财产中获得足额清偿为限。如果违法行为人的合法财产足以清偿,则不必从违法所得中优先受偿,因为这将使违法行为人变相获利。

(二)具体设计

与前文所述的行政罚款一样,行政没收适用民事责任优先原则的难点主要也在于行政没收的实施时间往往远早于行政违法行为受害人的民事诉讼判决的生效时间。

行政没收适用民事责任优先原则,如果受害人尚未取得执行依据,则不适合在行政执法程序中推行。一则违反行政与司法相分离的原则,不利保护债权人利益,有违公正;二则会拖延行政效率。行政机关申请人民法院强制执行行政没收的,适用民事责任优先原则,也应以受害人取得执行依据为前提,否则会违反审执分离原则,拖延执行效率。行政没收早于民事裁判的现状难以改变也没必要改变,只能在这种现状基础上,依托别的制度的建立或完善,来实现民事责任优先。

首先,在某些容易发生大规模侵权但民事诉讼救济机制又不完善的领域,完善民事诉讼权利救济机制是当务之急。比如对于证券领域三类主要民事诉讼即虚假陈述案件、操控市场案件和内幕交易案件,制定和完善相关实施细则和司法解释,[①]完善集体诉讼机制,降低受害人通过民事诉讼维权的难度和成本,是其进一步主张民事责任优先的前提条件。

其次,行政没收适用民事责任优先原则,与行政罚款一样,亦应把关注点放在终局结果上,即最终行政没收的财物是不是用于优先返还、赔偿受害人了?所以,这些被没收的财产放在哪里和最终用在哪里就成为关键。将行政没收执行后划入在前文提到的受害人救助补偿基金之中,在受害人通过诉讼和执行仍无法从违法行为人处获得赔偿时,向基金管理机构提出申请,从基金中获得补偿,基金救助补偿后,相应救助补偿款额转化为国家对违法行为人的公法债权,有权向违法行为人追偿,这样的方法更具可行性。当然,《关于证券违法行为人财产优先用于承担民事赔偿责任有关事项的规定》通过退库实现行政没收情形下的民事赔偿责任优先承担的方式,在证券领域也是可行的,理由在本章第二部分已经论述,此不赘述。

---

① 张蜀君.证券官司集中三大领域 操纵市场索赔最难[N].重庆商报,2018-04-19(003).

　　最后,大额行政没收尤其是经济、商事领域的行政没收应建立执行公告制度,并与民事执行衔接,允许已取得执行依据的受害人就行政没收主张优先受偿。

第五章 我国民事债权优先受偿制度的立法构建

根据本书第三、四章的论述,下面从实体法、程序法和破产法三个方面,对构建我国民事债权优先受偿制度的整体立法建议加以简要的梳理。

一、实体法构建

(一)民法构建

《民法典》虽然延续了《民法总则》民事责任优先原则的规定,但《民法典》中理应有民事债权优先受偿制度的一席之地。未来修改《民法典》时,有必要从以下方面对民事债权优先受偿制度加以构建。

1.应规定民事债权优先受偿原则

由于民事责任优先原则有其处理个案民事债权优先问题的特定使命,所以上述现行规定在《民法典》中有必要保留。但本书在第一章中已经指出,民事责任优先原则是民事债权优先受偿原则的下位原则,因此,有必要在《民法典》中为民事债权优先受偿原则留下一席之地。比较难处理的是,其所规定的位置。《民法典》制定过程中,虽然有相当一批学者主张债法总则应独立成编,但这种倡议并未被立法者所采纳,《民法典》规定了合同编和侵权责任编,其中合同编中有若干债法一般规则的内容,但仔细研读后会发现,其间很难有民事债权优先受偿原则的容身之处。基于《民法典》这种体例结构,将民事债权优先受偿原则规定在总则"民事权利"一章下属的关于债权的规定中似乎更为妥当,可以具体表述为:"如果民事债权因债务人承担财产性公法责任导致责任财产减少而不能或者不能全部获得清偿的,民事债权可以依照法律规定的条件和程序优先受偿。"

由于《民法典》刚刚出台不久,短期修改的可能性不大,所以,在民事债权优先受偿原则写入《民法典》之前,可以司法解释或者最高人民法院指导案例的形式对《民法典》第187条所规定的民事责任优先原则进行扩张性解释,使其在司法实践中成为变相的民事债权优先受偿原则,这样至少在人民法院管辖的相关案件的审判和执行中能起到一定的作用。司法实践中实际上已经有这么操作的了,比如前文多次提到的"仁化县水务局与陈继发执行分配方案异议案"就是其一。尤其在破产法作出相关完善之前,这种扩张性解释,对于实现行政案件中民事债权优先受偿有重要意义。

2.完善继承制度为遗产破产制度做铺垫

《民法典》第六编"继承"中的第四章"遗产的处理"对于遗产管理人的选任及选任争议的处理、遗产管理人的职责和民事责任以及遗产分割前、后继承人放弃继承、法定继承、遗嘱继承和遗赠并存时如何清偿被继承人债务、缴纳所欠税款等问题都进行了规定,这跟《继承法》相比已经有了很大进步,但内容规定不够详细、清晰、合理,甚至彼此之间还存在潜在的冲突,因此,这些规定还有很大的修改、完善的空间。作为破产法中遗产破产制度的铺垫,《民法典》继承编中至少应对下述内容加以规定:

(1)规定继承人对被继承人的债权人承担无限责任的情形

《民法典》继续保留了原《继承法》法定限定继承主义的立法模式,《民法典》在未来修改时,应针对继承人害及被继承人债权人债权的行为,如故意隐匿、转移遗产、故意或重大过失导致遗产与其固有财产混同而难以认定遗产价值、懈怠推选遗产管理人导致遗产流失、在遗产清单上为虚假记载等导致严重后果,规定继承人应对遗产债务承担无限责任。

(2)规定健全的遗产管理制度

遗产管理是理清遗产与债权具体数额的必要制度,也是发现遗产不足以清偿全部债权,转入遗产破产程序的前提条件。成熟的国外立法例对于遗产管理制度规定得十分完备,而我国《民法典》规定的过于简略,在未来《民法典》修改时可以借鉴学习。此处摘选遗产管理制度中应规定的与遗产破产较为密切的内容予以说明:

其一,规定清理遗产、制定遗产清单、公示催告等的具体制度。目前的《民法典》只简单规定了遗产管理人的职责,但行使这些职责的期限、具体程序、相关民事主体的权利和义务都不明确。尤其是没有规定对债权人的公示催告制度,不能使债权人在一定期限内申报债权,既不利于债权人债权的公平受偿,也不利于继承人对遗产的限定继承。

其二,应将遗产债务清偿限定在财产分割之前。《民法典》第 1159 条规定:"分割遗产,应当清偿被继承人依法应当缴纳的税款和债务",①但与此同时在第 1161 条规定了遗产分割之后,继承人对遗产债务的有限责任以及放弃继承人对遗产债务的无责任,②这完全是对原《继承法》第 33 条的照搬,似乎一方面规定财产分割前应当清偿遗产债务,一方面又允许分割之后清偿被继承人债务,相互矛盾。因为,限定继承制下,遗产管理人清理遗产、制作遗产清单和公示催告债权人就是要在遗产分割之前解决遗产债务的清偿问题,包括继承人放弃继承也应当是在财产分割之前作出的,所以,《民法典》第 1161 条的规定不但显得狗尾续貂,而且也使遗产管理制度的意义大打折扣。

若立法者不采纳遗产破产的思路,民法典继承编的遗产债务清偿制度就要代行遗产破产之责,其实就是一种变相的遗产破产,也有人称之为"遗产清算"。其关于遗产债务的范围和清偿的顺序难免要借鉴破产法的规定。

(二)刑法构建

1.尽量废除没收财产刑

因为缺乏正当性,世界各国几乎都废除了没收财产刑。我国应顺应时代发展,废除没收财产刑。如果难以直接废除,也尽量仅在个别国事犯罪上规定此刑罚。最终目标是全面废除没收财产刑。

废除没收财产刑之前,可以保留《刑法》中对没收财产时民事债权优先受偿原则的规定,以最大限度地减少其对民事债权的损害。

2.合理化罚金刑

对此,文章第四部分已经详细论述,此处稍加总结。首先,立法上应主要将罚金用于惩罚过失犯罪及轻微的故意犯罪等轻罪。其次,科学合理的设计罚金

---

① 《民法典》第 1159 条:"分割遗产,应当清偿被继承人依法应当缴纳的税款和债务;但是,应当为缺乏劳动能力又没有生活来源的继承人保留必要的遗产。"

② 《民法典》第 1161 条:"继承人以所得遗产实际价值为限清偿被继承人依法应当缴纳的税款和债务。超过遗产实际价值部分,继承人自愿偿还的不在此限。继承人放弃继承的,对被继承人依法应当缴纳的税款和债务可以不负清偿责任。"

刑的数额。包括及早取消不符合罪刑法定原则的无限额罚金刑,逐步缩小缺乏合理性的倍比罚金制的适用范围,以及按犯罪主体和犯罪种类设计限额罚金制的刑格。再次,取消随时追缴,为罚金刑设定行刑时效。最后,完善单位犯罪的刑罚制度。丰富单位犯罪的刑罚种类,明确非法人单位犯罪刑责自负。

3.民事责任优先原则的重申与统一

同一原则在多部法律中重复规定并非浪费立法资源,而是一种必要的强调。《刑法》中民事责任优先受偿原则的规定应保持其跟《民法典》规定的一致性。

4.规定与受害人救济补偿基金法的衔接条款

此处对刑法的建议跟下文对商法、经济法的建议基本相同,唯一需要强调的是,虽然刑事诉讼中特别没收并非刑罚,但应规定将特别没收的财产,除违禁品等禁止流通物以外,也纳入受害人救济补偿基金中去。

5.特别没收有限适用民事责任优先原则

应修改《刑法》现第 64 条的规定。可以规定如下:"犯罪分子违法所得的一切财物应当予以追缴,除属于非法占有或者处置受害人合法财产而依法应当返还或赔偿被害人的以外,应当予以没收。违禁品和供犯罪所用的本人财物,应当予以没收。但是如果犯罪人的合法财产不足以承担其因犯罪行为侵害受害人人身、财产而产生的民事债务的,可以从上述应予没收的违法所得或者供犯罪所用的本人财物中获得优先清偿,但属于禁止流通物的除外。获得优先清偿的具体办法,由刑事诉讼法规定。"

6.规定易科、追征制度

为了实现民事债权优先受偿原则,国家通过追究财产性公法责任以实现惩罚违法、犯罪行为的公益目的可能就此落空。对此,应当建立配套的公法责任的转化制度,以弥补公共利益的损失。

《刑法》应规定罚金刑的易科。刑法学界对于易科的研究成果已经很丰富了,在这些研究基础上,立法者应在充分论证和调研的基础上明确界定在何种情况下易科为何种刑罚,"同时在决定易科时应区分主观缴纳不能与客观缴纳不能以及原罪的轻重。"[1]

应借鉴日本、德国等国家和地区立法上的追征制度。将用以优先承担同案民事责任而未上缴国库的违法所得、非法财物的价值,转化成另外一种财产性公

---

[1]　李濯清,钟思文.应对罚金执行难:不妨易科自由刑[N].检察日报,2010-08-04(003).

法责任,由国家继续向违法行为人或犯罪人追征。在对我国《刑法》现第 64 条作出前文刚刚所述的修改之后,同一条中加上一款:"前款规定的没收,当全部或者一部分不能没收或者不宜执行没收时,追征其价额。"

(三)行政实体法构建

我国的行政法往往既包括实体法规范又包括程序法规范,但此处仅涉及行政处罚法中的实体法规定的完善,具体包括以下几个方面:

1.合理化财产罚

要清楚定位罚款与罚金的制度功能,做到轻重有别,尤其是对于自然人处以的罚金和罚款更应如此。将罚款的设定权和罚款限额的设置权收归法律,可以将《行政处罚法》现第 10 条第 2 款修改为:"限制人身自由和罚款的行政处罚,只能由法律设定。"[①]并删除该法现第 13 条、第 14 条关于低位阶立法有权设定罚款和设置罚款限额的规定。罚款数额的设定应充分考虑行为主体和行为种类的不同,还应完善罚款数额确定方式。本书第四部分对此有具体论述,此不赘述。另外,应明确界定行政没收标的。

2.规定民事责任优先原则

行政实体法中并没有民事责任优先原则的规定,为了明确相关职责和权利,有必要在行政实体法中对民事责任优先原则予以规定。但也只能进行原则性规定,由于财产罚领域情况复杂,如何具体执行显然要具体规定。

3.规定自愿履行阶段因赔偿受害人而无力缴纳罚款,可以申请缓缴

完善我国《行政处罚法》第 66 条第 2 款规定,修改为:"当事人因承担对违法行为受害人的民事责任等原因确有经济困难,需要延期或者分期缴纳罚款的,经当事人申请和行政机关批准,可以暂缓或者分期缴纳。"

4.规定与受害人救济补偿基金法的衔接条款

此点与前文刑法构建中的建议基本相同,不赘述。

5.规定易科、追征制度

前文对于《刑法》规定易科、追征的建议也适用于《行政处罚法》。但是罚款在何种情形易科为何种行政处罚种类,显然需要行政法理论界、实务界多加研

---

① 《行政处罚法》第 10 条:"法律可以设定各种行政处罚。限制人身自由的行政处罚,只能由法律设定。"

究。目前此类研究与刑罚易科相比薄弱很多。

（四）其他实体法构建

1. 商法、经济法构建

（1）民事责任优先原则的重申与统一

虽然，《民法典》已经以民事基本法的身份规定了民事责任优先原则，但在公私债权最容易发生激烈冲突的商法、经济法领域，不厌其烦地规定民事责任优先原则，本身就表明了一种对民事债权重视和保护的姿态。但是，正如第一章介绍民事债权优先受偿制度现状的时候所总结的，由于立法时间有先有后，立法起草机关各不相同，《公司法》《证券法》等商法、经济法中规定的民事责任优先原则内容并不统一，这将对其适用产生不利影响。为了保持立法的统一性，有必要在以后这些法律修改时，将其中规定民事责任优先原则的条款统一化，保持与《民法典》第 187 条的一致性。

（2）财产罚的公告制度

由于商事、经济法领域的"天价罚单"不足为奇，所以在此领域对行政相对人实施财产罚时非常有必要面向社会公告。

2018 年 12 月 5 日国务院办公厅发布《国务院办公厅关于全面推行行政执法公示制度执法全过程记录制度重大执法决定法制审核制度的指导意见》（国办发〔2018〕118 号），对推行行政执法公示制度作出了规定，要求除法律、行政法规另有规定的以外，要在行政处罚执法决定作出之日起 7 个工作日内公开执法决定信息。[①] 这个规定是我国行政执法法治化的一个重要体现。但也要认识到，对于数额较大的财产罚，仅规定执法公示是不够的，因为公示并不影响执行，而公告制度的功能除了广而告之以外，还有一个延缓执行、等待参与分配或破产程序启动的作用。显然，后者对于民事债权人的保护更有利。

---

① 《国务院办公厅关于全面推行行政执法公示制度执法全过程记录制度重大执法决定法制审核制度的指导意见》（国办发〔2018〕118 号）中规定："行政执法机关要按照'谁执法谁公示'的原则，明确公示内容的采集、传递、审核、发布职责，规范信息公示内容的标准、格式。建立统一的执法信息公示平台，及时通过政府网站及政务新媒体、办事大厅公示栏、服务窗口等平台向社会公开行政执法基本信息、结果信息。""（六）加强事后公开。行政执法机关要在执法决定作出之日起 20 个工作日内，向社会公布执法机关、执法对象、执法类别、执法结论等信息，接受社会监督，行政许可、行政处罚的执法决定信息要在执法决定作出之日起 7 个工作日内公开，但法律、行政法规另有规定的除外。……"

（3）规定与受害人救助补偿基金法的衔接条款

商法、经济法中应规定本法与对应的受害人救助补偿基金之间的衔接条款。应当规定以下内容：设立或适用已经依法设立的相对应的受害人救助补偿基金；行为人因违反本法规定被追究行政责任或刑事责任而缴纳的罚款、罚金、没收的违法所得或者非法财物，除应当销毁的违禁品外，全部纳入对应的受害人救助补偿基金；受害人申请该基金救助补偿的请求权及其行使条件；基金管理机构在依法承担了对受害人的救济补偿义务后对违法行为人或犯罪人的追索权。具体方法可参考我国《道路交通安全法》关于道路交通事故社会救助基金的有关规定。

2. 社会法构建

应对受害人救济补偿基金专项立法。受害人救济补偿基金是一类以救济和补偿同领域或同类型行政违法行为和犯罪行为的受（被）害人为目的的基金的总称。目前我国已设立的此类基金主要有道路交通事故社会救助基金、船舶油污损害赔偿基金和证券投资者保护基金等，规定这些专项基金的立法位阶普遍不高，基本是部门规章或者部门规范性文件，①立法水平参差不齐。其中明确将罚款列入基金来源的只有《道路交通事故社会救助基金管理试行办法》，而且只是"对未按照规定投保交强险的机动车的所有人、管理人的罚款"，其他交通违法、犯罪行为的罚款、罚金等都没有被纳入基金来源。规定基金赔付后向责任人的追偿的有《道路交通事故社会救助基金管理试行办法》和《证券投资者保护基金管理办法（2016 修订）》，后者还将"从证券公司破产清算中受偿收入"规定为基金来源。

一方面，我国应扩大建立受害人救助补偿基金的领域，增加此类基金的数量，尤其是商法、经济法领域受害人救助补偿问题较为突出的领域如环境侵权领域，以及为了救济补偿杀人、强奸等严重犯罪行为的受害人或遗属所设立犯罪受害人救助补偿基金等；另一方面，应提高立法位阶和立法水平，对基金的来源、管理、监管、使用、运营、申请与给付以及法律责任等多方面加以完备规定。

从实现民事责任优先原则的角度来考量，要注意规定以下几点：其一，应注意其与刑法、行政法、商法、经济法等的相关规定的衔接，尤其应将对相关领域、

---

① 参见《道路交通事故社会救助基金管理试行办法》（中华人民共和国财政部、中国保险监督管理委员会、中华人民共和国公安部、中华人民共和国卫生部、中华人民共和国农业部令第 56 号）、《船舶油污损害赔偿基金征收使用管理办法》（财综〔2012〕33 号）以及《证券投资者保护基金管理办法（2016 修订）》（中国证券监督管理委员会、财政部、中国人民银行令第 124 号）。

种类的违法、犯罪行为人所执行的财产罚、财产刑及刑事特别没收财物纳入基金来源。其二,应规定基金救济补偿受害人后,对违法、犯罪行为人的追偿权以及行使权利的主体及追偿规则、程序等。并规定行使追偿权所取得的财产复归于基金之中。

二、程序法构建

在民事债权优先受偿制度的重构中,如果说实体法起到的作用是"指点江山",那么程序法起的作用就是"冲锋陷阵"。在民事债权优先受偿制度的重构上,程序法主要有三大使命:实现民刑行的执行衔接、执转破和执行程序中适用民事责任优先原则。

(一)民事诉讼法构建

人民法院的民事强制执行工作,目前仍由《民事诉讼法》以及《民诉法解释》《执行工作规定》《查封、扣押、冻结财产规定》《关于执行案件移送破产审查若干问题的指导意见》等一系列司法解释加以规范。而其他国家和地区已有强制执行法单独立法的先例,并且成为趋势。① 在我国,很多学者呼吁制定一部独立于民事诉讼法的民事强制执行法。"自 2001 年以来,最高法先后起草了六部民事强制执行法草案,全国人大常委会曾将'民事强制执行法'列入立法规划。"② 2022 年 6 月 21 日,民事强制执行法草案提请十三届全国人大常委会第三十五次会议初次审议。这是我国首次专门立法保障民事强制执行。③ 所以,我国未来有很大可能会出台"民事强制执行法"。因此,此处的立法构建既适合现行的民事诉讼法,也适合未来可能出台的民事强制执行法。

1.民刑行执行衔接

按照《刑事诉讼法》及《刑事涉财产执行规定》等相关司法解释的规定,财产刑的执行机关是人民法院,刑事涉案财物的处置一般也是在刑事审判中统一处

① 贺季敏.论《强制执行法》的单独制定[J].北京社会科学,2013(1):43.
② 关仕新.民事执行难成顽疾 专家呼吁尽快出台民事强制执行法[EB/OL].(2016-11-24)[2019-01-07]. http://news. jcrb. com/jxsw/201611/t20161124_1684863. html.
③ 翟翔,齐琪.我国首次专门立法保障民事强制执行[EB/OL].(2022-6-21)[2022-9-10]. http://www. npc. gov. cn/npc/c30834/202206/1041b160aa634b6c8c47edd034c64c83. shtml.

理的,而刑事附带民事部分的执行适用的是民事执行的规定,①刑事诉讼中人民法院采取保全措施也是适用民事诉讼法有关规定的,②所以民、刑执行的衔接已经有了一定的制度基础。现在的首要任务是实现行政罚案件的强制措施与强制执行与民、刑的保全措施和强制执行的衔接。这当然要民事诉讼、刑事诉讼、行政诉讼与行政强制多个程序法领域共同完成。对于轮候查封和参与分配,民事诉讼法或民事强制执行法与行政强制法两方面都要规定衔接条款。民事诉讼法或民事强制执行法在其中主要完成的任务是:

(1)规定人民法院与其他国家机关之间的轮候查封制度

对于轮候查封,可以参照《查封、扣押、冻结财产规定》第 26 条第 1 款规定,规定为:"对已被其他国家机关查封、扣押、冻结的财产,人民法院可以进行轮候查封、扣押、冻结。查封、扣押、冻结解除的,登记在先的轮候查封、扣押、冻结即自动生效。"

(2)申请法院强制执行的行政处罚案件的执行与民、刑执行的衔接

申请法院强制执行的行政处罚,由于《行政诉讼法》规定行政案件的执行在该法没有规定的情况下,应当适用《民事诉讼法》的规定,③所以,以此为突破口,在建立了个人破产、遗产破产制度以及法院依职权执行转破产程序,并且在破产分配中将惩罚性公法财产权规定为劣后实现,以及允许撤销破产临界期间债务人主动或被动承担财产性公法责任的行为的前提下,可由民事诉讼法或民事强制执行法牵头规定在执行竞合参与分配时,除适用民事责任优先原则的债权或其他优先受偿的债权如担保物权所担保的债权外,一般的公私债权平等受偿。

但是,如果这个前提不具备,还强调公私债权平等受偿,那就显然对民事债权不利了,所以在这个前提不具备的时候,有必要完善立法或者至少出台司法解释,对在人民法院强制执行而发生执行竞合需要参与分配的民事债权、财产罚、

---

① 《刑事涉财产执行规定》第 1 条规定:"本规定所称刑事裁判涉财产部分的执行,是指发生法律效力的刑事裁判主文确定的下列事项的执行:(一)罚金、没收财产;(二)责令退赔;(三)处置随案移送的赃款赃物;(四)没收随案移送的供犯罪所用本人财物;(五)其他应当由人民法院执行的相关事项。刑事附带民事裁判的执行,适用民事执行的有关规定。"

② 《刑事诉讼法》第 102 条:"人民法院在必要的时候,可以采取保全措施,查封、扣押或者冻结被告人的财产。附带民事诉讼原告人或者人民检察院可以申请人民法院采取保全措施。人民法院采取保全措施,适用民事诉讼法的有关规定。"

③ 《行政诉讼法》第 101 条:"人民法院审理行政案件,关于期间、送达、财产保全、开庭审理、调解、中止诉讼、终结诉讼、简易程序、执行等,以及人民检察院对行政案件受理、审判、裁判、执行的监督,本法没有规定的,适用《中华人民共和国民事诉讼法》的相关规定。"

财产刑的顺位问题统一规定,应规定民事债权优先受偿,民事债权之间按民事债权的优先规则受偿,惩罚性公法债权之间平等受偿。这一问题最高人民法院在制定《刑事涉财产执行规定》时已经认识到了,但"税收、行政罚没等行政责任与民事责任、刑事责任并存的情况,由于各方分歧意见较大,实践中的问题也需进一步调查研究,本司法解释暂未作规定。"①但现在暂不解决的问题仍是问题,迟早都要解决。

(3)规定人民法院与有强制执行权的行政机关之间的参与分配制度

民事诉讼法或民事强制执行法还要对人民法院与行政机关之间的参与分配作出规定。可以参考 2020 年《执行工作规定》第 56 条以及《人民法院办理执行案件规范》第 479 条、第 481 条。包含虽然没有强制执行权,但按照《行政强制法》第 46 条规定将"在实施行政管理过程中已经采取查封、扣押措施的""财物依法拍卖抵缴罚款"的"准自行强制执行行为"。② 具体可以表述如下:"对参与被执行人财产的具体分配,应当由首先查封、扣押或冻结的人民法院或者行政机关主持进行。首先查封、扣押、冻结的人民法院所采取的执行措施如系为执行财产保全裁定或者首先查封、扣押、冻结的行政机关所采取的是行政强制措施,具体分配应当在该人民法院案件审理终结后或者该行政机关行政处罚决定生效后进行。"③"债权人申请参与分配的,应当向其原申请执行法院提交参与分配申请书,写明参与分配的理由,并附有执行依据。该执行法院应将参与分配申请书转交给主持分配的人民法院或者行政机关,并说明执行情况。行政机关可依据其所作出的生效的行政处罚决定,对其依法对被执行人取得的公法上的金钱债权,申请参与分配。"④

2.规定人民法院依职权启动"执转破"程序

《民事诉讼法》或"民事强制执行法"有必要规定人民法院依职权"执转破",可参照《民诉法解释》第 511 条并予以改造,规定为:"在执行中,被执行人符合破

---

① 最高人民法院执行局.最高人民法院关于刑事裁判涉财产部分执行的若干规定理解与适用[M].北京:中国法制出版社,2017:183.

② 参见《行政强制法》第 46 条。

③ 参见《执行工作规定》第 56 条以及《人民法院办理执行案件规范》第 481 条。

④ 参见《人民法院办理执行案件规范》第 479 条:"已申请执行的债权人申请参与分配的,可以向其原申请执行法院提交参与分配申请书,由执行法院将参与分配申请书转交给主持分配的法院,并说明执行情况。"

产法第×条规定情形的,①执行法院应当依职权裁定中止对该被执行人的执行,将执行案件相关材料移送被执行人住所地人民法院,但被执行人为自然人的除外。"就算在个人破产、遗产破产、非法人组织破产、破产债权清偿顺位和破产撤销权都没建立或完善的情况下,规定依职权启动执转破程序都会对于民事债权的优先受偿有极大的好处,因为企业法人债务人比自然人债务人更容易出现被处以大额财产刑、财产罚的情况而对民事债权的排挤情况更严重,而一旦转入破产程序,即便按照现有规定,惩罚性公法债权也是除斥债权,不会跟民事债权"争夺"债务人的有限财产。

(二)刑事诉讼法构建

1.刑事参与分配制度的修正

本书第二部分已指出,《刑事涉财产执行规定》第13条确立的刑事参与分配制度关于分配顺序的规定与《民诉法司法解释》第508条所规定的平等分配的规定并不相同,造成了司法实践中财产刑执行与民事债权执行的冲突。本书认为即便短期内仍然需要以参与分配的方式去有限地实现民事债权优先受偿原则,也要统一刑事参与分配和民事参与分配对待民事债权上的清偿顺序,且应以现行民事参与分配的平等清偿规定为原则,以示对民法秩序的尊重。

而在建立了个人破产、遗产破产制度以及法院依职权执行转破产程序,并且在破产分配中将惩罚性公法财产权规定为劣后实现,以及允许撤销破产临界期间债务人主动或被动承担财产性公法责任的行为之后,只需要在财产刑执行中适用民事责任优先原则,对于罚金刑执行与其他普通民事债权执行发生竞合而需要参与分配的情况,应两种债权平等分配。

2.制定刑事案件中民事责任优先的具体规则

首先,改造关于刑事附带民事诉讼的保全规定。改造《刑诉法解释》第189条后半段,②将"人民法院也可以采取保全措施"的"也可以"改为"应当"。

其次,规定在刑事附带民事责任与财产刑发生执行竞合而被执行人合法财产不足的情况下,前者优先执行。

---

① 因不确定未来破产法的立法情况,此处用"破产法第×条"指代届时破产法中的破产原因条款。

② 《刑诉法解释》第189条:"人民法院对可能因被告人的行为或者其他原因,使附带民事判决难以执行的案件,根据附带民事诉讼原告人的申请,可以裁定采取保全措施,查封、扣押或者冻结被告人的财产;附带民事诉讼原告人未提出申请的,必要时,人民法院也可以采取保全措施。"

再次,规定被执行人的合法财产不足以承担其同一犯罪行为引起的刑事附带民事责任的,从其应予没收的违法所得或者供犯罪所用的本人财物中获得优先清偿,但属于禁止流通物的除外。因此而不能没收之财产,追征其价额。

最后,我国《刑事诉讼法》及其司法解释可以借鉴《德国刑事诉讼法典》第459条 a(一),规定:"被执行人因对刑事被害人承担民事责任而难以在刑事判决规定的期限内缴纳罚金的,可以向执行机关提出宽限申请。提出宽限申请的同时应提供其对刑事被害人承担民事责任的证明以及因此而难以在刑事判决规定的期限缴纳罚款的证明。"

3. 废除刑事涉案财物处置措施排斥受害人提起民事诉讼的规定

《刑事诉讼法》第101条规定的被害人提起附带民事诉讼的条件仅是"由于被告人的犯罪行为而遭受物质损失",[①]并没有限定物质损失的具体情形,对因犯罪分子非法占有、处置被害人财产而使其遭受的物质损失理应包含在内。而《刑诉法解释》第175条、《刑法第六十四条批复》以及最高人民法院《全国法院维护农村稳定刑事审判工作座谈会纪要》却随意限缩《刑事诉讼法》第101条的规定,不但不允许被害人对因犯罪分子非法占有、处置被害人财产而使其遭受的物质损失提起刑事附带民事诉讼,甚至还限制被害人另行提起民事诉讼,严重影响了被害人民事权利的实现。应予废除。

4. 完善涉案财物处置措施

规范查封、扣押、冻结,减少因为不当查封、扣押、冻结和追缴、没收给犯罪嫌疑人、刑事被告人的债权人造成的不利影响。

5. 建立没收财产、罚金刑的执行公告制度

如本书第三章所述,应当规定没收财产执行公告。一般情形仅须对执行较大数额罚金进行公告。但自然人犯罪人死亡或被判处重刑时执行罚金应进行公告。公告方式和公告期限立法规定的公告方式和期限应足以引起犯罪人或违法行为人的债权人注意为妥,但无需达到破产债权申报期限之长。

(三)行政程序法构建

本部分是针对行政强制法中的程序性规定提出的立法构建,具体包括以下

---

① 《刑事诉讼法》第101条第1款:"被害人由于被告人的犯罪行为而遭受物质损失的,在刑事诉讼过程中,有权提起附带民事诉讼。被害人死亡或者丧失行为能力的,被害人的法定代理人、近亲属有权提起附带民事诉讼。"

几方面：

1. 民刑行执行衔接

在民刑行执行衔接上，行政执行法应与民事诉讼法的规定相呼应。

（1）规定行政机关与人民法院等其他国家机关之间的轮候查封制度

可规定为："对已被人民法院等其他国家机关查封、扣押、冻结的财产，行政机关可以进行轮候查封、扣押、冻结。查封、扣押、冻结解除的，登记在先的轮候查封、扣押、冻结即自动生效。"

（2）规定有强制执行权的行政机关与人民法院之间的参与分配制度

作为对民事诉讼法或民事强制执行法关于人民法院与行政机关之间的参与分配规定的呼应，行政强制法对此也应作出相同规定，内容稍作调整。"对参与被执行人财产的具体分配，应当由首先查封、扣押或冻结的行政机关或者人民法院主持进行。首先查封、扣押、冻结的行政机关所采取的是行政强制措施或者首先查封、扣押、冻结的人民法院所采取的执行措施如系为执行财产保全裁定，具体分配应当在该行政机关行政处罚决定生效后或者该人民法院案件审理终结后进行。""行政机关主持分配的，债权人申请参与分配的，应当向其原申请执行法院提交参与分配申请书，写明参与分配的理由，并附有执行依据。该执行法院应将参与分配申请书转交给主持分配的行政机关，并说明执行情况。行政机关可依据其所作出的生效的行政处罚决定，对其依法对被执行人取得的公法上的金钱债权，申请参与分配。"

2. 大额财产罚的执行公告

为了不影响行政效率，仅需规定大额财产罚应当进行执行公告。具体建议参考前面对公司法、证券法、环境法等商法、经济法的立法构建中的"财产罚的公告制度"部分。

3. 完善查封、冻结、扣划的规定，细化行政没收的具体规则

通过此举，避免行政执法中滥用行政强制措施和行政强制执行中侵害行政相对人合法财产权，间接保护债权人利益。

三、破产法构建

完善破产法是民事债权优先受偿制度重构工程中的重中之重，破产法完善

得到不到位,决定着民事债权优先受偿制度是完备抑或阉割。由于破产法兼具实体法和程序法双重属性,并考虑其重要性,将其单独论述。

(一)扩展破产适用的对象

1.规定个人破产制度

在商个人破产主义、消费者主义和一般个人主义三种立法模式中,由于商个人和消费者本身是难以鉴别的,我国应采取一般个人主义的立法模式,但可以采取渐进的立法模式,比如采取"先城后乡"的方式。①

在个人破产制度建立之初,应从严立法,在破产免责的条件上作严格限制,对于债务人隐匿、转移、毁坏财产等违背诚信的行为施以严厉的惩罚,规定失权、复权制度约束债务人的行为和资格。

唯如此,才能使公私债权在债务人个人破产中获得公平清偿,也能使号称"小破产"的参与分配制度"如释重负"。

2.规定遗产破产制度

关于遗产破产在立法中规定的位置有三种立法例,在民法典继承法中规定、在破产法个人破产中规定以及在破产法中与个人破产、法人破产并行规定。"将该制度的特殊内容单列,其他按照破产法一般规定的方式不仅能体现该制度的独特之处,而且能满足法律简洁性的需求。"②在《民法典》继承编对遗产处理进行完备规定的铺垫之后,破产法规定遗产破产制度。但由于《民法典》继承编延续了原《继承法》法定限定继承立法模式,不涉及无限继承的问题,③所以可表述为:"遗产不足以清偿被继承人债务,可以宣告破产。被继承人的债权人、继承人、受遗赠人、遗产管理人及遗嘱执行人有权依法提出破产申请。"

3.完善非法人组织破产制度

《民法典》第102条规定了非法人组织的种类。④ 在破产法中正式规定非法人组织破产制度实属必要。虽然目前《企业破产法》第135条为"企业法人以外

---

① 杨显滨,陈风润.个人破产制度的中国式建构[J].南京社会科学,2017(4):101.

② 王轩.遗产破产制度研究[D].保定:河北大学,2017:21.

③ 《民法典》第1161条:"继承人以所得遗产实际价值为限清偿被继承人依法应当缴纳的税款和债务。超过遗产实际价值部分,继承人自愿偿还的不在此限。继承人放弃继承的,对被继承人依法应当缴纳的税款和债务可以不负清偿责任。"

④ 《民法典》第102条第2款规定:"非法人组织包括个人独资企业、合伙企业、不具有法人资格的专业服务机构等。"

的法人和非法人组织破产时的清算程序,预留了接口",①但《个人独资企业破产清算程序的批复》只是有两个条款的司法解释,位阶太低,而《合伙企业法》第92条规定的申请合伙企业破产的条件是"不能清偿到期债务",与《企业破产法》第2条规定的破产界限并不相同,而且申请人只是"债权人",②至于不具有法人资格的专业服务机构的破产问题,立法没有直接规定。

破产法应当明确规定债权人和债务人在非法人组织具备破产界限的情况下申请破产的权利,赋予非法人组织破产能力,并不影响其出资人或合伙人依法对在破产程序中没有实现的民事债权继续依法承担清偿责任,但至少能保证公私债权在破产中公平受偿,尤其是民事债权能够获得优先清偿。不但如此,如果能赋予合伙人合伙在本合伙企业财务状况出现危险时提出破产申请的权利,还将防止合伙企业和合伙人个人的损失扩大。③

(二)确立公司临界破产时董事申请破产义务

我国立法可以借鉴德国、日本等大陆法系国家和地区的规定,对董事破产申请义务与迟延责任制度加以规定。实际上,这些国家和地区都是在民法典、破产法、公司法等多部立法中对这一制度重复规定或者互补规定的。④ 我国《民法典》仅规定了法人解散情况下,法人的董事、理事作为清算义务人的及时清算义务和违反义务的责任,⑤但这与董事的破产申请义务并不相同。我国《公司法》《企业破产法》中也都没有相关规定。理想的状态是《民法典》《公司法》《企业破产法》都在相应位置对董事破产申请义务与迟延责任制度加以规定,或者至少互补规定。但考虑到《民法典》刚出台不久,修改可能性不大,所以保守一点的立法方案是,先在《企业破产法》和《公司法》中加以规定,哪部法律先修订,就由哪部法律加以规定。具体内容应包括董事破产申请义务与责任,并涵盖董事申请破

---

① 李适时.中华人民共和国民法总则释义[M].北京:法律出版社,2017:220.
② 《合伙企业法》第92条:"合伙企业不能清偿到期债务的,债权人可以依法向人民法院提出破产清算申请,也可以要求普通合伙人清偿。合伙企业依法被宣告破产的,普通合伙人对合伙企业债务仍应承担无限连带责任。"
③ 张晨颖.对无限连带责任制度的再思考:谈非法人企业破产制度的确立[J].法学杂志,2006(5):142.
④ 喻峰.公司临界破产时董事申请破产的强制性义务[D].泉州:华侨大学,2013:16-18.
⑤ 《民法典》第70条:"法人解散的,除合并或者分立的情形外,清算义务人应当及时组成清算组进行清算。法人的董事、理事等执行机构或者决策机构的成员为清算义务人。法律、行政法规另有规定的,依照其规定。清算义务人未及时履行清算义务,造成损害的,应当承担民事责任;主管机关或者利害关系人可以申请人民法院指定有关人员组成清算组进行清算。"

产的期限、赔偿范围、董事过错的认定及抗辩和免责事由。①

(三)完善破产分配制度

未来修改破产法时,必须在价值衡量的基础上,将各类民事债权和各类财产性公法债务或责任排列出合理的清偿顺序。如果认为人身损害赔偿中的医疗费与职工工资债权同等重要,不妨列入同一个清偿序列平等受偿,但刑事退赔仅是财产责任,不主张其优于普通民事债权受偿。至于税收债权是否仍优先于普通债权,这取决于立法者的价值衡量。而基于民事债权优先受偿原则,财产刑和行政罚款等财产性公法责任显然应当作为劣后债权最后清偿。由于公法性财产责任的执行所得均需上缴国库,故可按各自法律文书生效的时间先后顺序清偿。

应当注意的是,各类受害人救助补偿基金依法向受害人支付救助补偿款后所取得的对违法、犯罪行为人的追偿权在后者破产清算中的受偿顺序,应与所补偿救济受害人的债权类型的受偿顺序一致,因其本质上是国家垫付给受害人的金钱,所以不能作为劣后债权加以规定。

(四)完善破产撤销权制度

应当对破产临界期间债务人主动或被动承担财产性公法责任行为的撤销权加以规定。《日本破产法》《德国支付不能法》《美国破产法典》均规定针对强制执行行为可以行使破产撤销权,"公法行为的既判力和公信力并不代表公法行为不会出现错误,也并不代表公法行为不能被撤销或者推翻,更不代表公法行为可以肆意损害私权利。"②我国也应废除《企业破产法规定(二)》第15条的规定。在此基础上,将财产性公法责任规定为劣后债权,并借鉴德国、美国破产法的经验,将对破产临界期债务人个别清偿行为的撤销权适用于罚金、罚款、没收财产等财产性公法责任,并允许对执行行为予以撤销。执行行为被撤销后,刑事判决仍然有效,公法债务仍然存在。由于财产刑、财产罚是国家对公民犯罪或违法行为的惩罚,体现着公共利益,所以各国破产法通常将罚金、罚款等财产性公法责任规定为例外债权,不受自然人破产免责制度的约束。即便财产性公法责任在破产中未获清偿,破产之后,犯罪人仍应承担。

---

① 胡晓静.公司破产时董事对债权人责任制度的构建——以德国法为借鉴[J].社会科学战线,2017(11):230-239.

② 房绍坤,崔艳峰.论破产临界期内强制执行行为的撤销[J].甘肃社会科学,2013(5):202.

　　综上所述,民事债权优先受偿制度的重构是一个系统工程,不可能仅靠一部、两部法律的一个、两个法条就能完成。如果非要选择一个最佳起点,那就从完善破产法和畅通"执转破"开始罢。法治之路艰难且漫长,相当长的时间内可能都看不到明显的变化。但也要清楚,重构民事债权优先受偿制度任务虽多,但我国立法者要做的大部分工作只是合理借鉴其他国家已经在一两百年之中形成的立法成例。莫要埋怨民事债权优先受偿制度如镜花水月般不切实际,只是短时间内看不到成效而已。要相信只要改革仍在路上,那么目标终将实现。而改革,已在路上。

结　论

我国的民事债权优先受偿制度从建立之初至今已有 29 年的历史。经过 29 年的发展，从 1994 年实施的《公司法》中的寥寥数语，经由 1997 年实施的《刑法》、1999 年实施的《证券法》等一系列商事经济立法，再到 2010 年实施的《侵权责任法》，再到 2017 年实施的《民法总则》，直到 2020 年制定的《民法典》，加之《刑事涉财产执行规定》《全国法院破产审判工作会议纪要》等一系列司法解释的相关规定，已经演进为一项初具规模的法律制度。本书从价值论的视角出发，运用文献分析、比较分析、历史分析以及跨学科的研究方法，力图反思我国现行民事债权优先受偿制度之功过、利弊，并寻找完善立法、构建制度合理路径，从而留其功而补其过，扬其利而去其弊。通过研究，本书得出的结论如下：

第一，民事债权优先受偿制度在我国的产生具有历史必然性。作为民事债权优先受偿制度"先锋队""排头兵"的民事责任优先原则在 1994 年实施的《公司法》中得以创设绝非偶然，在中国几千年"崇公抑私"思想传承的文化背景和社会主义中国建立之初尤其是"文革"期间过分强调公权力、国家利益、集体利益和过度压抑私人权利、私人利益的社会背景之下，具有其历史必然性，是被压抑的私权与私益在改革开放的时代背景之下于作为市场经济的法的民商事立法中一次强力反弹。改革开放至今已有 40 多年，伴随着改革开放的深入与社会主义市场经济的建立，中国公民的权利意识逐渐觉醒，立法者对于权力——权利的关系的认识也不断修正，对于私权、私益的保护也日趋完善。民事债权优先受偿制度 29 年来的发展既得益于这种变化，也反映着这种变化。但一切才刚刚开始，民事债权优先受偿制度的完善之路，任重而道远。

第二，现行民事债权优先受偿制度体现了立法者、司法解释制定者为解决民事债权与惩罚性公法财产权之间、财产性民事责任与财产性公法责任之间价值冲突所作的价值选择,但立法者、司法解释制定者的价值选择对价值冲突的处理存在不足。立法者、司法解释制定者忽视了上述价值冲突的一个重要成因,即我国的财产刑、财产罚等公法制度缺乏正当性和合理性;对部分价值冲突未予解决,即对刑事特别没收与民事债权的价值冲突以及部分民事债权与财产罚的价值冲突未予解决,最关键的是,忽视了对公法、私法的价值目标冲突的解决,不但使该制度最后的价值选择缺少令人信服的评价过程,还导致其具体规则引起了不必要的价值冲突。立法者应当在兼顾公法、私法价值目标的总原则下构建我国的民事债权优先制度。

第三,去因免果。构建民事债权优先受偿制度,必须消除引起民事债权与惩罚性公法财产权、财产性民事责任与财产性公法责任价值冲突的源头,即对那些导致公权力不当侵犯私权利的不正当、不合理的公法制度予以废除或者完善。刑法应最大限度地以罚金取代没收财产,并完善罚金刑,推进刑事涉案财物处置措施的正当化、合理化,减少不当查封、扣押、冻结、没收的发生,使刑事涉案财物处置措施与民事诉讼在受害人财产权益保护方面共同发挥作用。完善行政罚款、行政没收的相关规定,促使二者的合理化,减少因不当规定给民事债权造成的不当冲击。将财产刑、刑事特别没收和财产罚的罚没收入转入受害人救助补偿基金,使其用途正当化,变相实现民事责任优先原则,基金救助赔付后,相应救助补偿款额转化为国家对犯罪人的公法债权,有权向犯罪人追偿。

第四,民事责任优先原则因为受公私责任"行为同一性"要件约束,牵涉的法律关系较少,不会过分拖延刑事诉讼和行政执法的效率,所以在不违背审执分离、行政与司法相分离的法的公正价值目标的情况下,可以一定程度地在刑事或行政案件中落实。而民事债权优先受偿原则牵涉的法律关系过多,如果放入刑事诉讼或行政执法中去实现,将拖垮这两种制度,所以只能在专司终局性财产分配的破产程序中进行。在刑事、行政案件中适用民事责任优先原则,并不一定会启动破产程序全方位解决民事债权优先受偿问题,但破产清算程序中适用民事债权优先受偿原则,必然包含民事责任的承担。

第五,刑事案件中的民事责任优先制度按以下思路构建。首先,财产刑执行中同案刑事退赔直接优先于财产刑获得执行。其次,刑事附带民事责任的优先承担则需要将从优先执行提前至优先保全,对于刑事部分和附带民事部分均未采取保全措施的案件,如附带民事诉讼与刑事案件一并审理,判决一并生效,那就要保证二者一并执行。在执行中发现被执行人财产不足时,附带民事责任和刑事退赔优先于财产刑获得执行,如果刑事部分与附带民事部分均未采取保全措施,而附带民事责任又迟于刑事案件的审判和执行,则应允许犯罪人申请因弥补犯罪损失而宽限交付罚金。如果犯罪人未基于上述理由请求宽限交付罚金,被害人或附带民事诉讼的原告人可以事后启动破产程序,由破产程序实现民事债权优先受偿。也可以向受害人救助补偿基金申请救助补偿。再次,刑事特别没收有限适用民事责任优先原则,对于除了因犯罪人非法占有、处置被害人合法财产而导致的被害人的返还不当得利和赔偿损失的债权以外的被害人因犯罪行为引起的对犯罪人享有的民事债权,适用民事责任优先原则的前提是犯罪人的合法财产不足以清偿这些债务。在同时进行的刑事附带民事诉讼并判决同时生效的情况下,在特别没收的执行中直接对符合适用条件的被害人民事债权优先清偿。如果被害人另行提起民事诉讼,或者附带民事诉讼在刑事审判之后作出有效判决,则特别没收的财物应上缴拨付专项救助补偿基金之中。被害人如胜诉而执行不得,可向专项救助补偿基金申请救助补偿。

第六,财产罚受制于行政权与司法权相分离和行政强制执行权的行政机关自行执行与申请法院执行二分法的限制,适用民事责任优先原则的空间比较有限,但仍有适用的余地。行政罚款的情况下:普通治安罚款不强制适用民事责任优先原则;罚款自愿履行阶段对民事责任优先原则变相适用,即允许违法行为人向作出行政处罚决定的行政机关申请因弥补违法行为所造成的损失而暂缓或者分期缴纳罚款。行政罚款强制执行阶段,均由法院强制执行的民事债权与行政罚款发生竞合时,可以出台司法解释明确规定,取得执行依据的、符合"行为同一性"的民事责任可以适用民事责任优先原则,其他民事债权如参与分配,则与行政罚款平等受偿,民事债权人亦可申请债务人破产,在破产程序中优先清偿。应建立行政机关强制执行和与法院强制执行的衔接机制,即民刑行执行轮候查封和参与分配制度,如果受害人没有取得执行依据,但其提起的民事诉讼已经对违法行为人的财产进行了财产保全,而行政罚款的执行也以这些财产为执行标的,则可以规定行政罚款的执行应等待受害人提起的民事诉讼的裁判生效后再进行,以便一体处理民事责任优先问题。参与分配方面则应规定公法债权与私法债权均得申请,除因同一违法、犯罪行为所生的民事债权秉承民事责任优先原则得优先于同案公法财产权受偿外,其他公私债权应平等受偿。民事债权人亦可申请债务人破产,在破产程序中优先清偿。未取得执行依据的受害人不能参与分配,事后亦可通过救助补偿基金优先受偿。行政没收情形:没收违法所得和违禁品以外的违法行为人本人所有的非法财物,应有限适用民事责任优先原则,即因违法行为而导致的受害人的不当得利债权以外的损害赔偿债权,应以该债权无法从违法行为人的合法财产中获得足额清偿为限。行政没收适用民事责任优先原则,允许已取得执行依据的受害人就行政没收主张优先受偿,如果受害人尚未取得执行依据,则不适合在行政执法程序中推行。行政没收执行后划入受害人救助补偿基金之中,在受害人通过诉讼和执行仍无法从违法行为人处获得赔偿时,可向基金申请救助补偿。

第七,公私债权冲突的最佳解决途径是破产制度。不论是刑事还是民事参与分配制度都不可能很好地承担民事债权优先受偿的使命,民事债权优先受偿本身就是一个只有破产制度能解决的终局性问题。破产法中民事债权优先制度的核心内容一是将财产性公法责任规定为劣后债权,二是允许撤销破产临界期间债务人承担财产性公法责任的行为。但即使破产法作出上述规定,还需要建立财产刑、财产罚执行转入破产程序的必要的衔接制度,包括建立财产刑、财产罚执行公告制度,扩展破产适用的对象,规定公司临界破产时董事申请破产义务,规定依职权执行转破产程序。为了避免因适用民事债权优先受偿制度而对刑法、行政法追求的公益造成不利影响,有必要建立罚金、罚款易科和追征等公法责任的替代、转化制度。

科学构建民事债权优先受偿制度是需要实体法、程序法以及破产法密切配合才能完成的系统工程。实体法起到的作用是"指点江山",程序法起的作用是"冲锋陷阵",而破产法起的作用是"平定乾坤"。构建民事债权优先受偿制度之路虽艰辛漫长,但仍应对其保持信心。

参考文献

著作类

[1]黄薇.中华人民共和国民法典总则编释义[M].北京:法律出版社,2020.

[2]宋燕妮,赵旭东.中华人民共和国公司法释义[M].北京:法律出版社,2018.

[3]卓泽渊.法的价值论[M].3版.北京:法律出版社,2018.

[4]李适时.中华人民共和国民法总则释义[M].北京:法律出版社,2017.

[5]本书编写组.民法总则立法背景与观点全集[M].北京:法律出版社,2017.

[6]最高人民法院执行局.最高人民法院关于刑事裁判涉财产部分执行的若干规定理解与适用[M].北京:中国法制出版社,2017.

[7]海尔姆特·库奇奥.侵权责任法的基本问题(第一卷):德语国家的视角[M].朱岩,译.北京:北京大学出版社,2017.

[8]本德·吕特斯,阿斯特丽德·施塔德勒.德国民法总论[M].18版.于馨淼,张姝,译.北京:法律出版社,2017.

[9]王瑞贺.中华人民共和国反不正当竞争法释义[M].北京:法律出版社,2017.

[10]李锡鹤.物权论稿[M].北京:中国政法大学出版社,2016.

[11]吕世伦,文正邦.法哲学论[M].西安:西安交通大学出版社,2016.

[12]李翔.单位犯罪司法实证研究 我国单位犯罪制度的检视与重构[M].上海:上海人民出版社,2016.

[13]孙舒景.青海藏族传统价值观研究[M].北京:宗教文化出版社,2016:11.

白寿彝,廖德清,施丁.中国通史 6 第4卷 中古时代 秦汉时期 下[M].上海:上海人民出版社,2015.

[14]邱雪梅.社会转型视野下民事责任之变迁[M].广州:暨南大学出版社,2015.

[15]梁展欣.民法与民事诉讼法的协同[M].北京:人民法院出版社,2015.

[16]许德风.破产法论:解释与功能比较的视角[M].北京:北京大学出版社,2015.

[17]王利明.民法学[M].2版.上海:复旦大学出版社,2015.

[18]李永军.民法总论[M].北京:中国政法大学出版社,2015.

[19]王华胜.契约形成中的道德因素 以要物契约为线索[M].北京:法律出版社,2015.

[20]刘心稳.债权法总论[M].北京:中国政法大学出版社,2015.

[21]刘平.行政执法原理与技巧[M].上海:上海人民出版社,2015.

[22]全国人大常委会法制工作委员会行政法室.《中华人民共和国食品安全法》释义及实用指南[M].北京:中国民主法制出版社,2015.

[23]顾文斌.中国传统民法架构二元性问题研究[M].北京:社会科学文献出版社,2014.

[24]王利明,杨立新,王轶,等.民法学[M].4版.北京:法律出版社,2014.

[25]周枏.罗马法原论:下册[M].北京:商务印书馆,2014.

[26]薄振峰,于泓.法理学教学案例研析[M].北京:中国人民公安大学出版社,2014.

[27]黄茂荣.债法通则之一 债之概念与债务契约[M].厦门:厦门大学出版社,2014.

[28]江必新,贺荣.强制执行法的起草与论证（三）[M].北京:中国法制出版社,2014.

[29]江必新.强制执行法理论与实务[M].北京:中国法制出版社,2014.

[30]张千帆.宪法学导论 原理与应用[M].3版.北京:法律出版社,2014.

[31]莱因哈德·波克.德国破产法导论[M].王艳柯,译.北京:北京大学出版社,2014.

[32]王素珍.行政强制比较研究[M].成都:四川大学出版社,2014.

[33]江必新.比较强制执行法[M].北京:中国法制出版社,2014.

[34]张永红.英国强制执行法[M].上海:复旦大学出版社,2014.

[35]沈仲衡.价值衡量法律思维方法论[M].广州:暨南大学出版社,2014.

[36]李莉.我国民事立法中价值评价和选择方法研究[M].北京:法律出版社,2014.

[37]韩东屏.人是元价值 人本价值哲学[M].武汉:华中科技大学出版社,2013.

[38]李德顺.价值论——一种主体性的研究[M].3版.北京:中国人民大学出版社,2013.

[39]陈乔见.公私辨:历史衍化与现代诠释[M].北京:生活·读书·新知三联书店,2013.

[40]房绍坤,王洪平.债法要论[M].武汉:华中科技大学出版社,2013.

[41]曾尔恕.外国法制史[M].2版.北京:中国政法大学出版社,2013.

[42]魏振瀛.民事责任与债分离研究[M].北京:北京大学出版社,2013.

[43]全国人大常委会法制工作委员会.中华人民共和国消费者权益保护法释义[M].北京:法律出版社,2013.

[44]阚珂,蒲长城,刘平均.中华人民共和国特种设备安全法释义[M].北京:中国法制出版社,2013.

[45]王方玉.法理学导论[M].北京:知识产权出版社,2013.

[46]梁上上.利益衡量论[M].北京:法律出版社,2013.

[47]王丽华.犯罪被害救济制度[M].北京:社会科学文献出版社,2013.

[48]李长坤.刑事涉案财物处理制度研究[M].上海:上海交通大学出版社,2012.

[49]张海棠.公司法适用与审判实务[M].2版.北京:中国法制出版社,2012.

[50]王志祥.财产刑适用的理论与实务[M].北京:中国人民公安大学出版社,2012.

[51]徐海燕,梅夏英.民法学[M].北京:对外经济贸易大学出版社,2012.

[52]葛洪义.法理学[M].2版.北京:中国政法大学出版社,2012.

[53]佐伯仁志,道垣内弘人.刑法与民法的对话[M].于改之,张小宁,译.北京:北京大学出版社,2012.

[54]严存生.西方法律思想史[M].北京:中国法制出版社,2012.

[55]吴从周.民事法学与法学方法:概念法学利益法学与价值法学[M].北京:中国法制出版社,2011.

[56]梁慧星.民法总论[M].北京:法律出版社,2011.

[57]陈华彬.民法总论[M].北京:中国法制出版社,2011.

[58]全国人大常委会法制工作委员会.中华人民共和国刑法释义:含刑法修正案八[M].北京:法律出版社,2011.

[59]严存生.法的价值问题研究[M].北京:法律出版社,2011.

[60]关保英.行政法的私权文化与潜能[M].济南:山东人民出版社,2011.

[61]齐奇.执行实务与新类型法律问题研究[M].北京:人民法院出版社,2011.

[62]尹田.民法典总则之理论与立法研究[M].北京:法律出版社,2010.

[63]崔建远,韩世远,于敏.债法[M].北京:清华大学出版社,2010.

[64]全国人大常委会法制工作委员会.中华人民共和国侵权责任法释义[M].北京:法律出版社,2010.

[65]蒋红珍.论比例原则[M].北京:法律出版社,2010.

[66]杨炼.立法过程中的利益衡量研究[M].北京:法律出版社,2010.

[67]全国人大常委会法制工作委员会民法室.侵权责任法立法背景与观点全集[M].北京:法律出版社,2010.

[68]刘静.个人破产制度研究 以中国的制度构建为中心[M].北京:中国检察出版社,2010.

[69]唐清利,何真.财产权与宪法的演讲[M].修订版.北京:法律出版社,2010.

[70]马俊峰.价值论的视野[M].武汉:武汉大学出版社,2010.

[71]张中秋.中西法律文化比较研究[M].北京:法律出版社,2009.

[72]李玉洁.儒学与中国政治[M].北京:科学出版社,2010.

[73]詹森林.民事法理与判决研究:第 5 册[M].北京:中国政法大学出版社,2009.

[74]江平.民法各论[M].北京:中国法制出版社,2009.

[75]全国人大常委会法制工作委员会刑法室.中华人民共和国刑法条文说明、立法理由及相关规定[M].北京:北京大学出版社,2009.

[76]赵可.犯罪被害人及其补偿立法[M].北京:群众出版社,2009.

[77]李少伟,王延川.私法文化 价值诉求与制度构造[M].北京:法律出版社,2009.

[78]尹正友,张兴祥.中美破产法律制度比较研究[M].北京:法律出版社,2009.

[79]王娣.强制执行竞合研究[M].北京:中国人民公安大学出版社,2009.

[80]于志刚.网络空间中虚拟财产的刑法保护[M].北京:中国人民公安大学出版社,2009.

[81]李伟.明夷待访录译注[M].长沙:岳麓书社,2008.

[82]孙伟平.价值哲学方法论[M].北京:中国社会科学出版社,2008.

[83]刘小冰.综合法理学——法的理论、形式、价值与事实[M].北京:中国方正出版社,2008.

[84]张晋藩.中国法制史[M].北京:高等教育出版社,2007.

[85]罗斯科·庞德.法理学:第3卷[M].廖德宇,译.北京:法律出版社,2007.

[86]最新意大利刑法典[M].黄风,译注.北京:法律出版社,2007.

[87]黄茂荣.法学方法与现代民法[M].5版.北京:法律出版社,2007.

[88]何帆.刑事没收研究 国际法与比较法的视角[M].北京:法律出版社,2007.

[89]韩长印.破产法学[M].北京:中国政法大学出版社,2007.

[90]全国人大常委会法工委.中华人民共和国合伙企业法释义[M].北京:法律出版社,2006.

[91]卓泽渊.法的价值论[M].北京:法律出版社,2006.

[92]李飞.当代外国破产法[M].北京:中国法制出版社,2006.

[93]文秀峰.个人破产法律制度研究[M].北京:中国人民公安大学出版社,2006.

[94]杜景林,卢谌.德国新给付障碍法研究[M].北京:对外经济贸易大学出版社,2006.

[95]薛刚凌.外国及港澳台行政诉讼制度[M].北京:北京大学出版社,2006.

[96]孙森焱.民法债编总论 上[M].北京:法律出版社,2006.

[97]彼德罗·彭梵得.罗马法教科书[M].黄风,译.北京:中国政法大学出版社,2005.

[98]优士丁尼.法学阶梯[M].2版.徐国栋,译.北京:中国政法大学出版社,2005.

[99]魏曼士.法理学[M].丁小春,吴越,译.北京:法律出版社,2005.

[100]甄自恒.从公权社会到私权社会:法权、法制结构转型的社会哲学探讨[M].北京:人民日报出版社,2004.

[101]马登民,徐安住.财产刑研究[M].北京:中国检察出版社,2004.

[102]邵维国.罚金刑论[M].长春:吉林人民出版社,2004.

[103]江平,米健.罗马法基础(修订本第三版)[M].北京:中国政法大学出版社,2004.

[104]李宜琛.民法总则[M].胡骏勘,校.北京:中国方正出版社,2004.

[105]阮青.价值哲学[M].北京:中共中央党校出版社,2004.

[106]江正平,何立慧.行政法学[M].兰州:兰州大学出版社,2004.

[107]川岛武宜.现代化与法[M].北京:中国政法大学出版社,2004.

[108]童兆洪.民事执行权研究[M].北京:法律出版社,2004.

[109]黄风.罗马私法导论[M].北京:中国政法大学出版社,2003.

[110]王泽鉴.债法原理1 债之发生基本理论 契约 代理权授予 无因管理[M].北京:中国政法大学出版社,2003.

[111]美浓部达吉.公法与私法[M].黄冯明,译.北京:中国政法大学出版社,2003.

[112]李飞.中华人民共和国证券投资基金法释义[M].北京:法律出版社,2003.

[113]李宜琛.日耳曼法概说[M].北京:中国政法大学出版社,2003

[114]龙卫球.民法总论[M].2 版.北京:中国法制出版社,2002.

[115]贝卡里亚.论犯罪与刑罚[M].黄风,译.北京:中国法制出版社,2002.

[116]杨与龄.强制执行法论 最新修正[M].北京:中国政法大学出版社,2002.

[117]王泽鉴.债法原理第2册不当得利[M].中国政法大学出版社,2002.

[118]王泽鉴.债法原理1 基本理论 债之发生[M].北京:中国政法大学出版社,2001.

[119]张文显.法哲学范畴研究[M].修订版.北京:中国政法大学出版社,2001.

[120]周伟.中国大陆与台、港、澳刑事诉讼法比较研究[M].北京:中国人民公安大学出版社,2001.

[121]史尚宽.债法总论[M].北京:中国政法大学出版社,2000.

[122]迪特尔·梅迪库斯.德国民法总论[M].邵建东,译.北京:法律出版社,2000.

[123]肖建国.民事诉讼程序价值论[M].北京:中国人民大学出版社,2000.

[124]日本刑事诉讼法[M].宋英辉,译.北京:中国政法大学出版社,2000.

[125]卞耀武.中华人民共和国产品质量法释义[M].北京:法律出版社,2000.

[126]谢在全.民法物权论[M].北京:中国政法大学出版社,1999.

[127]莱昂·狄骥.公法的变迁 法律与国家[M].郑戈,冷静,译.沈阳:春风文艺出版社;沈阳:辽海出版社,1999.

[128]李连科.价值哲学引论[M].北京:商务印书馆,1999.

[129]卞耀武.中华人民共和国个人独资企业法释义[M].北京:法律出版社,1999.

[130]卞耀武.中华人民共和国证券法释义[M].北京:法律出版社,1999.

[131]曾庆敏.法学大辞典[M].上海:上海辞书出版社,1998.

[132]陈兴良.新旧刑法比较研究:废、改、立[M].北京:中国人民公安大学出版社,1998.

[133]施文正.论破坏社会主义市场经济秩序罪[M].呼和浩特:内蒙古大学出版

社,1997.

[134]萧榕.世界著名法典选编 行政法卷[M].北京:中国民主法制出版社,1997.

[135]孙国华.中华法学大辞典 法理学卷[M].北京:中国检察出版社,1997.

[136]万斌,吴炳海,张应杭.马克思主义哲学新教程[M].杭州:浙江大学出版社,1996.

[137]德国刑事诉讼法典[M].李昌珂,译.北京:中国政法大学出版社,1995.

[138]马俊峰.评价活动论[M].北京:中国人民大学出版社,1994.

[139]W.D.拉蒙特.价值判断[M].马俊峰,王建国,王晓升,等,译.北京:中国人民大学出版社,1992.

[140]斯奇巴尼.司法管辖权 审判 诉讼[M].黄风,译.北京:中国政法大学出版社,1992.

[141]查士丁尼.法学总论 法学阶梯[M].张企泰,译.北京:商务印书馆,1989.

[142]戴修瓒.民法债编总论 1-2 章[M].台北:三民书局,1978.

论文类

(一)中文论文

[1]唐学兵.建立个人破产制度:"畅通执行不能"案件的退出机制[N].人民法院报,2018-12-19(008).

[2]孟祥健,唐莉.改革开放以来我国价值冲突研究述评[J].太原理工大学学报(社会科学版),2018(6):1-6.

[3]倪寿明.积极推动建立个人破产制度[N].人民法院报,2018-10-29(002).

[4]刘晓虎,赵靓."违法所得"概念的界定和司法认定.人民法院报[N].2018-07-04(06).

[5]刘睿,张继成.立法评价方法初探——立法过程中价值评价的理性分析[J].法制与社会发展,2018,24(6):157-173.

[6]杨立新.《民法总则》民事责任规定之得失与调整[J].比较法研究,2018(5):31-43.

[7]张蜀君.证券官司集中三大领域 操纵市场索赔最难[N].重庆商报,2018-04-19(003).

[8]兰久富.能否定义价值概念[J].当代中国价值观研究,2018,3(4):20-32.

[9]李宇.十评民法典分则草案[J].中国海商法研究,2018,29(3):3-10.

[10]林娴,陈中云.被继承人债务清偿问题的分析与对策[J].佳木斯职业学院学报,2018(9):171-172.

[11]沈俊森.我国个人破产制度研究[J].海南金融,2018(9):38-45.

[12]宁立志.《反不正当竞争法》修订的得与失[J].法商研究,2018(4):118-128.

[13]严存生.作为人的价值的法的价值——"法的价值"概念的再思考[J].武汉科技大学学报(社会科学版),2018,20(4):374-386.

[14]许福生.台湾地区"刑法"中没收新制之探讨[J].海峡法学,2018,20(2):3-12.

[15]赵泽君,林洋."执转破"程序启动模式的分解与重塑[J].政法论丛,2018(3):63-73.

[16]国中兴.浅谈证券业民事赔偿责任优先原则[J].河北企业,2018(4):115-116.

[17]朱艳萍.刑事涉案财产裁判程序的缺失与司法规制[J].人民司法(应用),2018(10):78-83.

[18]柳经纬.民法典编纂的体系性困境及出路[J].甘肃社会科学,2018(2):153-161.

[19]张东昌.证券市场没收违法所得与民事赔偿责任的制度衔接[J].证券法苑,2017,23(5):407-422.

[20]胡晓静.公司破产时董事对债权人责任制度的构建——以德国法为借鉴[J].社会科学战线,2017(11):230-239.

[21]郜名扬.我国财产刑案件民事债权优先受偿制度的缺陷及根治——从《最高人民法院关于刑事裁判涉财产部分执行的若干规定》第13条谈起[J].哈尔滨工业大学学报(社会科学版),2017,19(5):45-53.

[22]黄宝生,陈雷."被执行人的财产不能清偿所有债权"应从宽把握[J].人民司法(案例),2017(26):53-57.

[23]郜名扬.从财产权变动看没收财产之"困"与"舍"[J].学习与探索,2017(9):72-79.

[24]徐翰清.刑事追缴或者责令退赔不足时被害人另行起诉权研究[J].劳动保障世界,2017(24):62.

[25]刘鹏玮."特别没收"的司法失衡与规范重塑——以"供犯罪所用的本人财物"之没收为视角[J].苏州大学学报(法学版),2017,4(3):93-100.

[26]徐国栋.《民法总则》第187条规定的民刑责任竞合的罗马法起源与比较法

背景[J].比较法研究,2017(4):106-121.

[27]陈丹.美国没收财产制度的类型、效益、挑战及启示[J].江苏警官学院学报,2017,32(4):41-46.

[28]成越,成延洲.责令退赔制度中刑民交叉争议的解决[J].人民司法(应用),2017(19):78-81.

[29]顾晔.从民间借贷纠纷看民刑交叉案件处理机制[J].吉林工商学院学报,2017,33(3):95-98,107.

[30]陈洁.证券民事赔偿责任优先原则的实现机制[J].证券市场导报,2017(6):55-62.

[31]裴显鼎,王晓东,刘晓虎.《关于犯罪嫌疑人、被告人逃匿、死亡案件适用违法所得没收程序若干问题的规定》的理解与适用[J].人民司法(应用),2017(16):32-45.

[32]王轩.遗产破产制度研究[D].保定:河北大学,2017.

[33]黄静.我国刑法第64条刑事没收之解读[D].苏州:苏州大学,2017.

[34]曾文远.论《食品安全法》民事责任条款的适用——以第147条和第148条为例[J].沈阳工业大学学报(社会科学版),2017,10(4):296-305.

[35]王志祥,柯明.民营企业(家)涉嫌犯罪时涉案财物的确定[J].人民检察,2017(10):9-14.

[36]刘睿,张继成.法律修改中价值评价的原理与方法[J].苏州大学学报(法学版),2017,4(2):14-23.

[37]欧明艳.结果回溯过程:刑事追缴退赔的突出问题及解决——从判后执行案件实证考察切入[C]//最高人民法院.深化司法改革与行政审判实践研究(上)——全国法院第28届学术讨论会获奖论文集.人民法院出版社,2017:836-848.

[38]杨立新.规定民事责任优先原则是亲民之举[N].光明日报,2017-04-21(03).

[39]史小峰.强制执行权并轨运行模式研究——以我国执行主管现状与完善为切入点[C]//中国行为法学会执行行为研究会."强制执行的理论与制度创新"——"中国执行论坛"优秀论文集.中国政法大学出版社,2017:135-144.

[40]李利.刑事损害赔偿制度适用研究[J].湖北社会科学,2017(4):141-147.

[41]杨显滨,陈风润.个人破产制度的中国式建构[J].南京社会科学,2017(4):98-104.

[42]杨立新.民法分则继承编立法研究[J].中国法学,2017(2):67-87.

[43]杨明.论保全执行与终局执行的竞合[D].重庆:西南政法大学,2017.

[44]何小勇.非法集资犯罪规制的中国式难题——以地方政府处置办的设立与受害人的损失退赔为视角[J].政治与法律,2017(1):37-49.

[45]吴广哲.论我国追缴违法所得判决的实现路径[J].河北法学,2017,35(1):164-172.

[46]赵万一.民法基本原则:民法总则中如何准确表达?[J].中国政法大学学报,2016(6):30-50,160-161.

[47]贺小荣.权利是权力的价值归属——论公法秩序与私法自治[J].中国法律评论,2016(4):144-149.

[48]刘士国.论民法总则之民事责任规定[J].法学家,2016(5):139-148,179.

[49]肖建国.强制执行法的两个基本问题[J].民事程序法研究,2016(2):1-5.

[50]蔡可尚,庞梅.《刑法》第64条的实然解读与应然重构[J].刑法论丛,2016,46(2):235-262.

[51]邓蕊.食品安全事故中民事责任优先原则的实现障碍与对策分析[J].广西社会科学,2016(6):109-113.

[52]迟冠男.行政处罚中的违法所得认定问题研究[D].长春:吉林大学,2016.

[53]溥其红,张宁.我国刑事涉案财物处理程序的正当化改造[C]//最高人民法院.尊重司法规律与刑事法律适用研究(下)——全国法院第27届学术讨论会获奖论文集.人民法院出版社,2016:366-374.

[54]范加庆.执行中民事优先规定的适用——以民事责任执行结案后财产刑的执行为视角[J].人民司法(应用),2016(10):108-111.

[55]饶启慧.两岸行政强制执行制度比较研究[J].福建法学,2016(1):55-61.

[56]张曙光."天下为公":在理想与现实之间[J].北京师范大学学报(社会科学版),2016(2):85-102.

[57]兰久富.中国价值哲学的现状和定位[J].当代中国价值观研究,2016,1(1):25-31.

[58]丁亮华.参与分配:解析与检讨[J].法学家,2015(5):105-119,178-179.

[59]李明发,李欣.民事赔偿责任优先:原则抑或规则[J].学术界,2015(9):164-171.

[60]宋英辉,曹文智.论刑民交叉案件程序冲突的协调[J].河南社会科学,2015,23(5):32-45,123.

[61]于新循,彭旭林.论我国破产债权例外制度——基于劣后债权的制度构建视

角[J].四川师范大学学报(社会科学版),2015,42(3):45-52.

[62]汪家元.行政处罚中的"违法所得"认定探究——基于相关判例的整理与研究[J].安徽行政学院学报,2015,6(2):90-97.

[63]赵晋山,葛洪涛.《民事诉讼法》司法解释执行程序若干问题解读[J].法律适用,2015(4):32-35.

[64]李明发.论民事赔偿责任优先原则的适用——我国《侵权责任法》第4条第2款规定之解读[J].南京大学学报(哲学·人文科学·社会科学),2015,52(2):45-51,159.

[65]石魏.我国被害人权益刑事立法之完善——以刑事财产保全及违法所得没收程序为视角[J].上海政法学院学报(法治论丛),2015,30(2):120-125.

[66]徐振增,宫艳艳.破产法设置劣后债权的问题研究[J].广西民族大学学报(哲学社会科学版),2015,37(2):138-141.

[67]袁辉.责令退赔空判现象实证研究——以L市两级法院刑事判决为中心的考察[J].法律适用,2015(1):88-92.

[68]刘贵祥,闫燕.《关于刑事裁判涉财产部分执行的若干规定》的理解与适用[J].人民司法,2015(1):21-25.

[69]李明发.民事赔偿责任优先的理论基础及其法律构建[J].江淮论坛,2014(6):120-124.

[70]陈志鑫.民事执行参与分配制度的困境与进路[J].上海政法学院学报(法治论丛),2014,29(6):82-87.

[71]潘运华,叶知年.从债的基本属性看我国侵权责任的承担方式[J].河北法学,2014,32(11):158-164.

[72]冯乐坤.限定继承的悖理与我国《继承法》的修正[J].政法论丛,2014(5):113-120.

[73]黄文艺.权利本位论新解——以中西比较为视角[J].法律科学(西北政法大学学报),2014,32(5):14-24.

[74]袁义龙.论民事赔偿责任优先规则的适用[D].合肥:安徽大学,2014.

[75]马剑.2003-2012年人民法院审理破产案件的统计分析[J].法制资讯,2014(3):23-27.

[76]黄应生.《关于适用刑法第六十四条有关问题的批复》的解读[J].人民司法,2014(5):27-29.

[77]李德顺.试论法律的价值——基于哲学价值论的思考[M]//俞学明.法治的

哲学之维:第 2 辑.北京:当代中国出版社,2014:2-19.

[78]刘保玉.参与分配制度研究[M]//江必新,贺荣.强制执行法的起草与论证(三).北京:中国法制出版社,2014:363-448.

[79]孙煜华.非法财物没收制度之精准化构想——从其二元法律性质与法律构成入手[J].行政法学研究,2013(4):85-89,109.

[80]欧阳帅.论没收财产刑的执行困境及其完善[J].湖南警察学院学报,2013,25(5):27-33.

[81]吴宗清,王建华,夏群佩,林恩伟.破解非诉行政案件"执行难"探析——基于浙江温岭实践的分析[J].中共贵州省委党校学报,2013(5):116-120.

[82]房绍坤,崔艳峰.论破产临界期内强制执行行为的撤销[J].甘肃社会科学,2013(5):201-204.

[83]袁义龙.浅析民事赔偿责任优先规则适用条件[J].鸡西大学学报,2013,13(9):60-62.

[84]刘立夫,龙璞.现代市场经济视域下的中国传统义利观[J].伦理学研究,2013(5):114-118.

[85]宋旭明.论请求权二元体系的法理根据[J].北方法学,2013,7(5):84-90.

[86]张锦锦.论我国行政强制执行双轨制的困境与出路[J].行政法学研究,2013(3):49-55.

[87]谢治东.法人犯罪立法的国际经验及其中国的借鉴[J].法治研究,2013(8):83-89.

[88]徐美菊.论公法债权的内部受偿顺位[N].江苏经济报,2013-07-03(B03).

[89]邢绍红.韩国罚金刑的特色及其对我国的启示[J].东疆学刊,2013,30(3):84-90.

[90]王衍松,吴优.罚金刑适用研究——高适用率与低实执率之二律背反[J].中国刑事法杂志,2013(6):10-15.

[91]张鑫彤.我国侵权请求权的优先权问题研究[D].海口:海南大学,2013.

[92]罗方方.民事赔偿责任优先原则的实现机制[D].合肥:安徽大学,2013.

[93]喻峰.公司临界破产时董事申请破产的强制性义务[D].泉州:华侨大学,2013.

[94]吴光升.未定罪案件涉案财物没收程序之若干比较——以美国联邦民事没收程序为比较视角[J].中国政法大学学报,2013(2):86-100,158.

[95]许德风.论破产债权的顺序[J].当代法学,2013,27(2):76-82.

[96]王佩玺.论债与责任——兼论侵权行为的本质属性[J].行政与法,2013(2):125-129.

[97]贺季敏.论《强制执行法》的单独制定[J].北京社会科学,2013(1):41-45.

[98]魏振瀛.债与民事责任的起源及其相互关系[J].法学家,2013(1):115-134,179.

[99]关振海.中外行政犯罪与行政违法行为界分模式述评[J].刑法论丛,2012(4):375-391.

[100]陈太清.规范行政罚款的基本思路[J].理论探索,2013(1):125-128.

[101]陈泽宪,向燕.没收财产问题的实证分析[M]//赵秉志.刑罚体系结构的改革与完善.北京:北京师范大学出版社,2012:161-178.

[102]余中根.论侵权责任优先原则——兼评《侵权责任法》第4条第二款之规定[J].红河学院学报,2012,10(6):22-24.

[103]李挺.我国遗产破产制度立法研究[D].杭州:浙江工商大学,2012.

[104]刘少军.论"先民后刑"刑事附带民事诉讼程序的构建——兼论《刑事诉讼法修正案》对附带民事诉讼制度的改革[J].政治与法律,2012(11):139-148.

[105]陈太清.美国罚款制度及其启示[J].安徽大学学报(哲学社会科学版),2012,36(5):115-121.

[106]周加海,黄应生.违法所得没收程序适用探讨[J].法律适用,2012(9):12-15.

[107]郭栋.论债(务)与责任的关系——兼谈我国债法总则的存废问题[J].山东社会科学,2012(8):72-76,89.

[108]李建华,王琳琳.我国未来民法典中私法责任承担方式的立法选择——兼论停止侵害、排除妨碍、消除危险、返还财产的二元定位[J].海南大学学报(人文社会科学版),2012,30(3):68-74.

[109]赵尧.民事赔偿责任优先制度的展开与限缩[D].成都:四川省社会科学院,2012.

[110]叶睿.罚金刑的适用与反思[D].成都:西南财经大学,2012.

[111]周玺联.论我国的参与分配制度[D].长春:吉林大学,2012.

[112]李显冬,邱杨.浅谈侵权责任优先所体现的法治精神[J].中国律师,2012(3):43-45.

[113]赵德林.司法查封与行政查封间的关系和处理[J].人民司法,2012(2):40-43,1.

[114]王崇敏,李建华.论侵权行为法律责任的重合性及适用规则——兼论我国《侵权责任法》第4条规定的完善[J].法学杂志,2011,32(12):55-60.

[115]刘亚丽.浅议民事赔偿优先规则的适用条件[J].商品与质量,2011(SA):104.

[116]席朝阳.论民事责任优先的实现[J].企业家天地(理论版),2011(8):186-187.

[117]许德风.论个人破产免责制度[J].中外法学,2011,23(4):742-757.

[118]李建华,麻锐.论财产性民事责任优先承担规则[J].社会科学战线,2011(8):219-226.

[119]肖泽晟.论行政强制执行中债权冲突的处理[J].法商研究,2011,28(3):68-76.

[120]孟庆涛,闫宾.我国参与分配制度改革与完善的理论思考——以与破产制度的分立和对接为突破口[J].前沿,2011(1):107-109.

[121]徐艳茹.公法债权与私法债权的冲突及受偿顺位[J].天水行政学院学报,2010(4):114-117.

[122]兰跃军.论被害人民事赔偿优先执行[J].甘肃政法学院学报,2010(4):90-97.

[123]徐斌,俞静.浅析我国注册会计师民事责任优先制度[J].中央财经大学学报,2010(6):86-90.

[124]杨立新.论侵权请求权的优先权保障[J].法学家,2010(2):95-102,178-179.

[125]刘宁,贾洪香.破产程序中刑事追缴或责令退赔财物的处理原则[J].中国律师,2010(3):67-69.

[126]李海婷.罚款数额的确定及调整机制[J].广西政法管理干部学院学报,2010,25(1):64-66,129.

[127]郭伟清,张文如.实现公法债权制度正义地徘徊与出路——在财产刑执行困境之实证分析中探寻答案[M]//张海棠.程序与公正 第4辑.上海:上海人民出版社,2010:366-376.

[128]宋志红.民事赔偿优先原则的确立和适用[N].法制日报,2010-10-20(12).

[129]李濯清,钟思文.应对罚金执行难:不妨易科自由刑[N].检察日报,2010-08-04(003).

[130]万志鹏.没收财产刑研究[D].重庆:西南政法大学,2010.

[131]聂国春.为什么要强调民事赔偿优先[N].中国消费者报,2009-12-23(A02).

[132]孙新强.破除债权平等原则的两种立法例之辨析——兼论优先权的性质[J].现代法学,2009,31(06):178-187.

[133]刘四山.试论物权请求权与以物为标的不当得利之债权请求权适用问题[J].产业与科技论坛,2009,8(10):127-129.

[134]叶良芳.美国法人刑事责任的认定与量定[J].南都学坛,2009,29(4):77-81.

[135]李洁.遏制重刑:从立法技术开始[J].吉林大学社会科学学报,2009,49(03):48-56,159.

[136]杨思勤.两岸强制执行制度之比较研究[D].北京:中国政法大学,2009.

[137]劳力.民事赔偿优先尚需克服法律技术难题[N].法制日报,2009-02-27(003).

[138]杜雄柏,陈立兵.我国罚金刑空判问题的立法审视[J].湘潭大学学报(哲学社会科学版),2009,33(2):65-68.

[139]姚贝.没收财产刑研究[D].北京:中国政法大学,2009.

[140]马济林.从刑事优先到民事优先[J].法学评论,2008(5):16-20.

[141]尤波,张明军.行政执行与民事执行的冲突与协调——以财产查封为例[J].人民司法,2008(17):94-97.

[142]高铭暄,孙晓.行政犯罪与行政违法行为的界分[J].人民检察,2008(15):5-8.

[143]柳经纬.从"强制取得"到对债的依归——关于民事责任性质的思考[J].政法论坛,2008(2):20-30.

[144]王占军."治安罚款执行转换"实践适用探析[J].政法学刊,2008(1):114-117.

[145]宋旭明.论给付受领的性质和地位[J].华中科技大学学报(社会科学版),2007(6):31-37.

[146]周美华.我国破产法关于破产界限的规定述评[J].集美大学学报(哲学社会科学版),2007(3):30-36.

[147]莫于川,田文利.公法共同价值论要[J].法学论坛,2007(4):11-16.

[148]汉斯·凯尔森,张书友.法律科学中的价值判断[J].法律方法与法律思维,2007(0):328-342.

[149]肖建国.论财产刑执行的理论基础——基于民法和民事诉讼法的分析[J].

法学家,2007(2):123-131.

[150]金可可.德国民法上的请求权概念[J].求索,2007(3):89-91.

[151]杨解君.论利益权衡下的行政执行与民事执行衔接[J].中国法学,2007(1):45-57.

[152]万志鹏.外国刑法中的没收财产刑[J].涪陵师范学院学报,2007(1):129-133.

[153]肖泽晟.论被执行人和第三人的法律地位——以行政法上金钱给付义务的执行为例[J].上海政法学院学报,2006(6):99-107.

[154]徐向华,郭清梅.行政处罚中罚款数额的设定方式——以上海市地方性法规为例[J].法学研究,2006(6):89-101.

[155]张晨颖.对无限连带责任制度的再思考:谈非法人企业破产制度的确立[J].法学杂志,2006(5):139-142.

[156]冯亚东.罪刑关系的反思与重构——兼谈罚金刑在中国现阶段之适用[J].中国社会科学,2006(5):125-134,208.

[157]项益才.论证券民事赔偿优先原则[J].商场现代化,2006(21):205.

[158]陈凡.论民事赔偿优先于行政罚款[J].学术论坛,2006(6):136-139.

[159]刘志伟.完善没收财产刑执行制度的若干建议[J].中州学刊,2006(2):77-80.

[160]李德顺.关于我们的价值哲学研究[J].吉首大学学报(社会科学版),2006(2):1-5.

[161]简圣洁.参与分配制度之研究[D].台中:私立东海大学,2006.

[162]刘运毛.论行政法上的没收——行政权和财产权相对化的产物[J].公法研究,2005(1):146-192.

[163]张千帆."公共利益"的构成——对行政法的目标以及"平衡"的意义之探讨[J].比较法研究,2005(5):5-18.

[164]马登科.民事执行程序与破产制度的统一与协调——论参与分配制度中的优先原则与平等原则[J].特区经济,2005(7):286-288.

[165]阎锐.行政处罚罚款设定普遍化研究[J].行政法学研究,2005(2):63-71.

[166]闫尔宝.私权在行政执法中的地位——以一则行政案件为分析工具[J].行政法学研究,2005(2):137-144.

[167]金可可.论温德沙伊德的请求权概念[J].比较法研究,2005(3):112-121.

[168]刘志德,刘树德."判处赔偿经济损失"、"责令赔偿损失"及"责令退赔"辨析

[J].法律适用,2005(4):77-80.

[169]苑书涛.请求权基本理论研究[D].重庆:西南政法大学,2005.

[170]胡锦光,王锴.论我国宪法中"公共利益"的界定[J].中国法学,2005(1):18-27.

[171]江传月.对国内价值冲突研究的几点意见[J].理论界,2005(1):78-79.

[172]张千帆."公共利益"是什么?——社会功利主义的定义及其宪法上的局限性[J].法学论坛,2005(1):28-31.

[173]罗豪才,宋功德.和谐社会的公法建构[J].中国法学,2004(6):5-24.

[174]尹田.无财产即无人格——法国民法上广义财产理论的现代启示[J].法学家,2004(2):46-54.

[175]袁明圣.行政权对司法权的挤压和渗透——晚近20年中国立法批评之一[J].中共长春市委党校学报,2004(2):53-57.

[176]李希慧.论单位犯罪的主体[J].法学论坛,2004(2):67-73.

[177]林诚二.论债之本质与责任[M]//中国法制出版社.债法论文选萃.北京:中国法制出版社,2004:388-412.

[178]魏振瀛.论请求权的性质与体系——未来我国民法典中的请求权[M]//法苑精萃编辑委员会.中国民法学精萃 2004 年卷.北京:高等教育出版社,2004.

[179]邓建鹏.私人财产之抑制与中国传统法文化[J].中西法律传统,2003,3(00):150-165.

[180]王四达.从"天下为公"到"天下徇君"——中国古代公私观念的演变及其社会后果[J].人文杂志,2003(6):28-32.

[181]陈新汉.当代中国价值论研究和哲学的价值论转向[J].复旦学报(社会科学版),2003(5):59-64,111.

[182]左传卫.论债与责任的关系[J].法商研究,2003(5):40-45.

[183]崔建远.债法总则与中国民法典的制定——兼论赔礼道歉、恢复名誉、消除影响的定位[J].清华大学学报(哲学社会科学版),2003(4):67-76.

[184]胡建淼.我国行政法上的强制执行:行为、定性及立法归属——兼论《行政强制法》或《行政程序法》与《行政诉讼法》对现行行政强制执行行为在调整范围上的划分[J].政法论坛,2003(4):41-50.

[185]李洁.中日刑事违法行为类型与其他违法行为类型关系之比较研究[J].环球法律评论,2003(3):281-289.

[186]李君冀.论民事赔偿优先原则[J].浙江交通职业技术学院学报,2003(2):77-79.

[187]兰耀军.民事赔偿执行优先刍议[J].黄石教育学院学报,2003(2):39-42.

[188]王玉樑.论价值本质与价值标准[J].学术研究,2002(10):18-24.

[189]李洁.论一般没收财产刑应予废止[J].法制与社会发展,2002(3):97-103.

[190]叶反修.论民事责任优先原则[J].池州师专学报,2002(1):37-38,40.

[191]俞江.关于"古代中国有无民法"问题的再思考[J].现代法学,2001(6):35-45.

[192]王君琦.价值选择的合理性及其检验[J].郑州大学学报(哲学社会科学版),2001(2):24-28.

[193]李秋莲.刑事法中的民事优先原则[J].检察实践,2001(2):36-37.

[194]彭书红.论民事赔偿优先原则[J].湖南省政法管理干部学院学报,2001(1):63-66.

[195]丁玫.承担违约责任的方式:从罗马法到现代法[M]//杨振山,桑德罗·斯奇巴尼.罗马法·中国法与民法法典化 物权和债权之研究.北京:中国政法大学出版社,2001:610.

[196]童之伟.20世纪上半叶法本位研究之得失[J].法商研究(中南政法学院学报),2000(6):3-8.

[197]颜运秋,吕翔玲.论民事执行程序中的参与分配原则[J].河北法学,2000(5):63-65.

[198]谭秋桂.民事执行原理研究[D].北京:中国政法大学,2000.

[199]张恒山."法的价值"概念辨析[J].中外法学,1999(5):16-31.

[200]马俊峰.应重视对价值冲突问题的研究[J].哲学动态,1999(7):26-28.

[201]张开平.从"琼民源公司案"谈民事赔偿优先原则[J].经济管理,1999(3):20-23.

[202]张建.刑事活动中民事赔偿的优先原则[J].法学杂志,1999(1):38.

[203]唐启光.浅议民事责任优先原则及其适用[J].中央政法管理干部学院学报,1998(4):53-54.

[204]薛进展,叶彬琪.新刑法中的民事优先原则[M]//华东政法学院法律系.法学新问题研究.上海:上海社会科学院出版社,1998.

[205]叶彬琪.刑法民事优先原则的适用[J].人民司法,1997(9):24-26.

[206]马家福,黄伟明.法国新刑法典罚金刑制度研究[J].法学,1997(2):23-26.

[207]方圳斌,何缨.略论民诉执行程序中的参与分配——兼与台湾地区相关规定比较[J].商学论坛·广东商学院学报,1997(1):52-57.

[208]冯平.以观念为尺度的评价[J].武汉大学学报(哲学社会科学版),1995(6):58-62.

[209]冯平.走出价值判断的悖谬[J].哲学研究,1995(10):41-48.

[210]滕炜.《关于惩治违反公司法的犯罪的决定》介绍[J].法律适用,1995(10):23-26.

[211]张兆松.公司犯罪适用中的民事赔偿优先原则[J].政治与法律,1995(5):45.

[212]郑成良.权利本位论——兼与封日贤同志商榷[J].中国法学,1991(1):30-37.

[213]宋英辉.英、美、法、联邦德国四国刑事被害人保护对策之比较[J].法律科学(西北政法学院学报),1990(5):76-80.

[214]张文显.从义务本位到权利本位是法的发展规律[J].社会科学战线,1990(3):135-144,147.

[215]张明楷.经济犯罪与刑法适用的几个问题[J].中南政法学院学报,1986(4):14-21.

(二)外文论文

[1]CHRISTIANE KUEHN. German law to contest debtors' transactions in insolvency proceedings under critical review. Insolvency and restructuring international,2015,9(1):16-18.

[2]MARCO WILHELM, MALTE RICHTER, KATHARINA HEBEL. German Insolvency Law - overview of insolvency challenge rights[N]. Mondaq business briefing, 2014-9-22.

[3]NICK J. VIZY. Bankruptcy law: recent developments[J]. Corporate counsel's quarterly,2013,29(3):674-694.

[4]MARK J. ROE,FREDERICK TUNG. Breaking bankruptcy priority: how rent-seeking upends the creditors' bargain[J]. Virginia law review,2013,99(6):1235-1290.

[5]SCOT JONES. Forfeiture and restitution in the federal criminal system-the conflict of victims' rights and government interests[J]. American university

criminal law brief,2010,6(2):27-37.

[6] MICHAEL SATZ, ELIZABETH BARKER BRANDT. Representing victims of domestic violence in property distribution proceedings after the Bankruptcy Abuse Prevention and Consumer Protection Act of 2005[J]. Family law quarterly, 2007,41(2):275-298.

[7]ANONYMOUS. Switching priorities: elevating the status of tort claims in bankruptcy in pursuit of optimal deterrence[J]. Harvard law review,2003, 116(8):2541-2564.

[8] VITTORIO VILLA. Legal theory and value judgments [J]. Law and philosophy,1997, 16(4):447 - 477.

[9]CARL L. BUCKI. Expansion of bankruptcy court jurisdiction as a means to provide more adequate remedies to victims of mass torts[J]. Western New England law review,1993,15(2):257-269.

[10]B C. FRIES. Recent amendments to the Bankruptcy Code—a politically motivated less fresh start[J]. Missouri law review,1991,56(3):705-727.

[11] STUART LEVINE. Bankruptcy - criminal law - sentencing - restitution - discharge Drunk Driving Victims' Protection Act. (Case note) [J]. Duquesne law review, 1991,29(2):399-415.

[12] MICHAEL J. DONOVAN. Criminal restitution and bankruptcy code discharge-another case for defining the scope of Federal Bankruptcy Law [J]. Notre Dame law review,1989,65(1):107-139.

[13]JAMES MCCAFFERTY,GARY M. BUBIS. Criminal restitution and the bankruptcy discharge: should we reopen debtors' prison? [J]. Criminal justice journal,1987,10(1):27-39.

[14]MICHELLE J. WHITE. Public policy toward bankruptcy: me-first and other priority rules[J]. Bell journal of economics,1980,11(2): 550-564.

电子文献

[1]邹煦晨. 2018 年那些证监会开出的"天价罚单"[EB/OL]. (2018-12-14) [2018-12-25]. http://money. 163. com/18/1214/07/E2VI6F4P00258152. html.

[2]张素. 中国最高法发布六个案例给产权人和企业家吃"定心丸"[EB/OL].

(2018-12-05)[2018-12-05]. http://www. xinhuanet. com/legal/2018-12/ 05/c_1123807986. htm.

[3]习近平. 在民营企业座谈会上的讲话[R/OL]. (2018-11-01)[2018-12-5]. http://www. gov. cn/xinwen/2018-11/01/content_5336616. htm.

[4]周强. 最高人民法院关于人民法院解决"执行难"工作情况的报告——2018 年10月24日在第十三届全国人民代表大会常务委员会第六次会议上[R/ OL]. (2018-10-24)[2018-12-26]. http://www. court. gov. cn/zixun- xiangqing-124841. html.

[5]The memorandum opinion of Liberty Mutual Insurance Company as fiduciary for t v. State of New York et al[EB/OL]. (2015-01-25)[2017-02- 11]. https://www. gpo. gov/fdsys/pkg/USCOURTS-nyeb-8_09-ap-08126/ pdf/USCOURTS-nyeb-8_09-ap-08126-0. pdf.

[6]关仕新. 民事执行难成顽疾 专家呼吁尽快出台民事强制执行法[EB/OL]. (2016-11-24)[2019-01-07]. http://news. jcrb. com/jxsw/201611/t20161124 _1684863. html.

[7]9月13日9:30,海淀法院公开宣判"'快播'传播淫秽物品牟利 公司主管同 被诉"案[EB/OL]. (2016-09-13)[2016-09-13]. http://old. chinacourt. org/ zhibo/member/index. php? member_id=1000&zhibo_id=44892&domain =bjfyzb. chinacourt. org.

[8]王志超. 刑事诉讼涉案财物管理中存在的问题及对策[EB/OL]. (2015-08- 03)[2018-12-08]. http://cdzy. chinacourt. org/article/detail/2015/08/id/ 2133897. shtml.

[9]闫鹏飞. 快播创始人妻子:没人为快播说话我才站出来[EB/OL]. (2015-06- 23)[2015-12-28]. http://tech. qq. com/a/20150623/007879. htm.

[10]被罚2.6亿 快播员工是否有权讨薪? [EB/OL]. (2014-11-09)[2015-12- 20]. http://news. xinhuanet. com/info/2014-11/09/c_133775717. htm.

[11]Crime Victims Fund[EB/OL]. (2014-09-24)[2019-01-02]. http://www. ovc. gov/pubs/crimevictimsfundfs/intro. html≠VictimComp.

[12]张棉棉. 快播提醒员工提起劳动仲裁 争取破产优先受偿[EB/OL]. (2014- 07-17)[2014-12-20]. http://china. cnr. cn/ygxw/201407/t20140717_ 515875761. shtml.

[13]U. S. Attorney's Office collects $ 11. 6 million in civil and criminal actions

for U. S. taxpayers in fiscal year 2013[EB/OL]. (2014-01-09)[2014-09-24]. http：//www. justice. gov/usao/ct/Press2014/20140109. html.

[14]徐德荣,曾彩云. 农民卖山寨羊毛衫被罚 2151 万 重审后处罚 199 万[EB/OL]. (2012-05-21)[2014-06-25]. http：//news. sohu. com/20120521/n343663556. shtm.

[15]代正伟. 执行分配中的"民事优先"原则解析[EB/OL]. (2010-06-27)[2014-10-18]. http：//cdfy. chinacourt. org/article/detail/2010/06/id/574272. shtml.

[16]王静. 丰田被美国狠罚的背后[EB/OL]. (2010-04-15)[2014-09-25]. http：//www. legaldaily. com. cn/zmbm/content/2010-04/15/content_2112217. htm? node＝7575.

[17]刘曙光. 二论私权优先原则[EB/OL]. (2005-03-21)[2014-04-03]. http：//www. aisixiang. com/data/6166. html.